"产教融合MPAcc教学智库实验平台建设"系列成果
"小班+案例"教学模式改革系列教材
◎ 邓彦 张军波 丛书主编

# 财务报表分析教学案例

CAIWU BAOBIAO FENXI JIAOXUE ANLI

● 邓彦 饶静 许金花 陈少杏 编著

华南理工大学出版社
SOUTH CHINA UNIVERSITY OF TECHNOLOGY PRESS
·广州·

## 内容简介

本系列教材案例均由广东工业大学管理学院案例开发中心开发完成，涵盖财务会计、财务管理、管理会计和审计等专业核心课程，以及高等学校的会计、银行会计、财税管理、财务报表分析、内部控制与风险管理、资本运营、重组并购等专业课程。适用于MBA（工商管理硕士）、MPAcc（会计硕士）、工程硕士、全日制研究生以及高年级本科学生案例研讨；可作为理论研究的参考书，供从事财务管理理论研究的专家学者以及企业管理咨询机构使用；同时也是了解中国企业管理实践的必读书，可供企业所有者和管理者参考借鉴。

本系列教材案例为中央财政支持地方高校发展专项资金项目“产教融合MPAcc教学智库实验平台建设”（项目编号：400170043）、广东省质量工程项目“基于协同创新视角下的会计教学模式改革研究”（项目编号：JGXM022）、广东工业大学校级质量工程项目“以社会需求为导向的会计学专业教学体系优化”（项目编号：261541418）、广东省哲学社会科学规划项目（GD16XGL53）阶段性成果之一。

**图书在版编目(CIP)数据**

财务报表分析教学案例/邓彦等编著. —广州：华南理工大学出版社，2018. 7
ISBN 978-7-5623-5665-3

Ⅰ. ①财… Ⅱ. ①邓… Ⅲ. ①会计报表-案例-高等学校-教学参考资料
Ⅳ. ①F231. 5

中国版本图书馆CIP数据核字(2018)第135306号

**财务报表分析教学案例**
邓彦　饶静　许金花　陈少杏　编著

---

出 版 人：卢家明
出版发行：华南理工大学出版社
（广州五山华南理工大学17号楼，邮编510640）
http://www.scutpress.com.cn　E-mail:scutc13@scut.edu.cn
营销部电话：020-87113487　87111048（传真）
责任编辑：吴兆强　邓荣任
印 刷 者：虎彩印艺股份有限公司
开　　本：787mm×1092mm　1/16　印张：12　字数：308千
版　　次：2018年7月第1版　2018年7月第1次印刷
印　　数：1～1 000册
定　　价：39.80元

---

## “产教融合 MPAcc 教学智库实验平台建设”系列成果
## “小班 + 案例”教学模式改革系列教材

# 序言

广东工业大学管理学院依托广东工业大学的工科优势，扎根我国社会经济转型的热土，以探索管理理论与实践前沿、服务地方社会经济发展为宗旨，持续为广东经济建设提供有力的人才支持、智力支持和决策支持，成为广东地区管理人才的重要培养基地以及广东经济管理的重要研究基地。目前，学院处于快速上升期，正努力建设成为拥有知名学科的高水平学院。

得益于广东省在国家改革开放和转型升级中的前沿地位，学院在学科建设、人才培养的过程中得以接触到大批具有“敢为天下先”精神的优秀企业家，他们在经营管理中遇到的问题颇具代表性、时代性，甚至超前性，他们在这些问题的处理上有宝贵的经验，也有刻骨的教训。他们个人的成长及其企业的发展历程对管理理论形成了很好的诠释、印证。将这些宝贵实践整理提炼形成案例，让更多管理学实践者、教育者和研究者学习、反思，使之发挥更大的作用是我们一直以来的心愿。

在广东省教育厅和学校的高度重视及大力支持下，广东工业大学管理学院一批知名教授和年轻博士组成企业管理案例开发小组，并正式立项撰写本系列教材案例集。项目团队凭借对管理学理论的独到见解和深入管理现场获得的翔实资料，提炼、撰写了100余个会计与财务案例，形成本套财会教学案例系列教材。案例主题既有战略管理、财务管理、财务会计等经典管理话题，又包括创新创业、并购重组、物流与供应链管理等具有时代特色和本土特色的热点话题，从借壳上市、并购重组、资本运营、合并报表、财务分析、税务管理、审计等角度，再现了企业家和管理者在财会实际工作中面临的典型情景、需要解决的典型问题和需要做出的典型决策，有助于读者更好地了解企业所面临的内外部环境的复杂性，认识有效管理者在新时代下所要具备的系统性和前瞻性思维。

本系列教材案例适用领域广泛，用于教学，有助于训练学生对实践的观察，深化其对管理理论、财务管理、财务会计的理解，提高其对问题的分析和解决能力；用于科研，有助于学者们捕捉具有转型期特色的管理现象、提炼管理问题、归纳新的管理规律；用于指导实践，有助于启发管理者思维、扩展视野，获得有借鉴性的管理措施。

德鲁克说：“有效管理者的自我发展，是组织发展的关键所在。”我们谨以此书奉献给有志于成为卓越管理者的商学院学生，对服务企业、服务社会负有责任的学者和教师，以及在管理一线探究有效解决问题途径的实践者。愿广大读者与我们一起推动财务管理理论与实务的发展！

广东工业大学管理学院（执行院长）

张德鹏 教授

2018年5月

# 前言

为进一步推动案例研究及案例教学的开展，开发出更多、更好、更适用于财会教育的高质量教学案例，提高人才培养质量，由广东工业大学承担的“产教融合 MPAcc 教学智库实验平台建设”项目启动了财会教学案例开发与评选的工作，旨在深化产教融合、校企合作，构建教学智库实验平台，引领学科发展，以学科发展支撑智库建设，促进专业教育决策科学化，为专业教学提供智力支持，培养高素质应用型高端会计人才。

本系列教材案例均由广东工业大学管理学院案例开发中心开发完成，涵盖财务会计、财务管理、管理会计和审计等专业核心课程，以及高等学校会计、银行会计、财税管理、财务报表分析、内部风险控制与管理、资本运营、重组并购等专业课程。项目组成员由具有管理实践经验的企业管理相关领域的教授、博士以及部分企业高管组成。案例均在团队成员深入企业调研、采编并与企业经营者或员工深度访谈的基础上完成。入选案例必须是没有进入国内外案例库、亦未发表过的原创案例。本次开发的案例同时进入广东工业大学管理学院案例库，也是“产教融合 MPAcc 教学智库实验平台建设”系列成果。

### 1. 案例开发的背景

中国经济实现了跨越式发展，而今成为世界第二大经济体，这其中蕴含的中国特色管理现象与问题同样吸引了全世界的目光。中国企业对于管理相关理论和方法从模糊到熟悉，并且逐渐在实践中予以应用和创新，为经济建设积累了宝贵的经验。

财会教学案例是对企业真实运作场景与管理活动的再现，展现出具有典型性的中国式情境、问题和经验。案例在管理学科领域的教学研究和人才培养中得到了广泛认可和重视，是将管理理论与实践相结合、培养应用型高级管理人才的有效手段。案例开发是接触中国企业真实情景的有效途径，是“实践—认识—再实践—再认识”的过程；案例的真实性、实战性可以帮助学生充当决策者的角色，提升学生处理问题的能力。案例教学能让学生深刻领会到理论在实践中的生命力，是缩短教学情境与职业工作情景的有效途径。可以说，离开案例，管理教育的目标就很难实现。

### 2. 案例的内容框架

本系列教材的编写以管理学涉及的主要内容为范围和框架，几乎涵盖了企业管理和财务管理的各个学科领域。内容涉及创新创业、企业战略管理、财务管理、成本管理、财务会计、税务管理、审计等方面。案例类型多样，既有描述性案例，又有决策性案例。所选案例客观展现了企业某种经营行为的背景、过程、结果和存在的问题，并不对企业的经营管理做出决策，亦无暗示或说明现有管理行为是否有效。案例后附有启发思考题和案例说明书，在教学中可用于专题或综合性的课堂讨论，为案例教学方法的实施提供了有效素材，加快了教学改革的进程。

### 3. 案例的鲜明特色

相较于众多的企业管理案例，本次开发的案例具有以下鲜明的特色：

第一，浓厚的本土特色。本书所选案例均来自国内上市公司，代表了依托本土资源、政策和技术特点兴起的不同类型的企业，对本土企业认识、解决管理问题具有直接的参考价值。但这并不影响案例的普适性，而恰恰提示广大管理者在决策时必须关注内外部环境的独特性，对于其他地区企业利用地缘特征、地方特色资源形成竞争优势亦具有借鉴作用。

第二，可靠、充实的信息。本书所有案例均由项目组成员在深入企业调研或认真采编上市公司公开数据，并对企业经营者或员工深度访谈的基础上完成，数据可靠、充实、深入。案例展示的不仅是管理事件的经过，也体现了管理者的思想过程，有利于读者嵌入情境，对管理问题形成更深层次的认知。

第三，新鲜的时代气息。本书对近年来的新兴行业给予了充分关注，包括房地产行业、电商行业、物流行业、旅游地产行业，同时也关注了处于转型升级中的传统企业。这些企业在新时代下面临的新挑战往往不能从既有的管理学理论中找到突破口，需要通过实践案例分析来找到解决方案，这样有利于读者进行开放的、发散的、多视角的思考，系统训练思维能力。

**4. 案例的适用性**

本系列教材案例可满足高等院校经济管理领域的多种教学与科研需求：适用于MBA（工商管理硕士）、MPAcc（会计硕士）、工程硕士、全日制研究生以及高年级本科学生案例研讨；可作为理论研究的参考书，供从事财务管理理论研究的专家学者以及企业管理咨询机构使用；同时也是了解中国企业管理实践的必读书，可供企业所有者和管理者参考借鉴。

在此，对各企业在案例开发过程中给予的信赖和支持表示衷心的感谢，如果没有各企业的慷慨协作，要顺利完成本次案例开发是不可能的。希望所开发的案例能给企业管理提供帮助，同时引导企业经营者对相关经营行为展开探索。

广东工业大学管理学院案例开发中心负责本案例系列教材的出版工作，在此向参与编辑和出版的所有工作人员表示衷心的感谢。

案例编写过程中参考了诸多学者的研究成果，由于篇幅限制，这里不再一一列出。

广东工业大学管理学院案例开发中心

广东工业大学产教融合 MPAcc 教学智库实验平台

2018 年 5 月

# 目 录

# 案例 1

# ST 凤凰破产重整 是涅槃重生还是命悬一线*

* 1. 本案例由广东工业大学管理学院的饶静、邓玉玲、陈少杏、魏姗琳、刘思、张银婉、曹晗抒等共同撰写，作者拥有著作权中的署名权、修改权、改编权。
2. 将本案例授权予广东工业大学产教融合 MPAcc 教学智库实验平台使用，广东工业大学产教融合 MPAcc 教学智库实验平台享有复制权、修改权、发表权、发行权、信息网络传播权、改编权、汇编权和翻译权。
3. 由于企业保密的要求，在本案例对有关名称、数据等做了必要的掩饰性处理。
4. 本案例只供课堂讨论之用，并无意暗示或说明某种管理行为是否有效。

## [案例封面]

**专业领域：** 财务管理

**适用课程：**《财务管理理论与实务》《财务报表分析》

**选用课程：** 适用于会计专业硕士、工商管理硕士财务管理方向《高级财务管理理论与实务》相关课程的教学研讨。

**编写目的：** 通过本案例的教学和讨论分析，帮助学员了解我国破产重整制度，理解破产重整对于企业来说是涅槃重生还是命悬一线。根据本案例资料，一方面，学员通过对ST凤凰历史的变革，可以进一步思考重整的目的、公司重整后的发展状况以及破产重整引起的财务效应和市场效应，给企业自身和其他行业及政府带来相应的启示；另一方面，学员在掌握了破产重整内容的基础上，进一步关注破产重整在我国实践中应用的可能性和合理性，拓宽对企业破产重整的研究思路和领域。本案例适用于MPAcc等研究生和高年级本科生层次的教学实践，期望能为财务课程教学案例库增添素材，夯实和完善财务课程案例教学体系。

**知 识 点：** 破产重整理论；重整的目的；破产重整绩效研究

**关 键 词：** ST凤凰；破产重整；财务绩效；市场绩效

**中文摘要：** 曾经的ST凤凰是人们眼中的“火凤凰”，但在2011年至2013年的净利润均为负，于是在2014年依据《企业破产法》选择破产重整，此时的ST凤凰是否可以实现涅槃重生？本案例从分析ST凤凰陷入危机的原因，描述出陷入危机的现象，ST凤凰破产重整路径的选择依据、破产重整的具体实施计划及其结果，以及重组方接盘和中途撤退，进而给企业自身和其他行业及政府带来相应的启示。考虑到破产重整的绩效研究具有很大的实践意义，所以，本案例在素材的选择、题目的设计上都侧重于引导学员进一步关注破产重整的效果。

# [案例正文]

2017 年 9 月 6 日，湖北武汉的天气依旧很炎热，但王总看着深圳证券交易所发来的关注函，不禁打了一下寒战，送资料的秘书问：“董事长，需要帮忙吗?”，王总回应：“不用了，出去的时候帮我带一下门，我想安静一下。”确实，王总从 2002 年进公司，至今已有十五载，见证了公司规模的不断发展壮大，也见证了公司的衰退低迷。ST 凤凰原有控股股东为中国外运长航集团，再从“中外航运”到“天津顺航”，实际控制人变为陈某，重整失败后，神秘接盘者广东文华浮出水面，到现在广东文华中途闪退，ST 凤凰焦急地在四处寻找重组方。种种思绪盘绕在王总的脑海里，他在想：“公司实施破产重整后，对企业来说是涅槃重生还是命悬一线?”

## 一、背景介绍

1. 公司历史沿革

ST 凤凰原是 1992 年 ST 凤凰股份有限公司的股份制企业，母公司是中央直管企业中国长航集团总公司，总部设在湖北武汉，是以船舶租赁和货物代理为主的大型国有企业，公司 1993 年在深圳证券交易所上市。ST 凤凰从上市开始至破产重整前，经营绩效一直不错，是我国国内经营干散货专业运输规模最大、江海洋物流实力最强的企业之一，但是 ST 凤凰自 2010 年以来，净利润连年亏损，根据 ST 凤凰的上市公告书披露，2011 年净利润为 -88 272.51 万元、经营活动产生的现金流量净额仅为 -2.39 万元，2012 年资产总额为 524 594.04 万元，负债则达到了 581 699.99 万元，净利润为 -189 538.25 万元，此时的状况已经不堪重负，在 2013 年被冠以“ST”。2013 年 11 月 28 日，公司进入破产重整程序。2014 年 3 月 18 日，通过了重整计划。公司进入破产重整后的控制权发生转移，2016 年 7 月天津顺航海运集团成为 ST 凤凰的控股股东。2016 年 6 月，重组失败后，实际控制人陈某萌生退意，接盘者广东文华浮出水面。但在 2017 年 9 月 4 日，天津顺航与广东文华签署了《解除协议书》，终止此次股权转让事项。

2. 经营范围

ST 凤凰的经营范围为：船舶租赁、销售、维修及技术开发；引航、国内船舶代理、货运代理业务；劳务服务及与水路运输相关业务；综合物流；对交通环保产业、交通科技产业的投资；高新科技产品研制、开发及应用（国家有专项审批的项目经审批后方可经营）。国内沿海、内河普通货船及外贸集装箱内支线班轮运输；国际船舶普通货物运输。公司的主营业务构成中干散货运输占 77.77%，其他业务占 22.23%。公司运输主要采用自营和期租的经营模式。

3. 公司股东及实际控制人情况

表 1-1 是 2017 年 9 月 30 日 ST 凤凰公司十大股东持股情况，通过此表可以帮助我们对 ST 凤凰有进一步的了解。

表 1-1 ST 凤凰十大股东持股情况

| 排名 | 股东名称 | 持股数量（股） | 持股数量变动（股） | 占总股本比例（%） |
|---|---|---|---|---|
| 1 | 天津顺航海运有限公司 | 181 015 974 | 0 | 17.8900 |
| 2 | 中国民生银行股份有限公司 | 29 411 430 | — | 2.9100 |
| 3 | 中国光大银行股份有限公司 | 17 748 694 | — | 1.7500 |
| 4 | 中国外运长航集团有限公司 | 12 906 977 | — | 1.2800 |
| 5 | 朱德宏 | 9 445 265 | -684 886 | 0.9300 |
| 6 | 人保投资控股有限公司 | 4 842 685 | 0 | 0.7800 |
| 7 | 李天云 | 4 509 066 | 1 809 066 | 0.4500 |
| 8 | 王安生 | 3 626 300 | — | 0.3600 |
| 9 | 陈问奎 | 3 585 400 | — | 0.3500 |
| 10 | 民生金融租赁股份有限公司 | 3 175 104 | 0 | 0.3100 |
|  | 合计 | 270 266 895 | — | 26.7100 |

资料来源：笔者根据 ST 凤凰官网整理而得。

## 二、案例概况

### （一）“凤凰”为何变成“乌鸦”

2013 年 4 月 23 日，在汇江大楼召开了董事会第六届第四次会议，会议中特别提醒财务报表使用者关注，关于公司股票交易实行退市风险警示的公告，鉴于公司在 2011 年和 2012 年分别亏损 8.82 亿元和 18.79 亿元，而截至 2012 年底，公司总负债更是高达 58.17 亿元，今日开始，公司被冠以“ST”。9 名董事一致投了同意票，面对这样的情况，也是一种无奈之举。大家也都知道，公司发展这么不尽人意，退市警告并不是一个偶然的现象，而是一种必然的表现形式。

会后，王总在公司的走廊上遇见了肖某董事，两个人便聊了起来。“王董，公司发展到现在，您是属于这里的长老级，现在心里一定不好受吧”，这应该是触及了王总的内心痛处。说完，两个人都沉默了，因为各自都知道，作为公司的核心人物，在公司遇到困境的时候不能想到好的办法去解决，也是属于自己的失职呀！

窗外霓虹渐起，王总的办公室还亮着灯。赵董站起来掐灭了手里的烟，嘬了一口杯里早已凉透的茶水，敲了敲对面办公室王总的门。赵董如今也是公司的一名董事。王总看见赵董进来，兴奋地说到：“传江，你来啦！我正想找个人聊聊天呢，心里憋了太多事，感觉挺难受的”。他们两个除了工作之外，平时也会约去打打球，所以两人可以说些在会上不能讨论的事情。

赵董知道王总心里想什么，王总无非就是想找个唠叨唠叨，为何公司会走到今天这地步，还有没有什么解决办法。赵董分析出了几点。“第一，行业不景气。中国对于大宗货物的需求未来还是放缓趋势，世界其他经济体对国际大宗货物的需求也缺少增长的亮点；近几年，船东对于新船投资较为谨慎，对于航运市场来说，仍将需要多年的时间来提高船队利用率，之后才能得到明显的改善。第二，公司的盲目扩张也是一个原因；公司与中国外运长航集团重组后，一直处于持续亏损状态，为了避免 ST，在 2010 年不断通过变卖资产实现企业的盈利。为了实现后期的盈利，也为了响应国资委‘做大做强’的号召，提出了在‘十一五’计划中将动力升至500 万吨以上，相当于高出 2006 年几倍的资产规模。第三，可能跟我们的历史渊源有一定关系。我们的母公司是中国长航公司，为了应国资委的要求，同时也称为‘强强联合，并购重组’，但当时并没有得到实质性的重组。”

赵董的这些分析都得到了王总的认可，接着王总补充：“传江呀！不知道你有没觉得政府给我们的补助也是一个很大的问题，公司每年都会收到大量的政府补助，前几年我们就应该有这种风险意识，但是我们在大量的政府补助下，间接地抬高了我们的净利润。”

“是的，这也应该是一个原因，我最近跟公司的监事聊天才知道，原来我们之前的很多做法都是违反了公司法的规定，原来有 9 名董事，其中被换了 7 名，这么大规模的董事变动根本不能够保证公司的正常经营，也没有办法对公司经营战略进行调整和对经理人进行监督。在新的选举中，选举了 8 名董事，还差 1 名独立董事，这些小小的细节也可能是我们公司治理层面的失误呀！”赵董说道。

说完这些，两人很有默契地拿起水杯，王总说：“回去吧！天也不早了，每一个企业都有其发展历史，就像我们人一样，不管途中经历什么挫折，只要最终能够回到正确的轨道就好！”

### （二）身陷连环“夺命案”

2013 年 5 月 23 日，公司召开了第一次临时股东大会，在这个关键的时刻，大家的精神都是处于紧绷的状态，王总见此状况语气很温和地说道：“公司的发展这么不尽如人意，这已经是个无法改变的事实，今天我主要就是想鼓励大家，为了争取撤销退市的风险警示，在接下来，我们一定要通过各种措施努力提高运行效益，全力以赴将‘扭亏为盈’作为我们公司生产经营的首要目标”。他的这番话坚定了大家的信心。

谁也没有想到此后的几个月对于公司来说更是一场巨大的灾难，发生一连串的事情让公司的每个人都无法喘气！

5 月 24 日，ST 凤凰收到武汉海事法院的民事裁定书，原因为中国民生银行股份有限公司武汉分行向武汉海事法院提出诉前财产保全申请，要求冻结被申请人 ST 凤凰的银行存款42 420万元，或查封、扣押其等值财产。

5 月 31 日，ST 凤凰收到 9.25 万吨期租船相关协议终止的通知，原因是公司资金紧张，未能按期支付船期租金，这对于 ST 凤凰来说又是一笔巨大的损失。同日，还收到武汉海事法院民事裁定书，原因为中国进出口银行向海事法院提出实现担保物权申请，认为其对涉案被抵押物长航静海、长航茂海轮享有法定担保物权，请求法院依法裁定拍卖。

6 月 25 日，收到湖北省高级人民法院民事裁定书，原因为中国光大银行湖北省分行诉公司借款合同纠纷。7 月 2 日，收到武汉海事法院民事裁定书，招商银行股份有限公司青岛路支行诉公司借款合同纠纷。7 月 5 日，证监会认为公司存在重大风险，开始停牌。

7月9日，收到武汉海事法院递交的民事起诉状，因欠付重庆长江轮船公司船舶租赁费、船舶修理费和南京长江油运公司修理费。同日，公司收到武汉海事法院的民事裁定书，因公司未按期还款，中国工商银行股份有限公司武汉汉口支行要求冻结被申请人ST凤凰银行存款9000万元，或查封、扣押其等值财产的船舶修理费。

7月10日，这一天突然下起了暴雨，大家的心情非常地压抑。然而该来的还是来了，ST凤凰接到了债权人珠海亚门节能产品有限公司、南通天益船舶燃物供应有限公司的提示函，认为长航不能清偿到期债务，并且以资产不足以清偿全部债务为由，向武汉市中级人民法院提出对公司进行破产重整的申请，并通过重整程序清偿其债权。

### （三）敢问路在何方

2013年11月30日，例会在这一天召开。王总和往常一样还是喜欢走穿越一条大街就可以直接到公司门后的那条小道，但唯一不同的是大街奏起了《西游记》里面的《敢问路在何方》，或许这首歌最能表达王总此刻的心情，回到公司就得讨论公司到底应该走怎么样的道路了？“也罢，实施破产重整也好，这无疑也是我们现在最好的选择”。财务总监刘总说：“根据众环海华出具的偿债能力分析报告得出，如果我们公司实施破产重整的普通债权清偿比例为1.88%，如果实施破产清算的话，最终清偿比例可能为0，所以从这一方面来说破产重整也是一个好的选择。”作为母公司的中外运集团来说，这个关键的时刻也不能对公司弃之不顾，于是此次会议母公司也派来了一位委员过来开会，他发言说：“我们作为母子公司，不管现在发展得怎么样，我们永远都是你们坚强的后盾，给公司相应的支持。”中外运集团旗下有两家子公司，ST长油和ST凤凰，如今两家公司都面临着退市的风险，在这种情况下，集团必须去掉包袱，实现2014年的“轻装上阵”，但是由于资金有限，只能选择其中一家子公司进行破产重整。但是ST长油的情况在现阶段比ST凤凰还要差，因为“国油国运”并没有往前发展，动力严重不足，所以这样就导致中外运集团愿意把重整的资金放在ST凤凰。

11月底的武汉，已经要穿着大衣去上班，王总打开电脑然后看到了武汉市汉口政府发来的邮件，邮件大概的意思是希望公司可以走破产重整程序而不是走破产清算程序。诚然，对于当地政府来说，在2012年度，ST凤凰又收到了长江标准化的船型补贴7823.84万元，返现1080.66万元，防洪清障补贴款3270.06万元，以前的年度也是给了大额的补贴。首先，ST凤凰作为一个中央企业，在湖北武汉建厂投资，为当地的经济建设带来了巨大的贡献；其次，如果ST凤凰选择破产清算，不仅对当地的经济造成严重的影响，以至于当地政府不能获得预期的回报，并且还会背负债务。航运业处在一个低迷的时期，同时也会导致民众对航运业的投资热情递减，对当地的经济造成一系列的影响。最后，如果ST凤凰选择破产清算，ST凤凰是国有企业，国有企业的特点是老员工所占的比重大，如果选择破产清算的话，必须支付很大一部分的补偿，这笔补偿会占据企业的很大一部分，对企业也会造成很大影响；但是更重要的影响是这些老员工没有办法找到下一家愿意承担养老风险的企业，于是就导致失业人口的不断增多。

## （四）破产重整成为“救命稻草”

1. *破产重整过程*

根据《深圳证券交易所股票上市规则（2012 年修订）》第 13.2.6 条、第 13.2.7 条的规定，ST 凤凰股票将于 2013 年 11 月 28 日停牌一天，2013 年 11 月 29 日复牌交易，自复牌之日起 20 个交易日届满后次一交易日，公司股票将停牌，预计股票停牌日为 2013 年 12 月 27 日，直至法院就重整计划做出裁定后，公司按规定向深圳证券交易所申请复牌。

2013 年 11 月 26 日，南通天益船舶燃物供应有限公司、珠海亚门节能产品有限公司以 ST 凤凰股份有限公司不能清偿到期债务，并且资产不足以清偿全部债务为由，向武汉中院申请对 ST 凤凰股份有限公司进行重整。2013 年 12 月 30 日，武汉中院主持召开债权人会议，审议、表决重整计划草案，财产担保债权组、职工债权组、税款债权组表决通过了重整计划草案，普通债权组表决未通过重整计划草案。

2013 年 12 月 30 日，公司召开出资人组会议，出资人组会议表决通过了重整计划草案所涉及的出资人权益调整方案。根据《中华人民共和国企业破产法》第八十七条第一款的规定，在部分表决组未通过重整计划草案的情况下，管理人可以同未通过的表决组进行协商并进行再次表决。管理人根据前述规定，在与普通债权组债权人协商的同时，组织普通债权组以通讯表决方式对重整计划草案进行再次表决。

2014 年 2 月 21 日，管理人在债权人的监督下对普通债权组再次表决重整计划草案的结果进行统计，再次表决结果公告如下：参加本次表决的有表决权的普通债权人共 135 家，同意重整计划草案的普通债权人为 125 家，超过普通债权组出席会议债权人的半数；其所代表的债权金额为 3 655 279 993.42 元，占普通债权总额 5 467 844 166.25 元的 66.85%，超过普通债权组债权总额的三分之二。因此，普通债权组表决通过重整计划草案。鉴于有财产担保债权组、职工债权组、税款债权组以及普通债权组均表决通过重整计划草案，出资人组也表决通过了重整计划草案所涉及的出资人权益调整方案。

2014 年 2 月 13 日，裁定确认民生金融租赁股份有限公司等 133 家债权人的债权。

2014 年 3 月 18 日，武汉中院依法裁定批准《ST 凤凰股份有限公司重整计划》，并终止重整程序。

2014 年 7 月 30 日，公司资本公积转增股本 337 361 152 股实施完成，公司股本由 674 722 303股变更为 1 012 083 455 股。

2014 年 9 月 3 日，管理人通过公开竞价方式处置部分资本公积转增股票 72 576 916 股。

2014 年 9 月 5 日，裁定确认管理人补充核查提请的第二批中国光大银行武汉分所等 4 家债权人合计 860 389 191.17 元普通债权。

2014 年 9 月 12 日，将应向 1 家有财产担保债权人、1 家税款债权人及 1 家职工债权人清偿的现金划转完毕。

2014 年 9 月 28 日，①《ST 凤凰股份有限公司重整计划》已执行完毕，并请求该院予以裁定确认。②按照《ST 凤凰股份有限公司重整计划》减免的债务，自《ST 凤凰股份有限公司重整计划》执行完毕时起，ST 凤凰不再承担清偿责任。

2. *破产重整方案出炉*

为保证重整成功，避免 ST 凤凰破产清算，管理人在法院的监督和指导下，一方面委托ST凤凰原经营管理层继续做好生产经营工作，确保职工及客户的稳定；另一方面全力以赴做好与重整程序相关的各项工作，包括资产调查和评估、债权登记和审查、信息整理和披露、偿债能力分析和预测、重整计划的论证和制定、债权人会议的组织和召开等。与此同时，管理人在听取、吸收债权人意见和建议的基础上，在充分尊重评估机构出具的专业评估结论的前提下，在充分进行法律上的风险评估和论证、可行性预判和分析的条件下，结合ST凤凰的实际情况，制定本重整方案，提交债权人会议审议、表决。

（1）债权分类

截止2014年2月25日，ST凤凰的总负债为4 698 677 396.20元，职工债权为119 156 109.45元，税款债权9 596 407.15元，普通股债权4 574 024.470元，有财产担保债权总额为115 056 518.28元。为了更有利于ST凤凰进行债务调整，将债权分类为：有财产担保债权组、税款债权组、职工债权组。

（2）债权偿付方案

在破产重整状况下，为维持ST凤凰公司的继续经营，公司将财产担保债权额就担保财产变价款优先受偿，没有优先受偿的就作为普通债权，并且普通债权和税款债权都是全额清偿，不做调整，职工债权的受让股票价格按照2013年12月27日停牌价2.53元/股计算，税款债权以现金清偿。其中普通债权的调整方案如下：

①对于普通债权在20万元以下的，要按照100%的比例来进行清偿。

②对于超过20万元的，每100元就可以分得4.6股的公司的股份，这部分超过20万元的部分，清偿的比例约为11.64%。

（3）经营方案

ST凤凰要改善当前的财务状况，除了通过债权分类方案、债权偿付方案保证其继续经营外，最重要的是实施经营调整方案，这是破产重整成功的关键。ST凤凰亏损的原因是中国长航的并购重组失败、公司大规模的扩张、行业不景气以及治理结构混乱等，因而ST凤凰改善经营情况制定以下几点策略：第一，对公司的资产进行剥离和处置，将一些盈利能力弱的低效率的资产进行剥离，保留一些有核心技术的资产，比如船舶资产；第二，对公司的组织结构进行优化，公司采用不同的用工模式，对人员数量进行严格的控制，达到精简有效；第三，对公司的盈利模式进行优化，建立代理、物流和管理等多种多样的盈利模式，向机械化、自动化的方向转变；第四，在保持公司规模的情况下，引入优质重组方，从而使公司更加稳健地发展。

### （五）天津顺航与ST凤凰“联姻”

作为一个国企壳资源，ST凤凰对接盘方的要求并不低。无论是企业资质还是各方面实力都需要经过仔细的考核和认证，天津顺航脱颖而出的原因主要是由于其给出的收购价格较高。2015年7月28日，ST凤凰对外发布公告称，控股长航集团将其持有的ST凤凰所有股份转让给天津顺航，完成股权转让后，ST凤凰大股东地位正式易主。此次收购ST凤凰，天津顺航的代价是现金10亿元。除了阔绰出价之外，在支付方式上天津顺航也十分爽快。根据双方合作的步骤，早在公开征集阶段，天津顺航就支付了1亿元的认购意向金。而双方合约签订后，天津顺航还将在协议生效后3个工作日内支付转让价款的30%（即另外支付2亿元左右），而股权交割先决条件全部满足后的3个工作日内，天津顺航将支付另外 70% 转让价款。

作为天津顺航，出如此高的价格也是从多方面考虑。天津顺航参与重组可以借壳上市，获取融资平台。天津顺航位于天津滨海新区，主要是以港口建设和水工工程为主，公司未来的发展目标是不断扩大生产能力，通过经营手段和其他融资手段，不断加大对设备投入，进而提高企业的盈利能力。在实际中，天津顺航由于欠缺一些资格证书，而没有取得柬埔寨湄公河的项目，并且公司把这个项目作为公司未来的发展支柱，所以天津顺航希望通过这种借壳上市的方式，获得这种融资平台。而 ST 凤凰是一个在江河航运中辐射最强的企业，如果 ST 凤凰通过重整后便是干净的壳资源，拥有很好的品牌效应。对于重组方民营企业天津顺航而言，想要上市的话面临着很大的困难。一方面，民营企业上市的成本高，并且审查严格，需要的时间长；另一方面，借壳上市的成本低，门槛也较低，不用考虑公司治理结构等问题，并且可以节省中间的中介费用。所以，借壳上市是民营企业一个很好的选择。

### （六）神秘接盘者撤退

2016 年 6 月，ST 凤凰曾披露港海建设 78 亿借壳的重组方案，但由于港海建设申请“港口与航道工程施工总承包一级”资质及海外施工资质事宜未获相关部门批准而使重组失败，陈德顺萌生退意，接盘者广东文华浮出水面。

2017 年 4 月，ST 凤凰公告权益变动，广东文华福瑞投资有限公司（简称广东文华）将以 19 亿元转让款拿下上市公司 17.89% 股份，约 1.81 亿股，取代天津顺航成为 ST 凤凰的新当家。广东文华是一家利用自有资金进行投资管理的公司，同时经营汽车配件、机电产品、金属材料等业务。2017 年 2 月 8 日，这家公司的注册资本从 3000 万元突增到 1.3 亿元。

但在 2017 年 9 月 4 日，天津顺航与广东文华签署了《解除协议书》，终止此次股权转让。实际上，由于 ST 凤凰股价连续下跌，目前已经跌破 6 元/股关口。倘若广东文华接手股权，其将遭遇巨额的浮亏。由此，几乎空壳的 ST 凤凰又该走向何方？

### （七）陷入沉思

2017 年 10 月 8 日，大家似乎都还沉浸在国庆长假里面，王总一大早就陷入了沉思，他在想：“公司重整的目的是什么？公司重整后能否改善公司的发展状况？重整后的绩效如何？变成现在的一个空壳是什么原因导致的，到现在没有公司敢接盘，公司的路到底在哪里？”

于是王总走到财务总监办公室刘总那里，刘总为了解决王总的这个难题，对重整后这几年的财务指标进行了分析，从偿债能力、运营能力、盈利能力、发展能力四个方面分析 ST 凤凰重整前后的财务绩效变化情况。选取了 2013—2016 年公司的数据作为计算的指标，如表 1－2～表 1－5 所示。

王总看着这些指标，安静地回到了自己的办公室。刘总看着平日里叱咤风云的王总的背影，此刻给他留下的更多是一种无奈！

表1-2　案例公司盈利能力指标变动趋势

| 时　间 | 2013/12/31 | 2014/12/31 | 2015/12/31 | 2016/12/31 |
|---|---|---|---|---|
| 净资产收益率（%） | -155.03 | 170.78 | 64.49 | -167 |
| 每股收益（元/股） | -6.691 | 4.2559 | 0.1211 | 0.0096 |
| 主营业务利润率（%） | -341.79 | 441.92 | 15.99 | 1.36 |
| 总资产净利润率（%） | -148.73 | 727.53 | 24.51 | 15 |
| 成本费用利润率（%） | -209.30 | 454.20 | 16.66 | 150 |

表1-3　案例公司偿债能力指标变动趋势

| 时　间 | 2013/12/31 | 2015/12/31 | 2016/12/31 |
|---|---|---|---|
| 资产负债率（%） | 861.18 | 50.10 | 49.63 |
| 利息保障倍数（%） | 0.92 | — | -15 |
| 流动比率（%） | 0.06 | 1.88 | 1.98 |
| 速动比率（%） | 0.05 | 1.79 | 1.91 |
| 现金比率（%） | 0.02 | 0.66 | 0.92 |

表1-4　案例公司营运效率指标变动趋势

| 时　间 | 2013/12/31 | 2014/12/31 | 2015/12/31 | 2016/12/31 |
|---|---|---|---|---|
| 应收账款周转率（%） | 5.91 | 6.27 | 4.40 | 2.87 |
| 存货周转率（%） | 24.29 | 37.44 | 34.03 | 36.52 |
| 流动资产周转率（%） | 1.80 | 2.84 | 2.07 | 2.58 |
| 总资产周转率（%） | 0.46 | 1.64 | 1.50 | 1.62 |

表1-5　案例公司发展能力指标变动趋势

| 时　间 | 2013/12/31 | 2014/12/31 | 2015/12/31 | 2016/12/31 |
|---|---|---|---|---|
| 总资产增长率（%） | -86.98 | -24.75 | -0.13 | -0.08 |
| 净利润增长率（%） | -140.18 | 195.41 | -97.15 | -86.7 |
| 主营业务收入增长率（%） | -35.92 | -27.49 | -21.58 | -18.56 |

资料来源：根据2013—2016年财务报表数据计算得来。

### （八）尾声

夜已经很深了，一旁的妻子不断地催促他休息，王总却丝毫没有睡意，看着旁边的字典是如何解释“凤凰”。“凤凰”是人世间幸福的使者，每五百年，它就要背负着积累在人间的所有痛苦和恩怨情仇投身于熊熊烈火中自焚，然后在浴火中新生，变成了美丽辉煌永生的火凤凰。事实上，真的是这样吗？公司真的会实现涅槃重生吗？从入职到现在，已有十五载，早已把公司当成了自己的家。“2014年重整计划执行完毕，到现在已有三年多的时间，那么此次重整对公司来说是涅槃重生还是命悬一线？好了，不想那么多了，再困难的日子都会过去”，王总对自己说。过往的艰难与磨练，激进与成长，也正好造就了人生的丰富多彩和对企业的千锤百炼。

## 三、参考文件

本案例关注的重点在 ST 凤凰重整的绩效上，与此相关的参考资料除了前面案例正文中提供的背景资料以外，还包括有关破产重整理论背景、有关行业背景等相关资料。

如果需要进行 ST 凤凰的扩展研究，可参考的其他主要参考文件见表 1－6。

**表 1－6　其他主要参考文件目录**

| 时　间 | 文　件　名　称 |
| --- | --- |
| 2013 年 5 月 9 日 | 关于收到民事诉状的公告 |
| 2013 年 5 月 14 日 | 关于收到法院传票及招商银行民事起诉状的公告 |
| 2013 年 5 月 22 日 | 关于收到法院传票及光大银行民事起诉状的公告 |
| 2013 年 5 月 24 日 | 关于收到民事裁定书的公告 |
| 2013 年 5 月 24 日 | 民事裁定书 |
| 2013 年 6 月 1 日 | 关于收到 9.25 万吨期租船舶相关协议终止通知的提示性公告 |
| 2013 年 6 月 25 日 | 关于收到武汉海事法院民事裁定书的公告 |
| 2013 年 6 月 26 日 | 关于收到湖北省高级人民法院民事裁定书的公告 |
| 2013 年 7 月 2 日 | 关于收到武汉海事法院民事裁定书的公告 |
| 2013 年 7 月 5 日 | 重大事项停牌公告 |
| 2013 年 7 月 9 日 | 关于收到法院传票及民事裁定书的公告 |
| 2013 年 7 月 12 日 | 关于收到民事裁定书的公告 |
| 2013 年 7 月 12 日 | 被申请破产还债的提示性公告 |
| 2013 年 7 月 19 日 | 关于收到民事诉状的公告 |
| 2013 年 7 月 23 日 | 第六届董事会第十六次会议决议公告 |
| 2013 年 7 月 23 日 | 关于子公司贷款并为其提供担保的公告 |
| 2013 年 7 月 27 日 | 关于收到武汉海事法院民事裁定书的公告 |
| 2013 年 8 月 2 日 | 关于收到武汉海事法院民事裁定书的公告 |
| 2013 年 8 月 7 日 | 关于收到武汉海事法院民事裁定书的公告 |
| 2013 年 8 月 14 日 | 关于收到武汉海事法院民事裁定书的公告 |
| 2013 年 8 月 14 日 | 关于收到武汉海事法院民事裁定书的公告 |
| 2013 年 8 月 14 日 | 关于收到法院传票及中石化长燃公司民事诉状的公告 |
| 2013 年 8 月 28 日 | 关于贷款逾期的公告 |

续表1-6

| 时间 | 文件名称 |
| --- | --- |
| 2013年9月4日 | 关于收到民事诉状的公告 |
| 2013年9月14日 | 关于收到法院传票及交通银行民事起诉状的公告 |
| 2013年10月12日 | 关于收到法院传票及民生银行民事起诉状的公告 |
| 2013年10月12日 | 关于收到武汉海事法院民事判决书的公告 |
| 2013年11月8日 | 关于收到武汉海事法院民事判决书（浦发银行）的公告 |
| 2013年11月8日 | 关于收到武汉海事法院民事判决书（招行）的公告 |
| 2013年11月28日 | 关于法院受理公司重整事宜的公告 |
| 2013年12月4日 | 关于公司重整进展的公告 |
| 2013年12月4日 | 关于出资人组会议相关事项的公告 |
| 2014年3月25日 | 关于法院裁定批准重整计划的公告 |
| 2014年3月25日 | ST凤凰股份有限公司重整计划 |
| 2014年5月30日 | 关于重整的风险提示公告 |
| 2014年6月6日 | 关于公司股票恢复上市的进展公告 |
| 2014年10月9日 | 关于重整计划执行完毕的公告 |
| 2014年11月5日 | 关于公司股票恢复上市的进展公告 |
| 2015年7月14日 | 收到政府补贴的公告 |
| 2015年12月9日 | 关于对ST凤凰股份有限公司的重组问询函 |
| 2016年6月28日 | 重组情况表 |
| 2016年7月9日 | 柬埔寨金边新城工业园区起步区基础设施工程工程可行性研究报告 |
| 2017年1月12日 | 关于控股股东签署《合作意向书》的公告 |
| 2017年5月16日 | ST凤凰股份有限公司收到政府补贴的公告 |
| 2017年9月30日 | ST凤凰股权转让终止后进展公告 |

## 四、参考资料


[1] 何旭强，周何业安．上市公司破产和重整的选择机制、经济效益及法律基础［J］．管理世界，2006（7）：125-131.

[2] 李佳．企业破产重整价值评估研究［J］．会计研究，2012：41-43.

[3] 杨秋波．A股公司破产程序选择效率研究［J］．审计与经究，2007，22（6）：104-109.

[4] 李钢，万伟，曾勇．破产程序的效率特征、重整条件与德隆系企业的破产［J］．管理世界，2010（6）：143-152.

[5] 杨广宇. 上市公司破产重整绩效评价探析 [J]. 会计研究, 2013 (16): 108-109.
[6] 尹秀超, 周洪荣. 上市公司破产管理人指定方式及管理模式的市场效应分析 [J]. 经济管理, 2012, 19 (3): 46-54.
[7] 廖冠民, 卢闯, 陈勇. 股权结构、财务困境成本与困境公司绩效 [J]. 南开管理评论, 2011, 9 (6): 68-73.

## 五、讨论题目

本案例介绍了 ST 凤凰陷入危机的原因、陷入危机的现象、ST 凤凰破产重整路径的选择依据、破产重整的具体实施计划及其结果，以及重组方接盘和中途撤退，带给人们太多的启示，引发人们太多的思考。本案例的侧重点在于：破产重整的市场绩效和财务绩效如何，破产重整有没有改善企业的绩效，重点思考如下问题：

(1) 企业实施破产重整的目的是什么?

(2) 企业重整后是否能改善公司发展状况?

(3) 破产重整如何影响企业的财务绩效?

(4) 如何用市场价值的方法来分析破产重整的财富效应?

(5) 结合航运业发展情况分析，我们从案例公司破产重整得到哪些启示?

(6) 你觉得广东文华中途撤退后，ST 凤凰的路在何方? 天津顺航还会继续向 ST 凤凰注入优质资产吗?

# [案例说明书]

## 一、本案例要解决的关键问题

本案例的教学和讨论分析，有助于学员了解我国破产重整制度，理解破产重整对于企业说是涅槃重生还是命悬一线。根据本案例资料，一方面，学员通过对 ST 凤凰历史的变革，可以进一步思考重整的目的、公司重整后的发展状况以及破产重整引起的财务效应和市场效应，给企业自身和其他行业及政府带来相应的启示；另一方面，学员在掌握了破产重整内容的基础上，进一步关注破产重整在我国实践中应用的可能性和合理性，拓宽对企业破产重整的研究思路和领域。

## 二、案例讨论的准备工作

为了有效实现本案例目标，学员应该具备下列相关知识背景。

### （一）理论背景

破产重整是企业破产法新引入的一项制度，是指专门针对可能或已经具备破产原因但又有维持价值和再生希望的企业，经由各方利害关系人的申请，在法院的主持和利害关系人的参与下，进行业务上的重组和债务调整，以帮助债务人摆脱财务困境、恢复营业能力的法律制度。破产重整制度作为公司破产制度的重要组成部分，已为多数市场经济国家采用。它的实施，对于弥补破产和解、破产整顿制度的不足，防范大公司破产带来的社会问题，具有不可替代的作用。

破产法起草于 1994 年，经过十年的不断修改，2004 年被全国人大常委会提上日程，2006 年第十届全国人民代表大会通过，2007 年 6 月 1 日开始实行新的《中华人民共和国破产法》，具有重要的历史作用。破产重整的核心目标是为对未来有盈利能力的困境企业在法庭的监督下重组机会，使其能够获得重生，是现代破产法的三大制度之一。另外，随着我国社会主义市场经济的发展，公司法和合伙企业法等相关法律的颁布，为我国新破产法重整程序的实施提供了制度保障，成为我国破产法体系中一项不可缺少的法律制度。

### （二）行业背景

改革开放以来，中国水运建设与发展实现了历史性突破，中国已成为世界航运大国和港口大国。2007 年，全社会完成水路货运量 28.12 亿吨、货物周转量 64 284.85 亿吨公里，完成水路客运量 2.28 亿人次、旅客周转量 77.78 亿人公里。2008 年，全国完成水路货运量 29.45 亿吨、货物周转量 50 262.74 亿吨公里，平均运距为 1 706.66 公里。全国完成水路客运量 2.03 亿人次、旅客周转量 59.18 亿人公里，平均运距为 29.10 公里。2003 年以来，世界经济的持续较快增长，全球航运业尽享长达 5 年的繁荣期，运费疯涨，航运企业业绩成倍增长，随之而来的是船舶运力大幅增加。2008 年的新船订单，足已使全球造船企业开工期延续到 2012 年，运力扩张速度远远大于货物需求，存在严重的“运力泡沫”，航运业存在自身调整的压力。而 2008 年突如其来的国际金融危机，使 2009 年全球贸易下降 11.9%，加速了航运业调整周期的到来。这场危机对航运业的影响，无论从广度上还是深度上，均超过了 20 世纪 20 年代全球经济大萧条时期。从广度上来看，无论集装箱、干散货、油轮、邮轮还是特种货物运输均无一幸免；从深度分析，各货种运价均降至历史冰点，导致大量船舶闲置停航，一些航运公司因亏损而倒闭，一些规模大、抗风险能力强的世界著名航运公司业绩也大幅下滑，甚至严重亏损。2005 年中国政府提出的“国油国运”战略，目的在于提高进口原油的运输安全性与供应稳定性，将大幅度增强国内运输企业的承运能力。随着行业形势的不断变化，2009 年金融危机中世界大范围内的实体经济遭受了巨大的损失，国际上油运市场的供求关系开始变得不稳定，波罗的海原油运价指数（BDTI）与波罗的海成品油运价指数（BCTI）代表着行业的景气度，其指数不断大幅下跌，油运行业陷入了低谷。

## 三、案例分析要点

### （一）需要学员识别的关键问题

本案例需要学员识别的主要知识点包括：我国破产重整制度，公司实施重整的目的，公司重整后能否改善公司发展状况，以及破产重整引起的财务效应和市场效应，给企业自身和其他行业及政府带来相应的启示。

### （二）解决问题可供选择的方案及其评价

1. 企业实施破产重整的目的

要想研究 ST 凤凰实施破产重整的目的，得从不同的角度进行分析，针对 ST 凤凰实施破产重整的动因，建议学员重点思考以下两点：

第一，ST 凤凰为什么要选择破产重整？

第二，政府为什么要支持 ST 凤凰实施破产重整？

首先，为了实现企业的持续经营，有两种方法供 ST 凤凰选择，分别是破产重整和破产清算。由于 ST 凤凰公司没有完全丧失经营能力，选择破产重整基于以下的出发点：第一，可以扫除财务漏洞，获得债务上的减免。即在破产重整期间，各债权人需要申报自己的债权情况，重整后的清偿率也必须依照法律来执行，所以很大程度可以降低财务风险。第二，可以降低重组成本。通过破产重整后，ST 凤凰会成为净壳，优质的壳资源可以吸引更多有意愿的重组方，因为重组方不需要背负过多的债务。第三，通过破产重整可以提高重组的效率。重整是在法律的程序下保障执行，如果单单是进行债务重组，讼诉关系或者是其他债权关系错综复杂，企业需要在这些债务关系上费时耗力；相反，如果选择破产重整，在破产重整启动的时候，就会选择一名管理人，由管理人来接管这些事务，同时也能够更好地处理各方的利益关系，并且通过司法介入，还可以提供担保，继而更好地保障债权人的利益。

其次，ST 凤凰避免摘牌。ST 凤凰在 2011 年、2012 年、2013 年的净利润都是负数，根据深交所决定，ST 凤凰在 2014 年 5 月 16 日暂停上市，如果 2014 年净利润仍旧为负的话，ST 凤凰将会面临退市的风险。对于上市资格，是一个好的紧张资源，能够获得融资和实现共担风险，上市资格代表着公司具有美誉度，所以很多上市公司都不愿丧失上市的资格。尤其是当 ST 凤凰连续两年亏损，在 2013 年带帽变成“ST”后，公司更是想尽办法在规定的时间内实现摘帽的目标。破产重整是实现摘帽改变现状的重要方案之一，以此来维持低成本获得融资的优势。如果破产重整取得成功，在本年度能够盈利并且是符合规范的情况下，就能够恢复上市，进而不断地改善企业的体制，优化产业结构，具备更加广阔的发展前景。

另外，地方政府支持企业破产重整。企业在选择破产清算的时候，不仅仅是一个经济问题，更重要的是会带来一系列的社会问题。第一，如果 ST 凤凰实施破产重整，ST 凤凰作为一个央企，在湖北武汉建厂投资，为当地的经济建设做出了巨大的贡献。第二，如果 ST 凤凰选择破产清算，不仅对当地的经济造成严重的影响，以至于当地政府不能获得预期的回报，并且还会背负债务。由于航运业处在一个低迷的时期，同时也会导致民众对航运业的投资热情递减，对当地的经济造成一系列的影响；还会造成职工失业，社会秩序不稳定；ST 凤凰是国有企业，国有企业的特点是老员工所占的比重大，如果选择破产清算的话，必然要支付很大一部分的补偿金，这笔补偿金会占据企业的很大一部分，对企业也会造成很大影响，但是更重要的影响是这些老员工没有办法找到下一家愿意承担养老风险的企业，于是就导致失业人口不断增多。

2. 企业重整后是否能改善公司发展状况

想要研究企业重整后能否改善公司的状况，首先得分析出破产重整主要解决什么问题，涉及哪些利益关系，风险是否能够解决，建议学员重点思考以下几点：

第一，财务状况有没有得到根本改善？

第二，各方利益关系能否协调？

第三，整合风险能否得到解决？

首先，财务状况没有得到根本改善。破产重整当年对比破产重整后的第一年有很大的改善，但是到第二年和第三年呈下降的趋势，说明公司破产重整在短期内取得了一定的成效，但是这种成效缺乏一定的持续性。具体表现为两个方面：一方面是总资产净利润、主营业务利润率和总资产净利润率都维持着一个较低的水平，净资产收益率得到相应的提升，但是没有得到实质性的改变；另一方面，资金链断裂，现金流不充足，公司的营运能力存在着一定的风险，应收账款周转率处于下降的趋势，公司的发展能力呈现负增长，发展呈现出一种后劲不足的状况，表现为公司的总资产增长率、净利润增长率和主营业务增长率都呈负增长。

其次，各利益关系难以协调。债权人股东与债权人之间存在着利益冲突，在重整期间，重整的企业往往会通过引入新的股东来降低股东的持股比例，希望可以达到保值增值的目的，而站在债权人的角度上看，债权人往往会把资产往外挪，使得公司只剩下一个空壳进行重整。债权偿还的顺序不同，也会导致各利益方产生冲突，所以会产生债权人争夺偿还顺序的利益冲突。企业职工与债权人之间的利益冲突，进入重整阶段后，企业的部分财产用来偿还债务，一部分用来给企业职工。

另外，本案例在 2014 年经过破产重整后，净利润扭亏为盈，但是财务状况没有得到改善，短期绩效明显，并且整合风险难以解决，具体表现为两个方面：一方面存在行业动力难以跟上的风险，在引入重组方之后，航运业当时还是处于低迷的时期，由于前期的积累，导致后期难以复苏；另一方面，存在管理方面的风险，随着资金规模的不断增加，对治理结构等方面也有着更高的要求。

3. 破产重整如何影响企业的财务绩效

想要分析破产重整如何影响企业的财务绩效，建议学员从以下两点进行分析：

第一，破产重整的财务指标从哪些方面进行评价？

第二，如何衡量破产重整的会计业绩以及会计业绩的质量？

根据我国财政部颁布的《企业绩效评价指标体系》，本案例选取其中具有代表性的企业财务指标，从偿债能力、运营能力、盈利能力、发展能力 4 个方面分析 ST 凤凰实施破产重整的财务绩效。

首先，从盈利能力分析可以知道，ST 凤凰在 2013 年主营业务利润率和总资产净利润率都维持着一个较低的水平，总资产净利润率为 -148.73%，主营业务利润率为 -341.79%，每股收益为 -6.691 元/股，净资产收益率为 -155.03%，到 2014 年破产重整后 ST 凤凰的盈利能力得到了质的飞跃，净资产收益率由负变正。在 2015 年 12 月31 日，ST 凤凰的盈利能力回到重整前的盈利能力，尽管如此，但其盈利能力没有得到很大的提升，净资产收益率反而下降到 64.49%，每股收益下降到 0.1211 元/股，主营业务利润率下降到 15.99%，总资产净利润率下降到 24.51%。其 2016 年的净资产收益率降低到 -167%，每股收益也下降到 0.0096 元/股，主营业务利润率下降到 1.36%，总资产利润率下降到 15%。成本费用利润率也比 2015 年提高了，提高到 150%，其原因是天津顺航没有为 ST 凤凰注入优质资产，公司资产的置入置出，对公司的盈利能力存在着很大的影响。

其次，从偿债能力分析可以知道，ST 凤凰进入破产重整程序后，资产负债率从 2013 年的 861.18% 下降至 2015 年的 50.10%，2016 年的 49.63%，说明资产负债率有了很大的提升，比率越低，偿债能力越强。利息保障倍数在 2016 年为 -15%，说明企业的利息保障倍数的能力偏弱。公司的流动比率从 2013 年的 0.06% 提升到 2015 年的 1.88%，速动比率从 2013 年的 0.05% 提升到 2015 年的 1.79%，现金比率从 2013 年的 0.02% 提升到 2015 年的 0.66%，2016 年流动比率、现金比率和速动比率分别为 1.98%、0.92%、1.91%，都说明了公司的偿债能力进入破产重整后有了很大程度的提升。

另外，从营运能力分析可以知道，破产重整完成后，上市公司的存货周转率从 2013 年的 24.29% 提升到 2016 年的 36.52%，流动资产周转率从 2013 年的 1.80% 提升到 2016 年的 2.58%，总资产周转率从 2013 年的 0.46% 提升到 2016 年的 1.62%，说明公司的存货周转率、流动资产周转率和总资产周转率都有了相应的提升，运营效率指标明显高于整体破产重整前的营运效率。但是应收账款周转率没有得到相应的改善，在 2013 年的应收账款周转率为 5.91%，2015 年下降为 4.40%，在 2016 年应收账款周转率下降为 2.87%，ST 凤凰是一家运输企业，对于现金的周转程度有着很高的要求，因此，企业的应收账款周转率没有得到相应的提升，说明企业的现金链可能断裂，公司的营运能力存在一定的风险。

最后从发展能力分析可以知道，公司的总资产增长率在 2013—2016 年分别为 -86.98%、-24.75%、-0.13%，-0.08%，说明总资产增长率有明显的提升，但是没有突破 0%，一直都是负增长，说明主营业务收入规模额在递减，表现出后劲不足。净利润增长率在 2013—2016 年分别为 -140.18%、195.41%、-97.15%，-86.7%，表现出了在 2014 年得到很大程度的提升，但到 2015 年急剧下降，呈现出了递减的趋势，说明净利润在2015年并没有明显的提高，出现了不容乐观的负增长。主营业务收入增长率从2013—2016年分别为 -35.92%、-27.49%、-21.58%，-18.56%，都说明了主营业务呈现出后劲不足的发展状况。

综合上述可知，公司的盈利能力有短期的提升，但是长期的盈利能力并没有保证，公司的偿债能力也只是暂时性的缓解，营运能力存在着很大的风险，发展能力表现出后劲不足的现象。从财务指标这方面来说，破产重整并没起到很好的作用，没有提高业绩的质量。

4. 如何用市场价值的方法来分析破产重整的财富效应

想要用市场价值的方法来分析破产重整的财务效应，建议学员从两个维度去分析：第一个维度是从股价变动的结果来分析，第二个维度是从事件研究法 CAR（累计超额报酬率）的角度去分析。

（1）股价变动分析结果

本文首先考察从法院通过破产重整，案例企业股票停牌前90个交易日到破产重整后复牌后60个交易日（-90，60）内案例公司的每日平均股价的变动情况（图1-1），直观地反映股价在重整事件前后的波动情况。股价的变化不但反映出企业的绩效变动情况，更主要的是能够反映投资者对市场中的各种事件的判断。如果股价上扬，说明投资者认为破产重整事件能够为企业带来利好；反之，则说明投资者对破产重整持悲观消极态度，认为破产重整不能给公司带来绩效的提升。

从图1-1可看出，破产重整后，ST凤凰股票的价格得到了很大幅度的提升，ST凤凰股票的价值由负变为正，在第一天平均股价超过了20元/股，表达了投资者对破产重整的强烈的期待。在开盘的5天后，平均股价在10～15元/股之间徘徊，说明投资者对破产重整的认识回归到了理性的状态。具体平均股价涨幅明细如表1-7所示，从股价的变动得出的结论：ST凤凰实施破产重整是涅槃重生的一种状态。

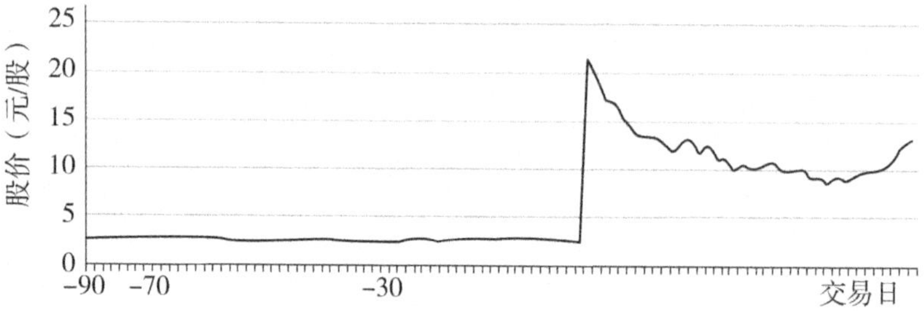


资料来源：根据Wind数据计算得来。

图1-1　案例公司平均股价趋势图

**表1-7　案例公司重整前后平均股价**

| | |
|---|---|
| 重整前平均股价 | 2.63元/股 |
| 重整后平均股价 | 11.87元/股 |

资料来源：根据Wind数据计算得来。

（2）事件研究法的结果

下面将利用事件研究法对本案例的市场进行分析。破产重整前后的股价的变动是评价上市公司重整好坏的标准之一，这里将采用短期的股票收益来反映破产重整前后的股票波动。运用事件研究的基础是有效市场，破产重整可以采用事件研究方法进行研究。

案例公司的股价变化可能并非由破产重整事件本身引起的，比如可能是宏观环境好，总体经济复苏导致市场大盘整体上升引起的。因此，要想令我们对重整事件的市场绩效的评价更加科学合理，必须将类似以上因素的影响剔除，我们采用累计超额平均收益率的方法进行研究。下面使用市场模型的方法来计算案例企业股票的超额收益率（CAR）值，步骤如下：

（1）计算预期正常收益率。根据前一步骤得出的估计系数 $\alpha$ 和 $\beta$，以及窗口期（ -20，20）的市场日收益率，代入 $R_t = \alpha + \beta R_{mt}$，计算得出预期正常收益率。

（2）计算窗口期（ -20，20）内的超额收益率。将实际收益率和预期正常收益率代入公式 $AR_t = R_t - E(R_t)$，由此可以计算得出招商地产的超额收益率。

（3）计算窗口期（ -20，20）的累计超额收益率。将前面计算得出的超额收益率计入公式（$t_1$，$t_2$） $= \sum_{t_2}^{t_1} AR_t$，其中（$t_1$，$t_2$）表示事件窗口期，即为（ -20，20）。由此计算得出窗口期的超额收益率。

计算结果如图 1 -2 所示。

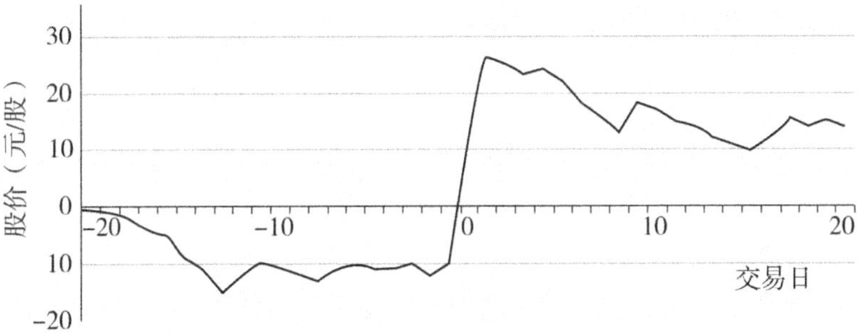


图 1 -2　案例公司 CAR 趋势图

资料来源：根据 Wind 数据计算得来

从图 1 -2 可以看出，在（ -20，0）区间，样本企业的 CAR 均为负值，这说明这些上市公司的整体市场表现低于整个证券市场的平均表现，在 -12% 之间徘徊，在 -20 这一天，上市公司发布进入破产重整程序的信息，导致投资者因对公司未来的发展状况没有足够信心而离场，在（1，20）区间可见有很大的提升，最高达到 26%，这说明破产重整的成功实施给市场投资者带来了信心，接下来下跌到 10% 左右，说明破产重整带来的市场绩效并不长久，随着破产重整后企业经营的开展，其股价更多是由实际经营绩效决定的。同时也反映了一个问题，就是市场对破产重整企业的未来资产重组事项的不确定及担心，因为尽管公司的债务负担解除，但其主要的经营资产仍然保留，导致公司陷入困境的宏观环境或行业环境等因素往往不能消除，所以投资者对企业前景有担忧。从时间研究法可以分析出 ST 凤凰实施破产重整没有收到很好的效果。

5. 结合航运业发展分析公司管理层应从案例公司破产重整得到哪些启示

想要研究出该案例得到的启示，针对航运业发展的特点，建议学员重点从以下几点进行思考：

第一，破产重整对 ST 凤凰未来的发展有何启示？

第二，对其他上市公司有何启示？

第三，对于政府有何启示？

（1）对 ST 凤凰未来发展的启示

①加大科技创新投入，提高 ST 凤凰的市场占有率。ST 凤凰实施破产重整是在被动的一种状态下实行，一方面是行业因素的原因，但是很大一部分原因是公司没有以市场为导向，缺乏对市场能动性的判断。因此，ST 凤凰想要继续发展下去，必须改变现有的状况，加大科技投入，掌握核心技术，提高 ST 凤凰的市场占有率。

②注入优质资产，提高核心竞争力。2016 年 6 月，ST 凤凰曾披露港海建设以 78 亿借壳的重组方案，但由于港海建设申请"港口与航道工程施工总承包一级"资质及海外施工资质事宜未获相关部门批准而作罢。重组失败后，陈某萌生退意，然后想把股份转让给新的接盘者。种种原因说明天津顺航并没有往 ST 凤凰注入优质资产，从而导致破产重整后 ST 凤凰的盈利能力没有发生实质性的改变。

（2）对其他上市公司的启示

①慎重选择重组方。在本案例中，ST 凤凰是属于中央直管企业，存在着制度上的各种弊端，那么在选择重组方时更加要慎重。一方面，借壳上市的门槛低，相对于取得上市资格来说，希望通过借壳上市的公司还存在着很多问题，资金实力和盈利能力比取得上市资格的公司稍逊一筹，很多公司借壳上市后，并没有注入优质的资产，各项治理结构也没有得到改善，只是希望通过借壳这钟手段达到套现的目的。另一方面，在实施破产重整期间，都希望尽快找到重组方，从而能够引入优质资产，实现企业的持续经营；但是往往由于时间的限制，导致破产企业不能全面综合地对有重组意愿的企业进行考察。对于 ST 凤凰来说，公司仅仅通过破产重整的债务重组利得以及法院法律制度的保障使得短期绩效明显，其所在的宏观环境和行业环境并没有改变，并没有使企业的财务状况得到实质性的改变。综合上述，在选择重组方的时候需要谨慎，对不同的方案加以判断和选择，尽量把整合风险降低。

②注重破产重整的实质。实质性的重整是指不单单保障一方的利益，而是可以使各方的利益得到均衡，使企业通过破产重整改善企业的盈利能力，提高企业绩效的一种行为。首先，企业应该摆正破产重整的目的，对于目前大多数 ST 的企业来说，由于身份的特殊性，大多数企业都是急于破产重整，想要摆脱 ST，这种情况下导致很多企业希望在短期内达到重整的目的，因而只是进行简单的报表性重整。其次，重整的时候应该公开透明化，政府应该加强上市公司的监管工作，严禁虚报重整，并且与当地的政策相结合，积极地鼓励实质性的重整，打击市场上的投机行为。所以，对于参与重整的企业来说，考察企业需要以市场绩效、财务指标为前提，以未来的发展方向为目标，使企业扭亏为盈，实现根本性的转变，使各方的利益得到均衡。

（3）对于政府的启示

①政府行为适度引导、顺应市场规律是重整的关键。ST 凤凰作为武汉市的大型国有

企业，政府在资金上给予了很多的帮助，在 ST 陷入困境的时候，政府为 ST 凤凰实施破产重整也做了大量的工作。可以说，ST 凤凰能够进入破产重整程序，政府在其中起到了关键的作用。防止 ST 凤凰退市引发系列的社会矛盾，使各方的利益得到保障，是政府的职责所在。但如果政府涉入过多，不仅破坏了资本市场的自有秩序，同时还会打压市场破产重整的势头。所以政府应该转变角色，重新建立一种政府市场角色，采取合理化的引导手段，从“全能”向“有限”的角色转变，顺应市场规律。

②强化破产清算的地位，避免“坏”企业破坏重整而转嫁负担。我国新破产法的一大亮点就是引进了破产重整。但是从我国的实际情况看，我国过分强调破产重整的好处，而忽略了破产重整的弊端。企业进行破产重整，会产生大量的破产费用，如果债务不能及时弥补，会使企业加速走向灭亡。我国在企业进行破产重整的开始阶段，是不要求法院进行审查，导致企业申请破产重整程序的门槛低，一些没有再生希望的企业也选择重整程序。如果把拯救国有上市企业的重担寄托在重整程序当中，会导致国有上市企业将“计划破产”变为“计划重整”，进而导致破产重整变为拯救国有上市企业的法律，这违背了破产重整立法的初衷。

*6. 你觉得广东文华中途撤退后，ST 凤凰的路将会走向何方？天津顺航还会继续向 ST 凤凰注入优质资产吗？*

想要了解 ST 凤凰的路在何方，以及天津顺航是否会继续向 ST 凤凰注入优质资产，建议学员重点从以下两点进行思考：

第一，是否有公司敢接盘 ST 凤凰？ST 凤凰现在的状况怎样？

第二，天津顺航如果不向 ST 凤凰注入优质资产会怎样？

广东文华中途撤退后，ST 凤凰重组难寻“接盘侠”，天津顺航在短期内应该会向 ST 凤凰注入优质资产。一方面，虽然 ST 凤凰 2017 年第三季度海运业务效益有所增长，但 ST 凤凰依然很难寻找第三方来接盘，天津顺航目前仍有 3 笔股份遭查封冻结，天津顺航与债权人弘坤资产管理（上海）有限公司、上海优术投资管理中心（有限合伙）由于债务纠纷，对天津顺航持有的长航凤凰全部股份进行了查封冻结。最近，由于天津顺航子公司港海（天津）建设股份有限公司未如期归还中国农业银行股份有限公司天津经济技术开发区分行的金融借款，天津顺航承担连带责任，致使所持长航凤凰股份再遭冻结。天津顺航入主 ST 凤凰不仅未能成功注入优质资产，反而陷入债权缠身的困局，说明长航凤凰此前引进新股东的协调工作还欠妥当。另一方面，对于天津顺航来说，希望通过重组的方式把 ST 凤凰转让出去也并不顺利。继长航凤凰第一次重组因天津顺航注入资产出现问题而搁浅后，第二次重组也最终以重组方广东文华中途闪退而告终。但是，天津顺航在短期内会注入资产，因为这样才有转让出去的可能性。

## 四、教学组织方式

### （一）问题清单及提问顺序、资料发放顺序

本案例讨论题目依次为：

（1）企业实施破产重整的目的是什么？

（2）企业重整后是否能改善公司发展状况？

（3）破产重整如何影响企业的财务绩效？

（4）如何用市场价值的方法来分析破产重整的财富效应？

（5）结合航运业发展分析，我们应从案例公司破产重整得到哪些启示？

（6）你觉得广东文华中途撤退后，ST 凤凰的路将会走向何方？天津顺航还会继续向 ST 凤凰注入优质资产吗？

### （二）课时分配

（1）课后自行阅读和查阅资料：约 5 小时。

（2）小组讨论并提交分析报告提纲：约 2 小时。

（3）课堂小组代表发言、进一步讨论：约 1.5 小时。

（4）课堂讨论总结：约 0.5 小时。

### （三）讨论方式

本案例可以采用小组讨论方式。

### （四）课堂讨论总结

课堂讨论总结的关键是：归纳发言者的主要观点；重申其重点及亮点；提醒大家对焦点问题或有争议观点进行深入思考；建议大家对案例素材进行扩展研究和深入分析。

# 案例 2

# 基于股权折现模型（FCFE）的老凤祥公司股权价值分析*

* 1. 本案例由广东工业大学管理学院的张军波、陈静、古智荣、周佳阅、罗漫玲及广东工程技术职业学院的郭建明等共同撰写，作者拥有著作权中的署名权、修改权、改编权。

2. 将本案例授权予广东工业大学产教融合 MPAcc 教学智库实验平台使用，广东工业大学产教融合 MPAcc 教学智库实验平台享有复制权、修改权、发表权、发行权、信息网络传播权、改编权、汇编权和翻译权。

3. 由于企业保密的要求，在本案例对有关名称、数据等做了必要的掩饰性处理。

4. 本案例只供课堂讨论之用，并无意暗示或说明某种管理行为是否有效。

## [案例封面]

**专业领域：** 财务管理
**适用课程：**《财务管理理论与实务》
**选用课程：**《财务报表分析》《企业价值评估》
**编写目的：** 本案例旨在引导学员进一步熟悉企业价值评估的方法，并学会运用恰当的估值模型进行企业估值分析。通过本案例的讨论学习，学员要讨论回答以下问题：①企业价值评估的内涵、目的和方法是什么？②股权现金流量折现模型（FCFE）的分类有哪些？③如何确定本案例的估值模型？④如何确定本案例的营业收入的预测方法？⑤如何确定本案例的自由现金流量的测算？⑥如何确定本案例的折现率的测算？
**知 识 点：** 企业价值评估的目的和方法；企业估值模型的确定及其运用
**关 键 词：** 企业价值评估；“二阶段”法；股权现金流量折现法
**中文摘要：** 随着资本市场的不断完善，企业价值评估理论及其应用受到各相关利益者的广泛关注。股票投资决策、企业并购决策、股票公开发行、企业绩效评价、纳税税基的确定和法律诉讼等经济决策行为，都频繁涉及企业价值评估。因此，企业价值评估的重要性越发显现出来。本案例将以老凤祥股份有限公司为例进行论述。首先，选取二阶段股权现金流量折现（FCFE）模型对企业的股权现金流量进行预测，然后运用资本资产定价模型（CAPM）估算股权资本成本，并以该折现率对企业的每股股权价值进行估算。然后，通过分析企业内在价值和市场价值两者之间的关系，在价值投资和企业管理决策的过程中，为股票投资者和企业管理层提供重要的决策依据，也进一步说明现金流量折现模型对我国上市公司估值领域的适用性。企业价值评估是财务管理课程的重要内容，通过对本案例的学习，学生将进一步理解和掌握企业价值评估的基本方法，并运用恰当的估值模型进行企业估值分析。同时，这也为我国上市公司的价值评估提供借鉴和参考。

# [案例正文]

## 一、引言

企业价值评估是将一个企业作为一个有机整体，依据其拥有或占有的全部资产状况和整体获利能力，充分考虑影响企业获利能力的各种因素，结合企业所处的宏观经济环境及行业背景，对企业整体的公允市场价值进行综合性评估。

始创于1848年的民族品牌老凤祥，集研发、设计、生产与销售于一体，拥有多家专业厂、研究所和遍布全国各地的3000多家销售网点，拥有完整的产业链、多元化的产品线，旗下黄金、白银、铂金、钻石、白玉、翡翠、珍珠、金镶玉、有色宝石、珐琅、红珊瑚等多品类首饰，以及牙雕、K金眼镜、工艺旅游纪念品等广受好评，是中国珠宝首饰业在历史底蕴、规模渠道和品牌价值等各方面领先的龙头企业。2015年，老凤祥以357.12亿元的营业收入和19.01亿元的利润傲视群雄。

那么老凤祥企业的公允市场价值到底如何呢？如何确定本案例的估值模型？如何确定本案例的营业收入的预测方法？如何确定本案例的自由现金流量的测算？如何确定本案例的折现率的测算？本案例根据过去五年的财务报表资料，采用股权现金流量折现模型（FCFE）估算其股权价值，对我国上市公司的价值评估具有一定的指导作用。

## 二、老凤祥公司基本情况介绍

### （一）公司简介

老凤祥股份有限公司（股票简称为“老凤祥”和“老凤祥B”，股票代码分别为600612和900905，在上海证券交易所上市交易）。公司主要从事黄金珠宝首饰、工艺美术品、笔类文具制品的生产经营及销售。2016年，公司以349.64亿元的营业收入和18.22亿元的利润傲视群雄。公司核心板块旗下上海老凤祥有限公司是集研发、设计、生产和销售于一体的大型珠宝首饰企业集团，拥有多家专业厂、子公司、研究所、检测站、典当行、拍卖行以及遍布全国各地的3000多家销售网点，拥有完整的产业链和多元化的产品线，其黄金、白银、铂金、钻石、白玉、翡翠、珍珠、金镶玉、有色宝石、珐琅、红珊瑚等多品类珠宝首饰，以及牙雕、K金眼镜和工艺旅游纪念品等深受广大消费者的好评，是中国珠宝首饰业在历史底蕴、规模渠道和品牌价值等各方面全面领先的龙头企业。2016年其营业收入占到公司总额的98.34%，利润占到公司总额的93.14%，为公司经营业绩的核心来源。创始于1848年的中国民族品牌老凤祥，经过一百多年的发展，将悠久的历史、深厚的文化底蕴，通过传承与创新，在品牌建设、发展规模、产业结构和产品结构等方面不断突破，如今已发展成为了中国珠宝首饰行业的世纪品牌，多次入围《财富》“中国500强”，“全球100大奢侈品公司排行榜”，连续13年名列世界品牌实验室主办的世界品牌大会“中国500最具价值品牌”榜单。截至2016年12月31日，公司有控股子公司和孙公司共计60家，无参股公司。公司与实际控制人之间的产权和控制关系如图2－1所示。

图 2－1　公司与实际控制人之间的产权及控制关系图

数据来源：根据 2016 年老凤祥年报。

### （二）主要业务介绍

老凤祥的主要业务如表 2－1 所示。

**表 2－1　老凤祥 2012—2016 年主营业务收入及其增长情况**　　单位：百万元

| 年份 | | 2012 | 2013 | 2014 | 2015 | 2016 |
|---|---|---|---|---|---|---|
| 笔类 | 主管业务收入 | 399.68 | 391.52 | 398.29 | 427.94 | 384.10 |
| | 主管业务增速 | －5.68% | －2.04% | 1.73% | 7.45% | －10.25% |
| 珠宝首饰 | 主管业务收入 | 19407.76 | 25843.48 | 25321.59 | 25321.59 | 25780.00 |
| | 主管业务增速 | 21.49% | 33.16% | －2.02% | 2.67% | －0.84% |
| 黄金交易 | 主管业务收入 | 1814.56 | 1415.92 | 2740.45 | 4309.27 | 5191.18 |
| | 主管业务增速 | －34.00% | －21.97% | 93.55% | 57.25% | 20.47% |
| 工艺品销售 | 主管业务收入 | 165.93 | 181.66 | 185.56 | 167.04 | 207.97 |
| | 主管业务增速 | 5.01% | 9.48% | 2.14% | －9.98% | 24.50% |
| 商贸 | 主管业务收入 | 142.54 | 66.82 | 76.09 | 76.55 | 75.54 |
| | 主管业务增速 | －9.41% | －53.12% | 13.87% | 0.61% | －1.32% |
| 其他 | 主管业务收入 | 41.54 | 42.85 | 41.62 | 51.64 | 36.77 |
| | 主管业务增速 | －15.02% | 3.15% | －2.87% | 24.09% | －28.80% |
| 合计：主营业务收入 | 主管业务收入 | 21972.00 | 27942.25 | 28763.60 | 31031.08 | 31675.56 |
| | 主管业务增速 | 12.61% | 27.17% | 2.94% | 7.88% | 2.08% |

数据来源：笔者根据 2012—2016 年老凤祥年报整理。

### （三）SWOT 分析

1. 优势（strength）

（1）品牌优势。品牌是老凤祥可健康、持续、高速发展的核心资产。创始于 1848 年的老凤祥，延续至今已 170 年。悠久的品牌历史，形成了独特的文化内涵、精湛的工艺技术及丰富的行业经验。在传承的基础上，老凤祥更为倡导创新和拓展精神，“敢想、敢做、敢突破”已成为老凤祥企业精神的内涵，老凤祥品牌的知名度、美誉度、忠诚度逐年稳步上升，是行业的佼佼者，也是中华老字号中仍保持发展活力的著名品牌。

（2）渠道优势。本着“立足上海、覆盖全国、面向世界”的营销网络建设方向，2016 年老凤祥把渠道的扩展放到重要位置，针对市场新变化，不断调整营销模式，优化、整合营销渠道，分区域推进老凤祥专卖店的均衡布局，扩大老凤祥品牌的影响力和辐射力，扩大销售规模，并稳步向境外拓展，逐步形成了全方位立体化推进的营销网络。全年新增自营银楼 11 家，连锁（加盟）专卖店 118 家。截至 2016 年底，老凤祥的经销网点达到了 2988 家。老凤祥境外银楼在原有美国、加拿大、澳大利亚和香港等 7 家门店的基础上，2016 年又在香港新增 2 家专卖店。

（3）人才优势。老凤祥高度重视人才培养及能力建设工作。针对企业经营管理人才、专业技术人才、市场营销人才、党群工作人才、青年后备人才 5 支队伍，分层分类实施不同的培养和管理办法。目前，公司拥有中国工艺美术大师 7 名、上海工艺美术大师 18 名、高级技师 20 名，中高级人才数量在行业中处于领先水平。同时，公司十分注重对复合型人才的培养，建立了一支以 28～40 岁为主的百余人的后备人才队伍，其中 35 岁以下的青年人才比例为 62%，已有 47% 的后备人才按岗位需求及时充实到管理岗位。

（4）规模优势。公司从源头采购到设计、生产、销售，已经积累了较为丰富的经验和较为成熟的技术体系。公司拥有较为齐全的产品系列，在“黄金、铂金、钻石、白银、白玉、翡翠、珍珠、有色宝石、牙雕艺术品、珐琅、高端 K 金镜架、工艺美术旅游纪念品”等门类的基础上，2016 年又推出金镶玉、珊瑚等新门类产品，有效提高了企业在金价波动中的抗风险能力和盈利能力。

2. 劣势（weakness）

（1）黄金首饰在公司的销售占比仍然比较大，国际金价的走势显著影响了公司业绩。

（2）随着 80、90、00 后等新消费群体的加入，兴起了个性化的消费浪潮。公司面临设计人才不足的瓶颈制约。

3. 机会（opportunity）

（1）中国黄金珠宝的市场潜力依然巨大。由于世界政治、经济、金融动荡等不确定性因素增多，黄金的货币属性越来越凸显，央行不断增加黄金储备，人们对金条和金币消费大幅增加。另外，我国虽然是世界第一大黄金消费市场，但与世界发达国家相比，我国人均珠宝消费水平却显著偏低。

（2）我国“十三五”规划明确，到 2020 年我国要实现全面建成小康社会的目标，国内生产总值和城乡居民人均收入实现翻番。同时，随着“一带一路”建设步入快车道、供给侧结构性改革效果不断显现、城镇化水平逐年提高、居民消费升级加快等利好因素的叠加，都给珠宝市场传递了积极的信号。

（3）节庆、婚庆、生日、馈赠等刚性需求仍然强劲，新推出的个性化定制服务、体验服务创造出全新的消费市场，激发了更大的消费潜力。

4. 威胁（threat）

（1）宏观环境及政策对行业的影响。2017 年，全球经济复苏乏力，增长动力不足和新一轮科技和产业革命的兴起等全球性挑战正在加剧，世界经济不稳定不确定因素明显增加。作为兼具物质、金融、文化等多种属性的珠宝首饰市场，在未来一段时间内，受制于国内外宏观环境，将会呈现一种螺旋式上升的态势。

（2）金价与汇率波动。2016 年的金价走出了一个出人意料的倒 V 字形行情，2017 年黄金和汇率的走势仍然存在较大的不确定性。金价和汇率波动的风险给企业的发展也带来更多的不确定性和风险。

（3）市场低迷与产能过剩。随着中国经济步入新常态，珠宝首饰消费市场疲软且利润水平大幅下降，行业盈利空间十分有限，形势严峻。同时，产能过剩、产品同质化、低价恶性竞争、假冒伪劣产品等问题也日渐凸显出来。2017 年的黄金珠宝市场继续面临市场低迷和市场竞争的双重考验。

## 三、珠宝行业介绍

随着中国经济的发展和人民消费水平的提高，带动了人们对珠宝首饰的消费潮。珠宝首饰除了满足人们的保值需求外，更是人们追求时尚、彰显个性和身份地位的需要。根据统计，我国珠宝玉石首饰行业规模从2009 年的 2 200 亿元增长到 2015 年的 5 000 亿元以上，成为全球珠宝玉石首饰行业增长最为明显的国家之一。目前的中国已经成为世界第一大黄金消费市场，全球第一大铂金消费市场，第二大钻石消费市场，以及最大的翡翠、宝石消费市场（见图 2 -2 ～图 2 -4）。

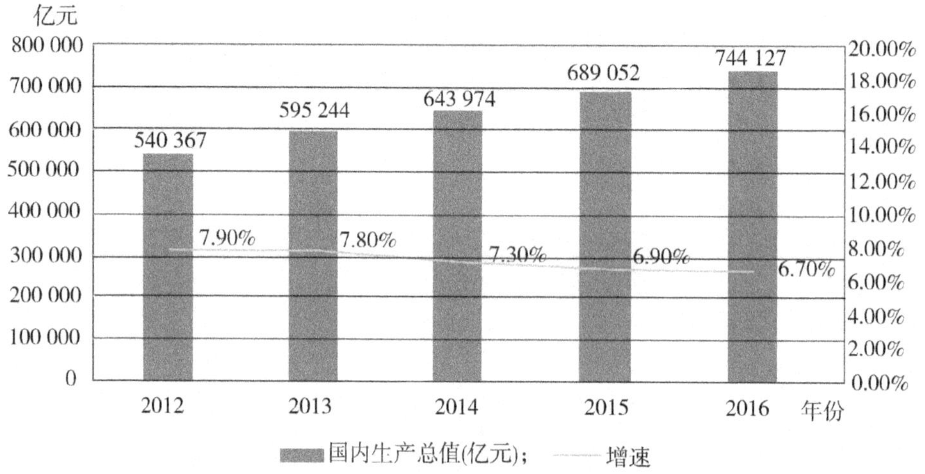


图 2 -2　2012—2016 年国内生产总值及其增长速度

数据来源：国家统计局公报。

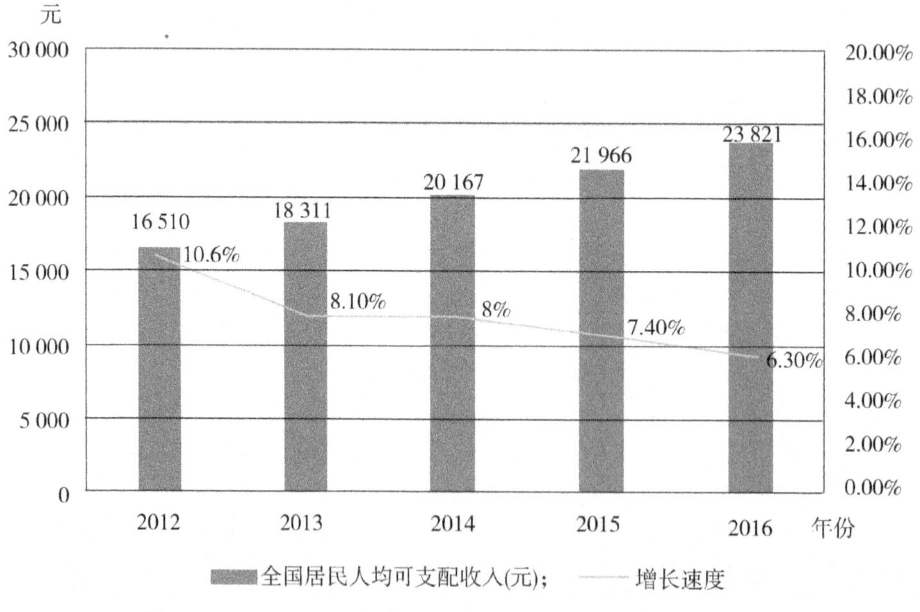


图 2 -3　2012—2016 年全国居民人均可支配收入及其增长速度

数据来源：国家统计局公报。

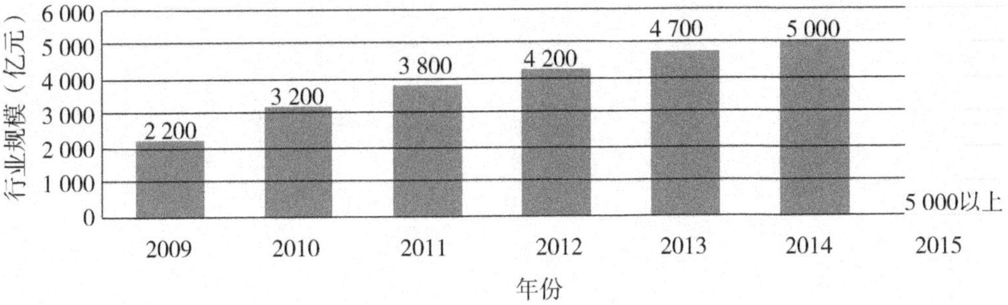


图 2－4　2009—2015 年国内珠宝首饰行业规模变动情况

数据来源：中国产业信息网。

2016 年，国际环境方面，受英国脱欧、美国总统选举、美联储加息等国际政治、经济环境的影响，外汇、金融与贵金属市场的波动加剧，国际金价呈倒 V 字形震荡波动。受国际金价的剧烈波动影响，零售终端市场观望情绪浓厚、珠宝行业持续低迷。国内环境方面，随着中国经济步入新常态，珠宝首饰消费市场疲软且利润水平大幅下降，行业盈利空间十分有限，形势严峻。同时，产品同质化、行业创新乏力、产能过剩的阴影凸显，假冒侵权和价格战的加剧，外围资金的不断进入与搅局，各种新型销售模式与互联网＋的融合，促使黄金珠宝行业转型、重组、并购不断出现，实体店的零售业态面临严峻的挑战，珠宝首饰行业将不可避免地进入新一轮的市场洗牌、企业转型和产业升级的深度调整阶段。

## 四、老凤祥公司财务状况分析

### （一）盈利能力分析

本案例采用销售净利率、销售毛利率、净资产收益率和总资产收益率作为评价指标。表 2－2 和图 2－5 为老凤祥盈利能力指标及其趋势分析。由表 2－2 和图 2－5 可以看出，公司的盈利能力在 2013 年呈上升趋势，在 2014—2015 年保持相对稳定，在 2016 年呈下降趋势。而根据图 2－6，可以看出与其他珠宝上市公司相比，老凤祥的总资产利润率和净资产收益率均处于行业高水平，但是销售毛利率和销售净利率普遍低于行业其他公司，这说明公司资产的盈利能力很强，但成本费用较高，公司必须重视销售成本的管理，降低销售成本。

表 2－2　老凤祥 2012—2016 年盈利能力指标

| 年　份 | 2012 | 2013 | 2014 | 2015 | 2016 |
|---|---|---|---|---|---|
| 销售毛利率（%） | 8. 19 | 7. 97 | 8. 77 | 8. 39 | 8. 95 |
| 总资产利润率（%） | 8. 93 | 12. 1 | 10. 61 | 12. 3 | 9. 71 |
| 销售净利率（%） | 3. 11 | 3. 43 | 3. 74 | 3. 98 | 3. 91 |
| 净资产收益率（%） | 22. 14 | 26. 7 | 23. 82 | 24. 6 | 20. 89 |

数据来源：笔者根据网易财经整理。

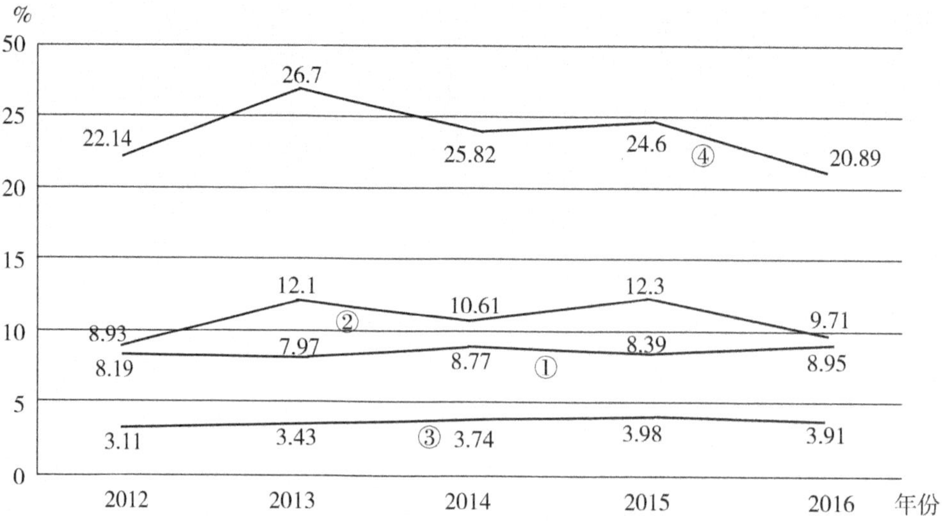


①销售毛利率(%)；②总资产利润率(%)；③销售净利率(%)；④净资产收益率(%)

图2-5 老凤祥2012—2016年盈利能力分析

数据来源：笔者根据网易财经整理。

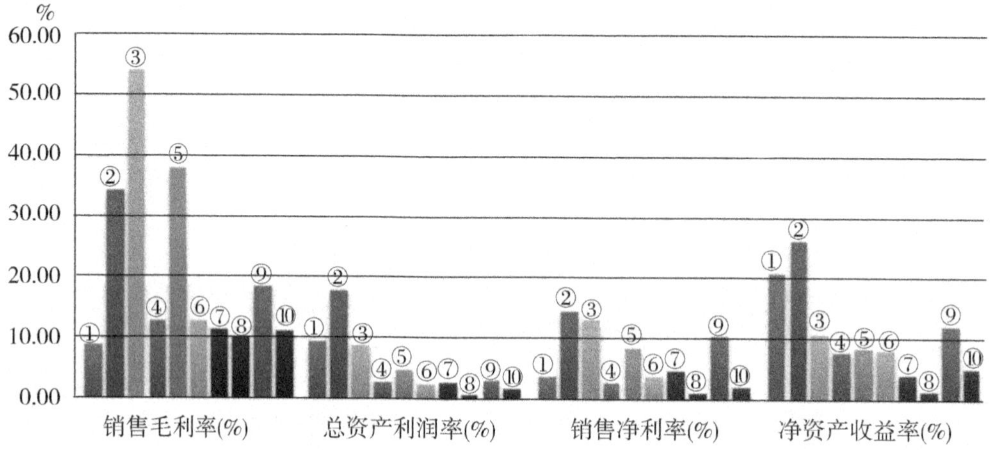


①老凤祥；②周大生；③通灵珠宝；④金一文化；⑤潮宏基；
⑥东方金钰；⑦爱迪尔；⑧明牌珠宝；⑨金洲慈航；⑩萃华珠宝

图2-6 2016年珠宝上市公司盈利能力分析

数据来源：笔者根据网易财经整理。

## （二）偿债能力分析

1. 短期偿债能力

本案例采用流动比率和速动比率对公司短期偿债能力进行分析。表2-3、图2-7和图2-8分别为老凤祥短期偿债能力的指标、变动情况以及与行业内其他公司的比较。可以看出，2012—2016年公司的流动比率和速动比率呈现出较为相似的变化趋势，均在

2015 年达到最高点后呈现下降趋势，且 2016 年处于行业中等偏下水平，说明公司的短期偿债能力偏弱。主要原因是公司增加了以公允价值计量且其变动计入当期损益的金融负债，导致流动负债的增长幅度较大。

表 2-3　老凤祥 2012—2016 年短期偿债能力指标

| 年　份 | 2012 | 2013 | 2014 | 2015 | 2016 |
|---|---|---|---|---|---|
| 流动比率 | 1.44 | 1.54 | 1.51 | 1.73 | 1.63 |
| 速动比率 | 0.46 | 0.60 | 0.75 | 0.91 | 0.70 |

数据来源：笔者根据网易财经整理。

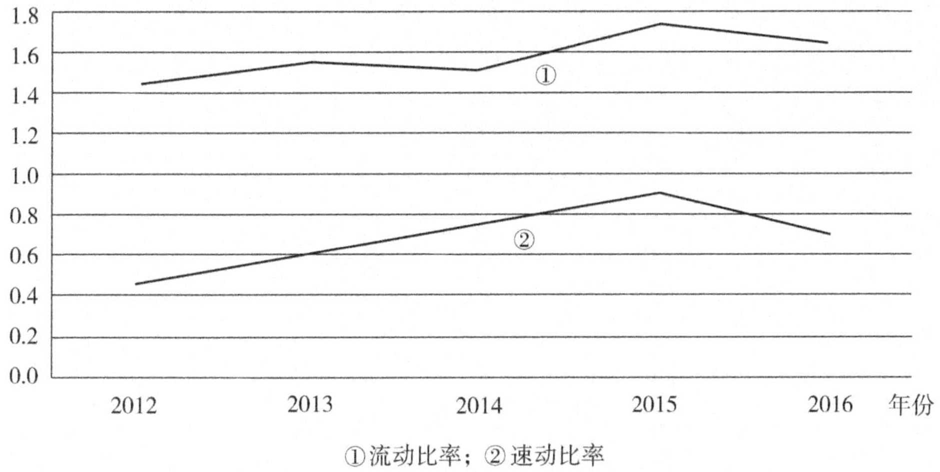


图 2-7　老凤祥 2012—2016 年短期偿债能力分析

数据来源：笔者根据网易财经整理。

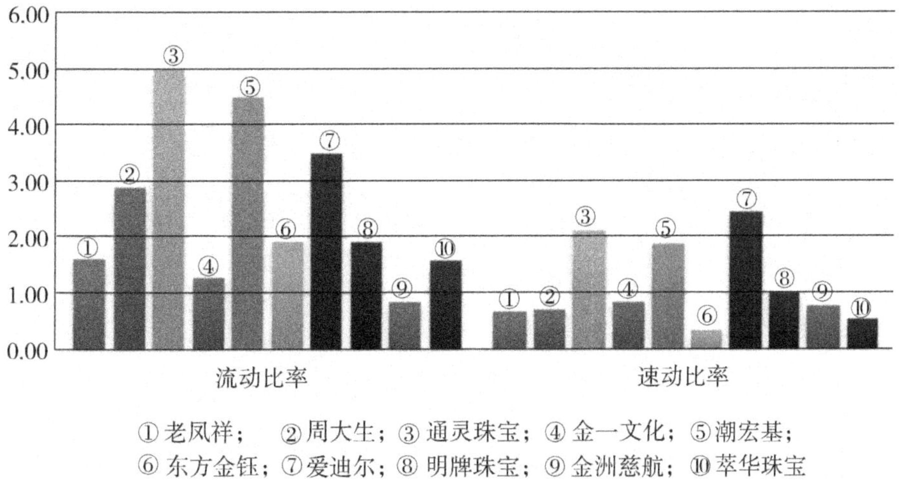


图 2-8　2016 年珠宝上市公司短期偿债能力分析

数据来源：笔者根据网易财经整理。

2. 长期偿债能力

对长期偿债能力的分析也是对公司资本结构的分析，本案例采用资产负债率和产权比率这两个指标进行分析。表 2-4、图 2-9 分别是老凤祥资产负债率和产权比率的指标及其变动情况。可以看出，老凤祥的资产负债率和产权比率呈现出较为相似的变化趋势，均在2015年达到最低后回升。一般认为，企业的资产负债率和产权比率的适宜范围分别为40%～60%和120%，如果负债比例过高，不利于保障债权人的利益；如果负债比例过低，不利于发挥财务杠杆的作用。从总体上分析可知，公司的长期偿债能力指标较为合理，面临财务风险的可能性低。

**表2－4　老凤祥2012—2016年长期偿债能力指标**

| 年　份 | 2012 | 2013 | 2014 | 2015 | 2016 |
|---|---|---|---|---|---|
| 资产负债率（%） | 64.24 | 58.57 | 59.99 | 53.06 | 57.14 |
| 产权比率（%） | 168.6 | 137.52 | 146.02 | 110.13 | 131.23 |

数据来源：笔者根据网易财经整理。

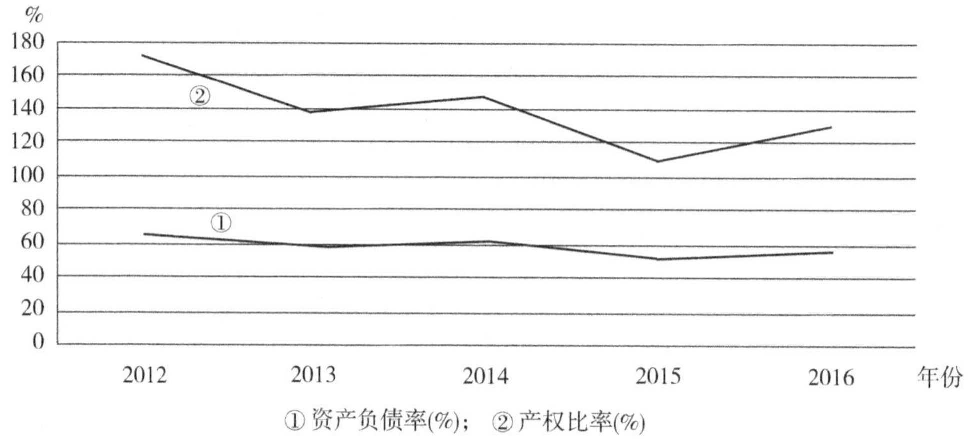


图2－9　老凤祥2012—2016年长期偿债能力分析

数据来源：笔者根据网易财经整理。

## （三）营运能力分析

本案例采用应收账款周转率、存货周转率、流动资产周转率、固定资产周转率和总资产周转率作为评价指标。根据表2－5和图2－10，可以看出，公司的应收账款周转率和固定资产周转率变动较大，应收账款周转率在2012—2014年呈上升趋势，在2014—2016年呈下降趋势，主要是整体宏观经济下行，珠宝首饰行业受挫，营业收入下滑所致。而固定资产周转率在2012—2014年基本不变，在2014—2016年有所上升，说明公司提高了固定资产的使用效率。根据图2－11，与行业内其他公司相比较可以发现，公司的各项指标都处于行业全面领先的地位，说明公司营运能力较强，资产的使用效率较高。

**表2－5　老凤祥2012—2016年营运能力指标**

| 年　份 | 2012 | 2013 | 2014 | 2015 | 2016 |
|---|---|---|---|---|---|
| 应收账款周转率（次） | 91.96 | 153.12 | 150.25 | 98.81 | 76.10 |
| 存货周转率（次） | 4.80 | 5.90 | 5.90 | 6.51 | 5.17 |
| 流动资产周转率（次） | 3.67 | 4.15 | 3.57 | 3.47 | 3.01 |
| 固定资产周转率（次） | 61.93 | 72.75 | 72.13 | 82.14 | 86.58 |
| 总资产周转率（次） | 3.16 | 3.62 | 3.14 | 3.09 | 2.73 |

数据来源：笔者根据网易财经整理。

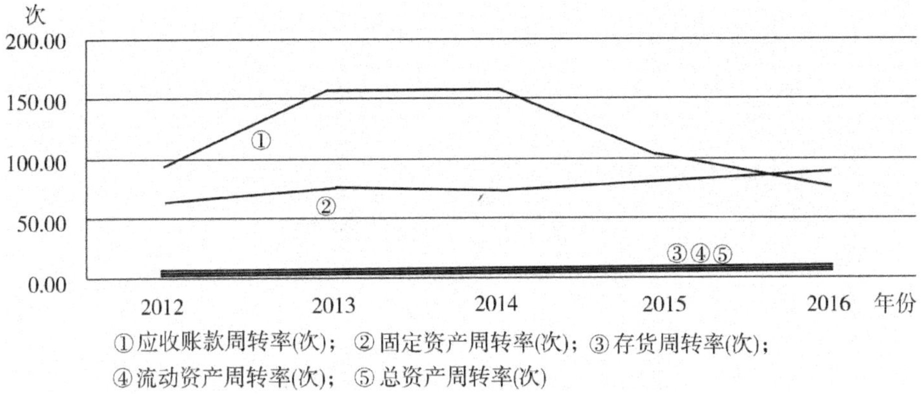


图 2-10　老凤祥 2012—2016 年营运能力分析

数据来源：笔者根据网易财经整理。

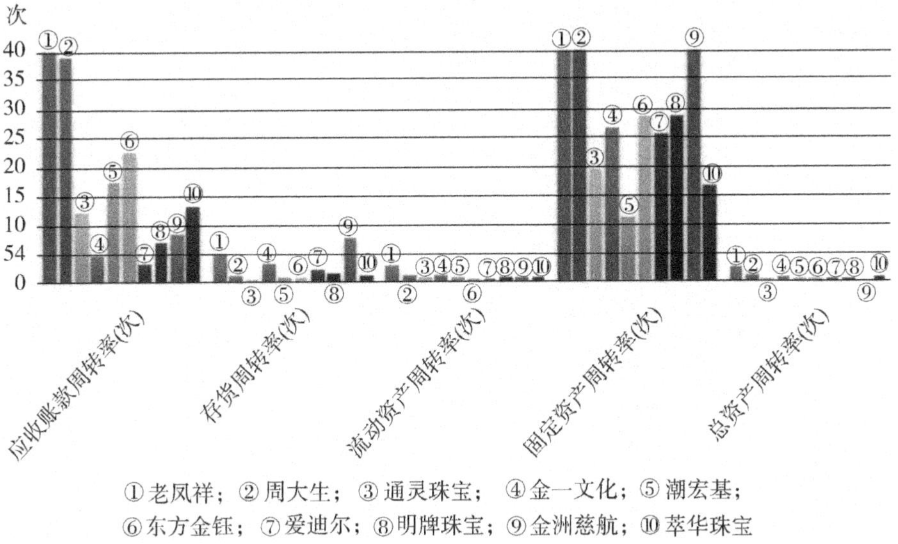


图 2-11　2016 年珠宝上市公司营运能力分析

数据来源：笔者根据网易财经整理。

## （四）发展能力分析

本案例采用主营业务收入增长率、净利润增长率、净资产增长率和总资产增长率作为评价指标。表 2-6、图 2-12 和图 2-13 分别为老凤祥发展能力的指标、变动情况以及与行业内其他公司的比较分析。综合来看，公司的发展能力处于行业中等水平。

表 2-6　老凤祥 2012—2016 年发展能力指标

| 年　份 | 2012 | 2013 | 2014 | 2015 | 2016 |
|---|---|---|---|---|---|
| 主营业务收入增长率（%） | 20.95 | 29.08 | -0.45 | 8.76 | -2.10 |
| 净利润增长率（%） | 16.28 | 42.38 | 8.69 | 15.74 | -3.96 |
| 净资产增长率（%） | 26.88 | 21.76 | 19.67 | 17.22 | 11.01 |
| 总资产增长率（%） | 22.10 | 5.09 | 23.93 | -0.10 | 21.59 |

数据来源：笔者根据网易财经整理。

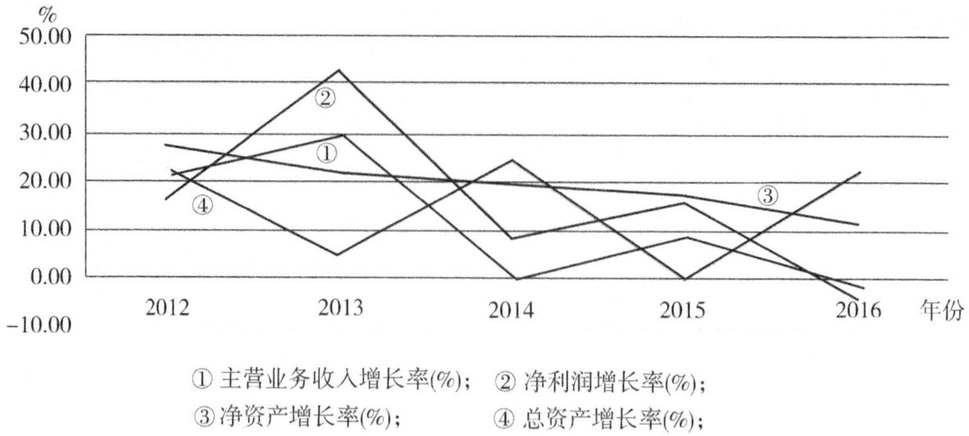


图 2－12　老凤祥 2012—2016 年发展能力分析

数据来源：笔者根据网易财经整理。

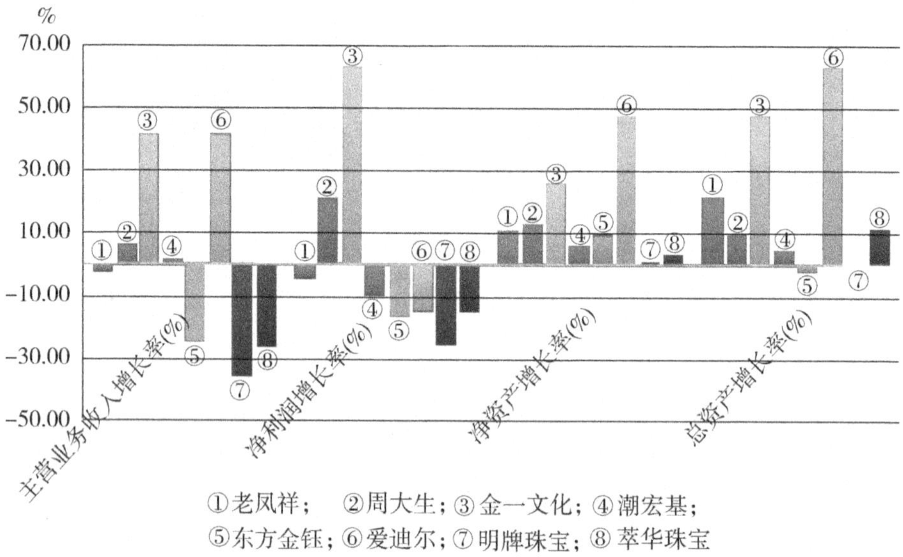


图 2－13　2016 年珠宝上市公司发展能力分析

数据来源：笔者根据网易财经整理。

## 五、老凤祥公司股权价值分析

### （一）模型介绍

股权现金流量折现模型（FCFE）是运用现金流量折现模型（DCF）的基本原理，以企业未来产生的股权现金流量按照一定的折现率折现后的现值作为企业公允市场价值进行估值。

本案例根据老凤祥自身的发展状况结合其所处的行业环境，选取二阶段股权现金流量折现模型对其进行估值。

二阶段股权现金流量折现模型是将企业未来的股权现金流量预测分为两个阶段：第一个阶段是高速增长阶段，企业的未来现金流量以较高的增长率增长；第二个阶段是永续增长阶段，企业未来的股权现金流量以一个较低的增长率永续增长。计算公式为：

$$V = \sum_{t=1}^{n} \frac{FCFE_t}{(1+K_e)^t} + \frac{FCFE_{n+1}}{(r-g_n)(1+K_e)^n}$$

其中，$V$ 为企业股权价值；$FCFE_t$ 为第 $t$ 年预测的股权现金流量；$K_e$ 为股权资本成本；$r$ 为永续增长阶段折现率，$g_n$ 为永续增长率。

### （二）评估程序

评估程序如图 2－14 所示。

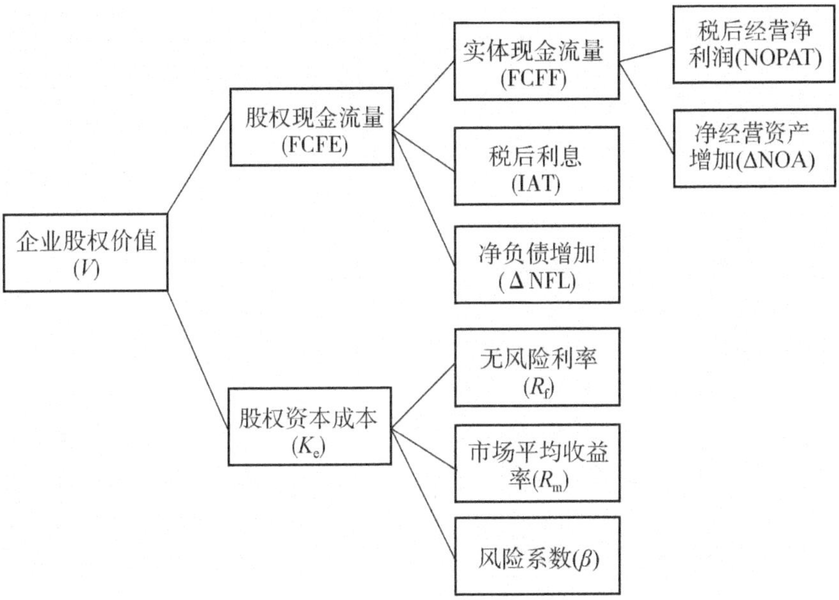


图 2－14　企业股权价值评估程序

各项目之间的关系如下：

1. $V = \sum_{t=1}^{n} \frac{FCFE_t}{(1+K_e)^t}$

其中，$V$ 为企业股权价值；$FCFE_t$ 为第 $t$ 年预测的股权现金流量；$K_e$ 为股权资本成本。

2. 股权现金流量（FCFE）＝实体现金流量（FCFF）－税后利息（IAT）＋净负债增加（ΔNFL）

其中，实体现金流量（FCFF）＝税后经营净利润（NOPAT）－净经营资产增加（ΔNOA）

3. $K_e = R_f + \beta \times (R_m - R_f)$

其中，$K_e$ 为股权资本成本；$R_f$ 为无风险利率；$R_m$ 为市场平均收益率；$\beta$ 为系统风险系数。

### （三）股权现金流量（FCFE）的估算

1. 关键估值参数的选取

根据股权现金流量的计算思路，在运用该模型进行估值时，关键参数选取营业收入；净负债、股东权益、所得税税率、债务利息率。

2. 报表调整

报表调整主要是对资产负债表的调整。调整的目的主要是区分经营活动和金融活动。调整后的管理用资产负债表详见本案例附录，重要项目列示如表 2 -7 所示。

**表 2 -7　老凤祥 2012—2016 年管理用资产负债表重要项目**

| 时　间 | 2012/12/31 | 2013/12/31 | 2014/12/31 | 2015/12/31 | 2016/12/31 |
|---|---|---|---|---|---|
| 净经营资产（亿元） | 56. 65 | 64. 49 | 71. 64 | 78. 91 | 120. 51 |
| 净负债（亿元） | 24. 88 | 25. 80 | 25. 35 | 24. 64 | 60. 27 |
| 股东权益（亿元） | 31. 77 | 38. 68 | 46. 29 | 54. 27 | 60. 24 |

数据来源：笔者根据 2012—2016 年老凤祥年报整理。

3. 财务报表项目的预测

本案例采用销售百分比法，即根据预测的营业收入以及营业成本、税金及附加、销售费用、管理费用和净经营资产占收入比，来预测未来的财务报表项目。

由于预测期限越长，不确定因素越多，预测的准确度越低。因此本案例选取理论界较为认可的 5 年为明确预测期，即 2017—2021 年。

老凤祥公司 2012—2016 年的营业收及其增长如表 2 -8 所示，各主要指标占营业收入的比重如表 2 -9 所示。本案例取 2012—2016 年营业收入增长率的平均值作为预测期营业收入增长率，取 2012—2016 年营业成本、营业税金及附加、销售费用、管理费用和净经营资产占营业收入的比重的平均值来计算预测期营业成本、营业税金及附加、销售费用、管理费用和净经营资产项目。由于资产减值损失、投资收益、公允价值变动损益、营业外收支通常不具有可持续性，因此本案例在预测时予以忽略。另外，评估时假设公司以后年度资本结构保持不变，即净负债/股东权益 = 1 : 1，则预测期各项主要财务指标的预测如表 2 -10 所示。

**表 2 -8　老凤祥 2012—2016 年营业收入**

| 年　份 | 2012 | 2013 | 2014 | 2015 | 2016 |
|---|---|---|---|---|---|
| 营业收入（亿元） | 255. 53 | 329. 85 | 328. 35 | 357. 12 | 349. 64 |
| 增长率（%） | 20. 95 | 29. 08 | -0. 45 | 8. 76 | -2. 10 |
| 平均增长率（%） | 11. 25 | | | | |

数据来源：笔者根据 2012—2016 年老凤祥年报整理。

表2-9　老凤祥2012—2016年各主要指标占营业收入比重

| 年　份 | 2012 | 2013 | 2014 | 2015 | 2016 | 平均值 |
|---|---|---|---|---|---|---|
| 营业成本/营业收入（%） | 91.81 | 92.03 | 91.23 | 91.61 | 91.05 | 91.55 |
| 营业税金及附加/营业收入（%） | 0.62 | 0.67 | 0.62 | 0.60 | 0.52 | 0.61 |
| 销售费用/营业收入（%） | 1.67 | 1.75 | 1.71 | 1.55 | 1.89 | 1.71 |
| 管理费用/营业收入（%） | 1.26 | 1.14 | 1.26 | 1.24 | 1.27 | 1.23 |
| 净经营资产/营业收入（%） | 22.17 | 19.55 | 21.82 | 22.10 | 34.47 | 24.02 |

数据来源：笔者根据2012—2016年老凤祥年报整理。

表2-10　老凤祥预测期各项主要指标的预测　　单位：亿元

| 年　份 | 预　测　期 | | | | |
|---|---|---|---|---|---|
| | 2017 | 2018 | 2019 | 2020 | 2021 |
| 营业收入 | 388.97 | 432.73 | 481.41 | 535.57 | 595.82 |
| 营业成本 | 356.09 | 396.15 | 440.71 | 490.29 | 545.45 |
| 营业税金及附加 | 2.36 | 2.62 | 2.91 | 3.24 | 3.61 |
| 销售费用 | 6.66 | 7.41 | 8.25 | 9.18 | 10.21 |
| 管理费用 | 4.80 | 5.33 | 5.94 | 6.60 | 7.35 |
| 净经营资产 | 93.43 | 103.94 | 115.64 | 128.64 | 143.12 |
| 净负债 | 46.72 | 51.97 | 57.82 | 64.32 | 71.56 |
| 股东权益 | 46.72 | 51.97 | 57.82 | 64.32 | 71.56 |

数据来源：笔者根据2012—2016年老凤祥年报测算。

通过对老凤祥2012—2016年利润表的分析，本案例取2012—2016年所得税占利润总额的比率的平均值作为预测期的所得税占利润总额的比率，如表2-11所示。

表2-11　老凤祥2012—2016年所得税占利润总额的比率

| 年　份 | 2012 | 2013 | 2014 | 2015 | 2016 |
|---|---|---|---|---|---|
| 利润总额（亿元） | 10.67 | 14.77 | 16.41 | 19.01 | 18.22 |
| 所得税费用（亿元） | 2.73 | 3.47 | 4.13 | 4.80 | 4.56 |
| 占比（%） | 25.58 | 23.50 | 25.16 | 25.22 | 25.05 |
| 平均值（%） | 24.90 | | | | |

数据来源：笔者根据2012—2016年老凤祥年报整理。

由于老凤祥没有债券成本，也没有长期借款，因此其债务成本为短期借款。本案例取2015年10月24日中国人民银行发布的短期贷款利率4.35%为预测期的债务利息率。则预测期股权现金流量估算如表2-12所示。

表 2-12　老凤祥预测期股权现金流量估算表　　单位：亿元

| 项　目 | 预测期（年份） | | | | |
|---|---|---|---|---|---|
| | 2017 | 2018 | 2019 | 2020 | 2021 |
| 营业收入 | 388.97 | 432.73 | 481.41 | 535.57 | 595.82 |
| 减：营业成本 | 356.09 | 396.15 | 440.71 | 490.29 | 545.45 |
| 营业税金及附加 | 2.36 | 2.62 | 2.91 | 3.24 | 3.61 |
| 销售费用 | 6.66 | 7.41 | 8.25 | 9.18 | 10.21 |
| 管理费用 | 4.80 | 5.33 | 5.94 | 6.60 | 7.35 |
| 税前经营利润 | 19.07 | 21.21 | 23.60 | 26.26 | 29.21 |
| 减：经营利润所得税 | 4.75 | 5.28 | 5.88 | 6.54 | 7.27 |
| 税后经营净利润（NOPAT） | 14.32 | 15.93 | 17.72 | 19.72 | 21.94 |
| 减：净经营资产增加（ΔNOA） | -27.08 | 10.51 | 11.69 | 13.01 | 14.47 |
| 实体现金流量（FCFF） | 41.40 | 5.42 | 6.03 | 6.71 | 7.46 |
| 减：税后利息费用（IAT） | 1.53 | 1.70 | 1.89 | 2.10 | 2.34 |
| 加：净负债增加（ΔNFL） | -13.55 | 5.26 | 5.85 | 6.50 | 7.24 |
| 股权现金流量（FCFE） | 26.32 | 8.98 | 9.99 | 11.11 | 12.36 |

数据来源：笔者根据 2012—2016 年老凤祥年报测算。

### （四）股权资本成本（$K_e$）的估算

本案例根据资本资产定价模型（CAPM）来估算股权资本成本。资本资产定价模型（CAPM）理论说明了单个证券或投资组合同系统风险收益率之间的关系，即任何资产的期望报酬率等于无风险收益率加上一个风险溢价。根据资本资产定价模型，股权资本成本（$K_e$）可以写成无风险利率和 $\beta$ 值的函数：

$$K_e = R_f + \beta \times (R_m - R_f)$$

1. 无风险利率（$R_f$）的确定

准确来讲，资本市场上任何资产的收益率都或多或少地包含不确定性，但我们可以把一些标准差很小的投资看成是无风险的。在资本资产定价模型理论中，通常使用同期限的国债利率作为无风险利率（$R_f$），因为政府的违约概率非常小。本案例采用 2016 年 11 月 10 日发售的 5 年期国债的年利率 4.17%。（数据来源：南方财富网）

2. 股票市场平均收益率（$R_m$）的确定

本案例采用上证指数 2006—2016 年 10 年的年度指数测算出的年算术平均收益率作为股票市场平均收益率。

根据表2-13，我们测算出股票市场的平均收益率 $R_m$ 为22.92%，由此可以得出风险溢价（$R_m - R_f$）为18.75%（22.92% -4.17%）。

**表2-13　2006—2016年上证指数（年度指数）一览表**

| 序　号 | 年份 | 上证指数 | 年收益率（%） |
|---|---|---|---|
| 1 | 2006 | 2675.47 | 130.43 |
| 2 | 2007 | 5261.56 | 96.66 |
| 3 | 2008 | 1820.81 | -65.39 |
| 4 | 2009 | 3277.14 | 79.98 |
| 5 | 2010 | 2808.08 | -14.31 |
| 6 | 2011 | 2199.42 | -21.68 |
| 7 | 2012 | 2269.13 | 3.17 |
| 8 | 2013 | 2115.98 | -6.75 |
| 9 | 2014 | 3234.68 | 52.87 |
| 10 | 2015 | 3539.18 | 9.41 |
| 11 | 2016 | 3103.64 | -12.31 |
| 股票市场的平均收益率（$R_m$） | 22.92 | | |

数据来源：锐思数据库。

3. 系统风险系数（$\beta$）的确定

$\beta$ 值是资本资产定价模型中测量系统风险指标的一个乘数因子，是公式中唯一与公司有关的参数。不管无风险利率和风险溢价如何确定，每个公司都有自己的系统风险参数 $\beta$ 值。本案例运用回归直线法计算 $\beta$ 值。回归直线法是利用该股票收益率与整个股票市场的平均收益率的线性关系，利用回归直线方程求斜率的公式，得到该股票的 $\beta$ 值。计算公式为：

$$y = a + bx$$

其中：$y$ 为股票收益率；$x$ 为股票市场平均收益率；$a$ 为回归曲线的截距；$b$ 为回归直线的斜率（即为 $\beta$ 值）。

本案例选取2014年1月1日到2016年12月31日老凤祥A的日收益率数据（$y$）和流通市值加权平均市场日收益率数据（$x$）进行回归分析，得出老凤祥的 $\beta$ 值为0.82。特征曲线如图2-15所示。

此时的 $\beta$ 值反映的是企业的实际资本结构，是有杠杆的 $\beta$ 值。因此需要将其调整为无杠杆的 $\beta$ 值。计算公式如下：

$$\beta_{无杆杠} = \beta_{有杠杆}/[1 + (1 - 所得税税率) \times (负债市值/股东权益市值)]$$

由于企业的债务不公开交易，本案例采用负债的账面价值（80.32亿元）代替其市场价值，股东权益的市场价值采用2016年年末的收盘价乘以流通在外的普通股股数计算，得出股东权益的市场价值约为118.02亿元（37.23元×3.17亿股）（数据来源：锐思数据库）。所得税税率采用2016年所得税税率25.05%。由此可以得出无杠杆的 $\beta$ 值为0.54。

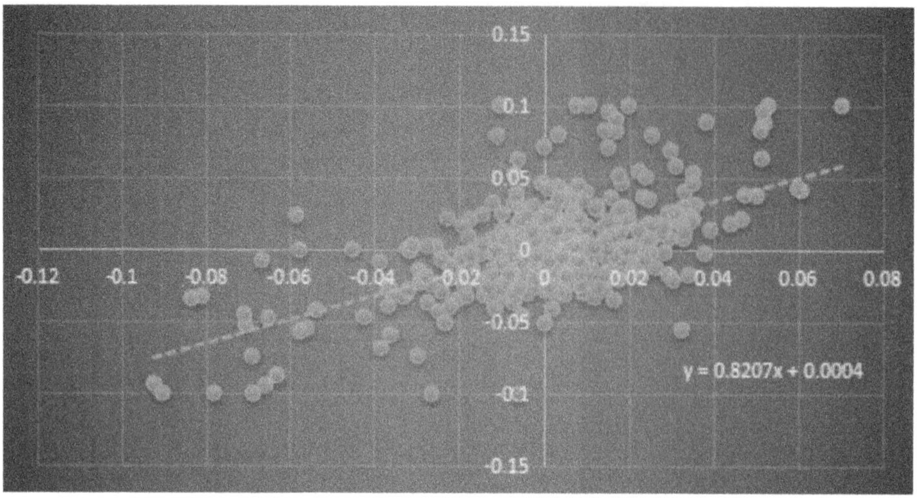


图 2-15 回归分析

数据来源：锐思数据库。

4. 股权资本成本（$K_e$）的估算

由表 2-14 计算可得股权资本成本为 14.36%（4.17% +0.54 ×18.75%）。

**表 2-14 股权资本成本（$K_e$）估算表**

| 项 目 | 取 值 | 数 据 来 源 |
|---|---|---|
| 无风险利率（$R_f$） | 4.17% | 2016 年 11 月 10 日发售的 5 年期国债的年利率 |
| 风险溢价（$R_m - R_f$） | 18.75% | 上证指数 2006—2016 年 10 年的年度指数测算出的年算术平均收益率与 2016 年 11 月 10 日发售的 5 年期国债的年利率的差额 |
| 系统风险系数（$\beta$） | 0.54 | 回归分析 + 调整 |
| 股权资本成本（$K_e$） | 14.36% | $K_e = R_f + \beta \times (R_m - R_f)$ |

数据来源：笔者根据南方财富网、锐思数据库相关资料测算。

## 六、老凤祥的连续价值评估

连续价值 $= \dfrac{FCFE_6}{(r - g_5)} = 12.36 \times (1 + 5\%) / (14.36\% - 5\%) = 138.68$（亿元），由于企业发展到一定阶段后可能会受到行业增长空间的限制，或者企业自身发展的瓶颈，股权现金流量的增长率将逐步放慢，加上通货膨胀等因素的影响，本案例预测老凤祥在 2021 年后达到稳定状态，现金流量以 5% 的增长率（$g_n$）永续增长。假定折现率（$r$）与预测期折现率（$K_e$）相同（为 14.36%），则老凤祥的连续价值为：

企业股权价值（$V$）= 预测期股权现金流量现值 + 连续价值现值

= (23.01 + 6.86 + 6.68 + 6.50 + 6.32) + 70.90

= 120.27（亿元）

老凤祥企业价值估算表如表2－15所示。2016年12月31日，老凤祥流通在外的普通股为3.17亿股，所以老凤祥的每股价值为120.27亿元/3.17亿股＝37.93元/股。

表2－15　老凤祥企业价值估算表

| 年　份 | 2016 | 2017E | 2018E | 2019E | 2020E | 2021E |
|---|---|---|---|---|---|---|
| 股权现金流量（FCFE）（亿元） | | 26.32 | 8.98 | 9.99 | 11.11 | 12.36 |
| 折现率（$r$） | | 14.36% | 14.36% | 14.36% | 14.36% | 14.36% |
| 股权价值（$V$）（亿元） | 120.27 | 23.01 | 6.86 | 6.68 | 6.50 | 6.32 |
| 股数（亿股） | 3.17 | | | | | |
| 每股价值（元/股） | 37.93 | | | | | |

数据来源：笔者根据预计现金流量表测算。

## 七、结论

老凤祥A在2016年12月31日的收盘价为37.23元，与本案例估算的价值37.93元非常接近，在一定程度上表明该股票当前的市场价值能够很好地反映其内在价值，没有被高估或者低估。由于我国资本市场尚未成熟，且股票价格受宏观经济环境、行业发展环境等诸多因素的共同影响，市场价值往往与其内在价值存在一定的差距。因此股票投资者和企业管理层在做价值投资和企业管理决策时，应该更多地关注企业的内在价值。本案例采用的二阶段股权现金流量折现模型（FCFE）的计算过程和参数的选取方法能有效评估企业价值，对我国上市公司的估值具有一定的实践指导意义。

## 八、参考资料

本案例除了前面正文中注明的备注资料和数据来源外，还参考了以下资料：

[1] 李建芳．云南白药企业价值评估案例分析［M］．大连：东北财经大学出版社，2013.
[2] 潘秋蓉．基于DCF的东方电气公司股权价值分析［J］．现代商业，2016（30）.
[3] 徐爱农．企业价值评估［M］．北京：中国金融出版社，2012.
[4] 上海众华沪银会计师事务所．老凤祥股份有限公司2012—2016年年度报告．老凤祥股份有限公司2013—2017年版.

## 九、讨论题目

本案例讨论题目依次为：

（1）企业价值评估的内涵、目的和方法是什么？
（2）股权现金流量折现模型（FCFE）的分类有哪些？
（3）如何确定本案例的估值模型？
（4）如何确定本案例的营业收入的预测方法？

（5）如何确定本案例的自由现金流量的测算？
（6）如何确定本案例的折现率的测算？

## 十、附录

附录如表2－16所示。

**表2－16　老凤祥2012—2016年管理用资产负债表**　　单位：万元

| 时　　间 | 2012/12/31 | 2013/12/31 | 2014/12/31 | 2015/12/31 | 2016/12/31 |
|---|---|---|---|---|---|
| 货币资金 | 187838.6 | 278757.1 | 463224.7 | 472812.3 | 484383.9 |
| 应收票据 | 18.0 | 100.0 | 12.2 | 0.0 | 0.0 |
| 应收账款 | 26037.6 | 17046.9 | 26660.9 | 45627.2 | 46264.4 |
| 预付款项 | 9825.0 | 9298.8 | 9247.9 | 5848.7 | 5172.6 |
| 其他应收款 | 15739.2 | 6427.9 | 2132.6 | 5493.2 | 5566.0 |
| 存货 | 527726.2 | 502032.9 | 513635.1 | 491424.2 | 740565.3 |
| 其他流动资产 | 40.4 | 326.3 | 48.1 | 504.6 | 316.6 |
| 经营性流动资产合计 | 767225.1 | 813989.8 | 1014961.5 | 1021710.3 | 1282268.8 |
| 应付票据 | 399.4 | 0.0 | 0.0 | 0.0 | 0.0 |
| 应付账款 | 148149.2 | 168704.3 | 201310.2 | 183008.5 | 50478.3 |
| 预收款项 | 101890.0 | 60871.4 | 131111.2 | 77828.5 | 63462.8 |
| 应付职工薪酬 | 48.3 | 47.9 | 267.7 | 290.1 | 414.1 |
| 应交税费 | －16355.4 | 1045.4 | 15342.1 | 31961.1 | 22268.1 |
| 应付股利 | 172.8 | 233.0 | 2.1 | 2.1 | 2.1 |
| 其他应付款 | 30332.8 | 20886.1 | 32049.3 | 19098.7 | 19939.0 |
| 经营性流动负债合计 | 264637.0 | 251788.2 | 380082.6 | 312189.1 | 156564.4 |
| 经营营运资本合计 | 502588.0 | 562201.6 | 634878.9 | 709521.2 | 1125704.5 |
| 长期股权投资 | 599.5 | 603.2 | 30.8 | 31.6 | 0.0 |
| 投资性房地产 | 26992.7 | 26266.5 | 28537.5 | 28901.2 | 27608.2 |
| 固定资产 | 45124.0 | 44956.2 | 45530.7 | 40864.8 | 39349.5 |
| 在建工程 | 6528.4 | 3114.9 | 654.4 | 276.2 | 422.0 |
| 无形资产 | 13854.4 | 13659.6 | 13531.2 | 10772.0 | 10374.6 |
| 长期待摊费用 | 3000.6 | 5074.0 | 7666.3 | 9438.9 | 7561.2 |
| 递延所得税资产 | 2974.9 | 3932.5 | 3800.7 | 4960.6 | 6753.3 |
| 经营性长期资产合计 | 99074.4 | 97607.0 | 99751.7 | 95245.4 | 92069.0 |

续表 2 - 16

| 时　间 | 2012/12/31 | 2013/12/31 | 2014/12/31 | 2015/12/31 | 2016/12/31 |
|---|---|---|---|---|---|
| 专项应付款 | 24251. 3 | 0. 0 | 53. 9 | 36. 2 | 0. 0 |
| 递延收益 | 0. 0 | 5102. 4 | 4847. 2 | 4592. 1 | 4337. 0 |
| 递延所得税负债 | 10886. 8 | 9822. 8 | 13339. 9 | 11060. 3 | 8371. 4 |
| 经营性长期负债合计 | 35138. 0 | 14925. 2 | 18241. 0 | 15688. 6 | 12708. 4 |
| 净经营性长期资产合计 | 63936. 3 | 82681. 8 | 81510. 6 | 79556. 8 | 79360. 6 |
| **净经营资产总计** | 566524. 4 | 644883. 4 | 716389. 5 | 789078. 0 | 1205065. 0 |
| 短期借款 | 264900. 0 | 277900. 0 | 293930. 8 | 283330. 5 | 481088. 8 |
| 以公允价值计量且其变动计入当期损益的金融负债 | 0. 0 | 0. 0 | 0. 0 | 0. 0 | 151 231. 7 |
| 应付利息 | 1 119. 2 | 2 292. 1 | 1 984. 7 | 2 139. 1 | 1 629. 2 |
| 一年内到期的非流动负债 | 5000. 0 | 0. 0 | 0. 0 | 0. 0 | 0. 0 |
| 金融负债合计 | 271 019. 2 | 280 192. 1 | 295 915. 5 | 285 469. 6 | 633 949. 7 |
| 以公允价值计量且其变动计入当期损益的金融资产 | 4 434. 1 | 4 826. 8 | 8 065. 2 | 11 159. 4 | 9 794. 6 |
| 可供出售金融资产 | 17 767. 3 | 17 322. 3 | 34 399. 2 | 27 896. 8 | 21 480. 8 |
| 金融资产合计 | 22 201. 4 | 22 149. 2 | 42 464. 4 | 39 056. 1 | 31 275. 4 |
| 净负债合计 | 248 817. 8 | 258 042. 9 | 253 451. 1 | 246 413. 5 | 602 674. 3 |
| 股东权益 | 317 706. 6 | 386 840. 4 | 462 938. 4 | 542 664. 5 | 602 390. 7 |
| **净负债及股东权益总计** | 566 524. 4 | 644 883. 4 | 716 389. 5 | 789 078. 0 | 1 205 065. 0 |

数据来源：笔者根据 2012—2016 年老凤祥年报整理。

# [案例说明书]

## 一、本案例要解决的关键问题

本案例旨在引导学员熟悉企业价值评估的方法，并学会运用恰当的估值模型进行企业估值分析。通过本案例的讨论学习，学员要讨论回答以下问题：①企业价值评估的目的是什么？②股权现金流量折现模型（FCFE）的分类有哪些？③如何确定本案例的估值模型？④如何确定本案例的营业收入的预测方法？⑤如何确定本案例的自由现金流量的测算？⑥如何确定本案例的折现率？

## 二、案例讨论的准备工作

1. 理论背景

企业价值评估理论最早出现在美国经济学家的资本价值理论，Irving Fisher（1906）在其专著《资本与收入的性质》中，完整地论述了收入与资本及价值的源泉问题，确定了资本的当前价值实质上就是未来收入的折现值，从而奠定了现代企业价值评估理论的基石。

Modigliani 和 Miller（20 世纪 50 年代至 60 年代）共同创立“MM”理论，揭示资本结构对企业价值的影响。他们认为在不考虑企业所得税的条件下，那么负债企业的价值就等于无负债企业的价值。也就是说，在无公司所得税的情况下，企业价值与其资本结构无关。这就是影响深远的无关论。之后，他们对“MM”理论进行了拓展，将企业所得税的影响考虑进去，由于企业负债经营，利息会给其带来一定避税效应，因此企业价值就等于不考虑税收情况下的价值再加上负债利息抵税收益所带来的价值增加值。

John Burr Williams（1938）在其博士论文《投资价值理论》提出了折现现金流量和内在价值的概念，认为企业在其剩余经营期间内可以产生的现金的折现值就等于企业当时的内在价值。威廉姆斯的重要贡献表现在：一是给出了股利折现模型，这是许多衍生的现值评估模型的基础；二是把股利看作现金流量。但是这一理论在企业估值中得以重视并广泛应用则始于 Myron J. Gordon（1962）的研究，在假设股息按固定增长率连续增长的基础上，推导出了固定股利增长率的公司股票价值模型，即广为熟知的“戈登模型”。

William F. Sharpe（1964）研究了风险的本质，确立了公司收益与风险之间的量化关系，提出了资本资产定价模型（CAPM）。资本资产定价模型用于对股权资本成本的计算，大大提高了折现率确定的理论支持。

Tom Copeland 与 Tim Koller（20 世纪 80 年代末）著的《价值评估》是企业价值评估研究领域的里程碑，它提出了企业产生的现金流量和基于现金流量产生的投资回报能力是企业价值的源泉，并提出企业的市场价值来自于企业未来的预期绩效，因此企业的价值等于该企业以适当的折现率所折现的预期现金流量的现值，在此理论基础上，现金流量折现模型（DCF）应运而生。

Black 和 Scholes（1973）提出了期权定价模型，这个模型的中心思想是企业价值取决于不确定的未来资产价值。其后，MIT 的 Myers 教授提出的实物期权估值思想，发展及延伸了金融期权的实物期权定价公式。期权定价理论发展到划分为一般的欧式和美式期权后，国外的价值评估领域开始广泛使用期权定价模型。在对并购中目标企业的价值评估中，实物期权思想的优势在于它能够灵活量化内在价值，并且能够在一定程度上剔除不确定因素的干扰。

Stem Stewart Co（1991）在剩余收益概念和“MM”理论的基础上，提出了用经济增加值（EVA）来评价企业的价值。1993 年 9 月，美国《财富》杂志发表《EVA：创造财富的关键》一文，对 EVA 的标准和方法进行了完整表述。经过许多学者的研究发现，在一个较长的周期内，EVA 与股价的变化和公司价值有着较强的相关性。Kantor 和 Pettit 等通过实证分析，得出一致的结论，即 EVA 比传统指标能够更准确地衡量经营业绩，与公司价值的相关性更强。

Aswath Damodaran（2003）在《价值评估》一书中对价值评估中的各种实用方法，包括相对估价法、现金流量折现法和期权法等进行了详细的比较分析，特别是对各方法的理论推导和实践应用问题进行了深入分析。这种企业价值评估方法的讨论具有典型的代表性，对实践中应用评估方法具有极强的指导作用。

社会经济的发展对企业价值评估提出了广泛需求。股票投资决策、企业并购决策、股票公开发行、企业绩效评价、纳税税基的确定、法律诉讼等均会频繁涉及企业价值评估。企业价值评估已逐步成为现代价值管理领域的重点内容，如何科学有效地评估一个企业的价值已受到各利益相关者的关注。

2. 行业背景

随着中国经济的发展和人民消费水平的提高，带动了人们对珠宝首饰的消费潮。珠宝首饰除了满足人们的保值需求外，更是人们追求时尚、彰显个性和身份地位的需要。根据统计，我国珠宝玉石首饰行业规模从 2009 年的 2 200 亿元增长到 2015 年的 5 000 亿元以上，成为全球珠宝玉石首饰行业增长最为明显的国家之一。目前中国已经成为世界第一大黄金消费市场，全球第一大铂金消费市场，第二大钻石消费市场，以及最大的翡翠、宝石消费市场。

2016 年，国际环境方面，受英国脱欧、美国总统选举、美联储加息等国际政治、经济震荡局势的影响，外汇、金融与贵金属市场的波动加剧，国际金价呈倒 V 字形震荡波动。受国际金价的剧烈波动影响，零售终端市场观望情绪浓厚、珠宝行业持续低迷。国内环境方面，随着中国经济步入新常态，珠宝首饰消费市场疲软且利润水平大幅下降，行业盈利空间十分有限，形势严峻。同时，产品同质化、行业创新乏力、产能过剩的阴影凸显、假冒侵权和价格战的加剧，外围资金的不断进入与搅局，各种新型销售模式与互联网+的融合，促使黄金珠宝行业转型、重组、并购不断出现，实体店的零售业态面临严峻的挑战，珠宝首饰行业将不可避免地进入新一轮的市场洗牌、企业转型和产业升级的深度调整阶段。

老凤祥股份有限公司主要从事黄金珠宝首饰、工艺美术品、笔类文具制品的生产经营及销售。2016 年，公司以 349. 64 亿元的营业收入和 18. 22 亿元的利润傲视群雄。公司核心板块旗下上海老凤祥有限公司是集“研发、设计、生产和销售”于一体的大型珠宝首饰企业集团，拥有多家专业厂、子公司、研究所、检测站、典当行、拍卖行以及遍布全国各地的 3000 多家销售网点，拥有完整的产业链和多元化的产品线，其黄金、白银、铂金、钻石、白玉、翡翠、珍珠、金镶玉、有色宝石、珐琅、红珊瑚等多品类珠宝首饰，以及牙雕、K金眼镜和工艺旅游纪念品等深受广大消费者的好评，是中国珠宝首饰业在历史底蕴、规模渠道和品牌价值等各方面全面领先的龙头企业。2016年其营业收入占到公司总额的98.34%，利润占到公司总额的93.14%，为公司经营业绩的核心来源。创始于1848年的中国民族品牌老凤祥，经过一百多年的发展，将悠久的历史、深厚的文化底蕴，通过传承与创新，在品牌建设、发展规模、产业结构和产品结构等方面不断突破，如今已发展成为了中国珠宝首饰行业的世纪品牌。

## 三、案例分析要点

1. 需要学员识别的关键问题

本案例需要学员识别的关键知识点有：①企业价值评估的目的是什么；②股权现金流量折现模型（FCFE）的分类有哪些；③如何确定本案例的估值模型；④如何确定本案例的营业收入的预测方法；⑤如何确定本案例的自由现金流量的测算；⑥如何确定本案例的折现率的测算；

2. 解决问题的可供选择方案及其评价

（1）企业价值评估的目的是什么？

企业价值评估行为的发生是为了满足企业价值评估的目的。企业价值评估目的有一般目的和特定目的之分。一般目的包含了特定目的，而特定目的是对一般目的的具体化。

（2）股权现金流量折现模型的分类有哪些？

股权现金流量折现模型是运用现金流量折现模型（DCF）的基本原理，以企业未来产生的股权现金流量按照一定的折现率折现后的现值作为企业公允市场价值进行估值。现金流量折现模型以持续经营为假设前提，强调企业的未来获利能力，揭示企业的内在价值，是目前企业价值评估中使用的最为广泛、理论上最为健全的模型。其中，股权现金流量折现模型和实体现金流量折现模型的运用最为普遍。

根据对未来增长率的不同假设，将股权现金流量折现模型分为永续增长股权现金流量折现模型、二阶段股权现金流量折现模型和三阶段股权现金流量折现模型。

（3）如何确定本案例的估值模型？

价值作为经济学中一个最基本的概念，其内涵是企业现有资源的价值和这些资源综合作用所产生的未来价值预期的和。由于企业价值的客观复杂性和内在丰富性，存在不同的视角和思路来对企业进行估值。根据评估角度和评估思路的不同，企业价值评估方法主要可以分为四大类：收益法、市场法、成本法和期权估价法。

收益法是企业预期的未来收益通过反映企业风险程度的折现率折现来计算其价值，即现金流量折现模型（DCF）。根据企业收益的具体形式，收益法现金流量折现模型（DCF）可以具化为三种模型：股利现金流量折现模型（DDM）、股权现金流量折现模型（FCFE）和实体现金流量折现模型（FCFF）。收益法现金流量折现模型（DCF）是从企业获利能力的角度，根据资产价值的本质来评估企业价值，从理论上适合几乎所有企业的估值，也是运用最广泛的企业估值方法。但是，收益法现金流量折现模型（DCF）也有一定的局限性。第一，主观性强。采用收益法现金流量折现模型（DCF）评估企业价值时涉及三个重要参数：预期收益（企业未来现金流量）、折现率和未来收益的期限。而这些参数的确定都离不开评估人员的主观判断。判断不同，评估结果可能存在巨大差异。第二，受市场条件的约束较大。如在折现率的确定中，资本资产定价模型的运用，资本市场越完善，计算出来的折现率越准确。

市场法，是以市场上类比企业作为比较对象，根据类比企业在市场上的定价来确定被评估企业的价值，是一种相对股价的方法。这种定价可运用一共同变量如净收益、净资产或者营业收入等予以标准化。根据选取的这一关键变量的不同，可以细分为三种方法：市盈率法（PE）、市净率法（PB）和市销率法（PS）。市场法虽然计算简单，数据易得，但是其局限性也非常明显。市场法里隐含着一个假设，即同行业中的其他企业可以作为被估价企业的“可比较企业”；同时，市场可对这些企业进行正确的定价。也就是说，如果可比企业的价格被市场高估了，被评估企业的价值也会因此被高估，从而助长市场泡沫的形成。

成本法，是以企业资产为基础的估价方法。成本法主要包括重置成本法和清算价格法两种方法。清算价格法是用来计算公司处于清算的非持续经营状态时的资产估值。重置成本法，即托宾 Q 值法，将市场价值和重置成本联系起来，主要是用来评估考虑物理损耗、经济性贬值和功能性贬值后的单项有形资产价值。成本的局限性在于它考虑的是企业的静态价值和历史价值，忽略了企业未来的获利能力。而且，该方法在评估企业价值时不是从企业整体的角度出发，而是将企业各部分资产价值的简单相加，因此也很难满足越来越复杂的市场状况和企业现状对价值评估的要求。

期权股价法，是指企业现有业务的价值与未来潜在业务的价值之和。这与看涨期权的原理是一样的，如果把企业未来潜在业务看成是一项看涨期权，那么期权价值就是未来潜在业务的价值。期权股价法适合风险高且变化快的企业（如高科技企业）的估值。但是，该估值方法存在计算难度大、理论不够健全等方面的局限性，在实务中极少使用。

（4）如何确定本案例营业收入的预测方法？

在企业价值评估中，确定企业合理的收益期间是估值工作的重要内容。判断收益期间是否合理，主要是判断企业是否进入稳定状态。其主要标志有：一是具有稳定的销售增长率；二是具有稳定的投资回报率。有关本案例营业收入的预测方法也是在合理收益期间的基础上，再依据企业内外部发展环境进行选择。

（5）如何确定本案例的自由现金流量的测算？

自由现金流量分为实体现金流量和股权现金流量。本案例依据所选择的模型来确定自由现金流的测算方法。由于企业价值是以自由现金流量折现为基础，因此对企业的历史经营绩效的分析主要是对企业关键价值驱动因素的分析，即企业的基础收益流（经营效率、净资本支出等）、成长性（再投资比例、投资回报率等）和风险（经营风险、财务风险等）。分析企业经营业绩需要综合考虑所有这些因素。

（6）如何确定本案例的折现率的测算？

有关折现率的计算，主要是确定股权资本成本（$K_e$）的计算方法，在确定股权资本成本时，有资本资产定价模型（CAPM）、股利增长模型和债券加风险溢价法三种模型可供选择。本案例在确定股权资本成本（$K_e$）时，也有这三种可供选择的方法来计算。

3. 推荐解决问题的方案

（1）企业价值评估的目的是什么？

企业价值评估目的可以分为一般目的和特定目的。企业价值评估的一般目的通常是为了获得企业整体或股东权益的内在价值。企业价值评估的特定目的是企业价值评估行为所要达到的具体目标，包括企业并购、股权转让、股权投资入股、企业改制上市、企业经营决策、制定和实施激励机制、纳税、法律诉讼、企业清算等。企业价值评估的目的会影响企业价值评估方法的选择。

（2）股权现金流量折现模型（FCFE）的分类有哪些？

根据对未来增长率的不同假设，将股权现金流量折现模型分为永续增长股权现金流量折现模型、二阶段股权现金流量折现模型和三阶段股权现金流量折现模型。

永续增长股权现金流量折现模型假设企业未来的股权现金流量以一个固定的增长率永续增长。计算公式为：

$$V = \frac{\mathrm{FCFE}_i}{K_e - g_n}$$

其中，$V$ 为企业股权价值；$\mathrm{FCFE}_i$ 为预测的每年的股权现金流量；$K_e$ 为股权资本成本；$g_n$ 为永续增长率。

二阶段股权现金流量折现模型则将企业未来的股权现金流量预测分为两个阶段：第一个阶段是高速增长阶段，企业的未来现金流量以较高的增长率增长；第二个阶段是永续增长阶段，企业未来的股权现金流量以一个较低的增长率永续增长。计算公式为：

$$V = \sum_{t=1}^{n} \frac{\mathrm{FCFE}_t}{(1 + K_e)^t} + \frac{\mathrm{FCFE}_{n+1}}{(r - g_n)(1 + K_e)^n}$$

其中，$V$ 为企业股权价值；$\mathrm{FCFE}_t$ 为第 $t$ 年预测的股权现金流量；$K_e$ 为股权资本成本；$r$ 为永续增长阶段折现率，$g_n$ 为永续增长率。

三阶段股权现金流量折现模型则将企业未来的股权现金流量预测分为三个阶段：第一个阶段是高速增长阶段，企业的未来现金流量以较高的增长率增长；第二个阶段是缓慢增长阶段，企业未来的股权现金流量以一个较低的增长率缓慢增长；第三个阶段是永续增长阶段，企业未来的股权现金流量以一个低的增长率永续增长。计算公式为：

$$V = \sum_{t=1}^{n_1} \frac{\mathrm{FCFE}_t}{(1 + K_e)^t} + \sum_{t=n_1+1}^{n_2} \frac{\mathrm{FCFE}_t}{(1 + K_e)^t} + \frac{\mathrm{FCFE}_{n_2+1}}{(r - g_n)(1 + K_e)^n}$$

（3）如何确定本案例的估值模型？

收益法现金流量折现模型（DCF）是发展比较成熟、完善的估值模型，是最主流的估值模型之一，运用最为广泛。但是，该估值模型也有一定的使用条件。在运用该模型进行企业价值评估时，必须满足以下几个条件：第一，被评估企业应该具有持续的盈利能 力；第二，能够对被评估企业的未来收益进行合理的预测，能够对企业未来收益对应的风 险程度和收益率进行合理的估计；第三，被评估企业未来的现金流量可以预期且为正值；第四，被评估企业是持续经营的。这里的关键问题是，知道现金流量折现模型的使用条件后，该如何判断一个企业是否符合这些条件呢？

对于该问题的思考，学员可以从公司的年报以及有关资料对被评估企业进行分析，得出该企业是否符合该模型的使用条件。一般来说，处于成长期或成熟期的企业，其收益都具有上述特点，可用该方法进行估值。

由于资本市场的股票价格是公开的，而债务通常不公开，因此一般的企业估值通常指的是对企业股权价值的估值。因此本案例采用收益法现金流量折现模型（DCF）中的股权现金流量折现模型（FCFE）对企业的股权价值进行分析。

从老凤祥公司最近五年的发展情况来看，公司从成立至 2017 年，经营业绩良好且比较稳定，处于企业的成熟发展阶段，公司的珠宝首饰业务在行业中处于龙头地位，营业收入连年排名第一。老凤祥公司充分发挥其品牌优势、渠道优势和规模优势，公司的珠宝首饰业务为其经营业绩的核心来源。老凤祥品牌在业界具有很高的知名度、美誉度和忠诚度，是行业的佼佼者，也是中华老字号中仍保持发展活力的著名品牌。本着“立足上海、覆盖全国、面向世界”的营销网络建设方向，老凤祥公司在 2016 年针对市场新变化，不断调整营销模式，优化、整合营销渠道，分区域推进老凤祥专卖店的均衡布局，扩大老凤祥品牌的影响力和辐射力，扩大销售规模，并稳步向境外拓展，逐步形成了全方位立体化推进的营销网络。另外，老凤祥公司从源头采购到设计、生产、销售，已经积累了较为丰富的经验和较为完善的销售网络。公司拥有较为齐全的产品系列，在“黄金、铂金、钻石、白银、白玉、翡翠、珍珠、有色宝石、牙雕艺术品、珐琅、高端 K 金镜架、工艺美术旅游纪念品”等门类的基础上，2016 年又推出金镶玉、珊瑚等新门类产品，有效提高了企业在金价波动中的抗风险能力和盈利能力。基于上述情况，可以选用收益法现金流量折现模型（DCF）中的股权现金流量折现模型的二阶段模型对其进行股权价值评估。

（4）如何确定本案例的营业收入的预测方法？

确定预测期的通常做法是：逐期预测现金流量，直到企业以一个稳定的增长率（$g_n$）永续增长的阶段。在企业价值评估实践中，普遍以 5 ～10 年作为详细预测期，其中又以 5 年最为常见。预测期可以适当延长，但很少超过 10 年，因为预测期越长，不稳定性因素越多，预测的准确性越低，预测的难度也越大。在确定预测期的基础上，一般来说，依据企业年报上的历史数据，了解企业过去的营业收入情况，再结合国内外的宏观经济状况、行业的发展情况以及企业自身的发展战略，采用比例预测法来预测企业未来的营业收入。

（5）本案例的自由现金流量如何测算？

对企业自由现金流的测算，只需在预测营业收入的基础上，按照销售百分比法预测其他主要的财务指标，并依据这些指标，预测未来的财务报表，通过财务报表测算出企业的实体现金流量，进而测算出企业的股权现金流量。本案例选取了收益法现金流量折现模型（DCF）中的股权现金流量折现模型的二阶段模型对老凤祥公司进行股权价值评估。其股权现金流量的计算公式为：股权现金流量（FCFE）= 实体现金流量（FCFF）- 税后利息（IAT）+ 净负债增加（ΔNFL）。其中，实体现金流量（FCFF）= 税后经营净利润（NOPAT）- 净经营资产增加（ΔNOA）。

（6）本案例的折现率如何测算？

本案例选取了收益法现金流量折现模型（DCF）中的股权现金流量折现模型（FCFE）的二阶段模型对老凤祥公司进行股权价值评估。因此，对于折现率的确定，就是确定股权资本成本（$K_e$）。使用最广泛的就是资本资产定价模型（CAPM），CAPM 模型是现代财务理论的重要部分。其观点是将股票投资的风险分为两类：一类是市场风险，也称系统风险或不可分散风险；另一类是企业特有风险，也称为非系统风险或分散风险，这类风险可以通过投资组合予以分散。

## 四、教学组织计划

1. 问题清单及提问顺序、资料发放顺序

本案例讨论题目依次为：

（1）企业价值评估的内涵、目的和方法是什么？

（2）股权现金流量折现模型（FCFE）的分类有哪些？

（3）如何确定本案例的估值模型？

（4）如何确定本案例的营业收入的预测方法？

（5）本案例的自由现金流量如何测算？

（6）本案例的折现率如何测算？

本案例的资料可提前发放给学生，使学生能够提前了解案例情况，并查找资料，了解相关理论背景和行业背景，为课堂讨论做好准备。

2. 课时分配

本案例可以作为专门的案例讨论课。如下是安排时间进度提供的课堂计划建议，仅供参考。

本案例的课堂时间控制在 180 分钟以内。首先由教师通过对案例的回顾将案例的背景、所涉的基础知识与案例中涉及的重要问题做简要介绍和讲解，然后基于思考题开展小组讨论，最后请同学们对案例进行归纳总结，教师对案例所涉及的问题做进一步的延伸和拓展。具体安排如下：

（1）学生根据思考题课前阅读案例材料并查阅相关书籍。

（2）教师案例回顾：约 0.5 小时；

（3）小组讨论并提交分析报告提纲：约 1 小时；

（4）课堂小组代表发言，归纳总结并提出观点：约 1 小时；

（5）教师点评：约 0.5 小时；

（6）课后学习小组采用书面报告的形式提交最终的分析报告结果。

3. 讨论方式

建议采用分小组的形式进行讨论，先给所有学生一定的自行准备时间，然后在课堂上针对每个问题分别进行小组讨论。具体做法如下：

（1）学生自行准备。在正式开始集中讨论前 1～2 周，就要把案例材料分发给学员。让学员有充分的时间阅读案例材料、查阅相关资料、搜集必要信息，并积极地思索，初步形成关于案例中所提问题的分析解决方案。

（2）小组讨论。在课堂上将学员划分为由 3～6 人组成的几个小组。小组成员要多样化，这样他们在准备和讨论时，表达不同意见的机会就多些，学员对案例的理解也就更深刻。各个学习小组的讨论地点应该彼此分开。小组应以他们自己的方式组织活动，教师不应该进行干涉。

（3）小组代表发言。各个小组派出自己的代表，发表本小组对于案例的分析和处理意见。发言时间一般应该控制在 10 分钟以内，发言完毕之后发言人要接受其他小组成员的询问并做出解释，此时本小组的其他成员可以代替发言人回答问题。

（4）教师点评。在小组讨论和小组代表发言后，教师可以归纳出几个意见比较集中的问题和同学们提出的解决方案，对这些问题和解决方案进行重点点评，并对案例所涉及的问题做进一步的延伸和拓展。

（5）请学习小组课后以书面报告形式写出最终的分析报告作为小组课后作业，这样使学生能够有进一步的讨论，对案例本身以及涉及的相关问题有一个更加深刻的认识。

4. 课堂讨论总结

课堂讨论总结的关键是：归纳发言者的主要观点；重申其重点及亮点；提醒大家对焦点问题或有争议观点做进一步思考；建议大家对案例素材进行扩展研究和深入分析。

# 案例 3

# 上市影视公司盈利模式及可持续发展分析——以欢瑞世纪为例*

---

* 1. 本案例由广东工业大学管理学院的黄蓉、冷凌霄、马诗雯、朱绪婧等共同撰写，作者拥有著作权中的署名权、修改权、改编权。

2. 将本案例授权予广东工业大学产教融合 MPAcc 教学智库实验平台使用，广东工业大学产教融合 MPAcc 教学智库实验平台享有复制权、修改权、发表权、发行权、信息网络传播权、改编权、汇编权和翻译权。

3. 由于企业保密的要求，本案例对有关名称、数据等做了必要的掩饰性处理。

4. 本案例只供课堂讨论之用，并无意暗示或说明某种管理行为是否有效。

## [案例封面]

**专业领域：**财务会计

**适用课程：**《财务会计理论与实务》

**选用课程：**《会计报表分析》

**编写目的：**通过本案例的教学和讨论，能够帮助学员进一步了解如何分析一家公司的盈利模式，而盈利模式又会为公司未来的可持续发展能力带来什么样的影响，以及在财务报表上我们如何通过各项财务比率分析来判断这家公司的可持续发展能力。

**知 识 点：**盈利模式；财务指标；毛利率分析；可持续发展分析

**中文摘要：**欢瑞世纪股份有限公司是一家致力于电影电视剧投资、制作、发行以及相关产业发展的公司。它在2016年实现上市，本文通过分析欢瑞世纪上市两年来的业务情况、盈利模式和财务指标研究企业的可持续发展能力，掌握不同盈利模式下对公司产生的影响，并通过财务指标反映因盈利模式改变而受到影响的可持续发展能力的变化。

# [案例正文]

欢瑞世纪总经理钟君艳的办公室位于 CBD 最繁华的区域，她手捧咖啡，站在落地窗前，央视的“大裤衩”一览无余。三个月前，也是在这间办公室里，当时欢瑞面对上市后，市场上的首次质疑：半年报净利润下滑、周播剧营销、实际控制人质押股权触及平仓线以及被证监会立案调查；她还面对对赌协议的压力。如今大部分问题都已化解，相较于三个月前，现在的钟君艳轻松了很多，回想自己在房地产行业最鼎盛的时期，毅然转身投入文化行业，现在看来还是值得的。但是未来欢瑞又将如何发展，应选择怎样的盈利模式，她陷入了沉思……

## 一、案例背景

### （一）公司概况

欢瑞世纪影视传媒股份有限公司注册成立于 2006 年，注册地址为重庆市涪陵区人民东路 50 号，法定代表人是钟君艳，注册资本 98 098.0473 万元，是一家致力于电影电视剧投资、制作、发行以及相关产业发展的公司。“品质是最好的表达”一直是公司运作的原则。

2017 年 2 月 13 日，公司名称由“星美联合股份有限公司”变更为“欢瑞世纪联合股份有限公司”，英文名称由 Stellar Megaunion Corporation 变更为 H&R CENTURY UNION CORPORATION。主要经营业务：为相关影视剧提供全媒体宣传推广服务，制作、发行、复制电视剧、动画片、广播剧、综艺、专栏、专题；摄制电影；艺人经纪；经营网络游戏；计算机软件开发。

### （二）公司所在行业分析

1. 行业整体情况分析

2017 年传媒行业处于内部结构的调整阶段，在网络媒体兴起和年轻人群的推动下，国民文化消费水平持续提升，为行业增长提供内了生动力，并且媒介变革刺激了传媒业态裂变，资本纷纷涌入，技术、渠道、内容三类资源加速整合，行业竞争格局被重构。即使在 GDP 增速总体下滑的趋势下，过去十年我国传媒产业总值增速一直保持在 12% 以上。加之国内互联网公司布局全球、“文化出海”，传媒行业将长期处于成长阶段。2006—2015 年中国传媒产业总值与增长率如图 3 - 1 所示。

2. 传媒产业主要板块发展势头分析

（1）电视剧市场规模增长进入平稳发展期，市场容量逐步回落

2010 年以来，我国电视剧市场规模增长进入平稳发展期，市场容量逐步回落。从投放到市场的电视剧产品来看，2016 年，获得发行许可的电视剧集数为 14768 集，同比下滑 10.8%；部数为 330 部，同比下滑 16.5%。2017 年第一季度发行电视剧集数 2221 集，第二季度发行电视剧集数 2454 集，整体数量保持稳定。2012 年以来，电视剧产量逐年减少，

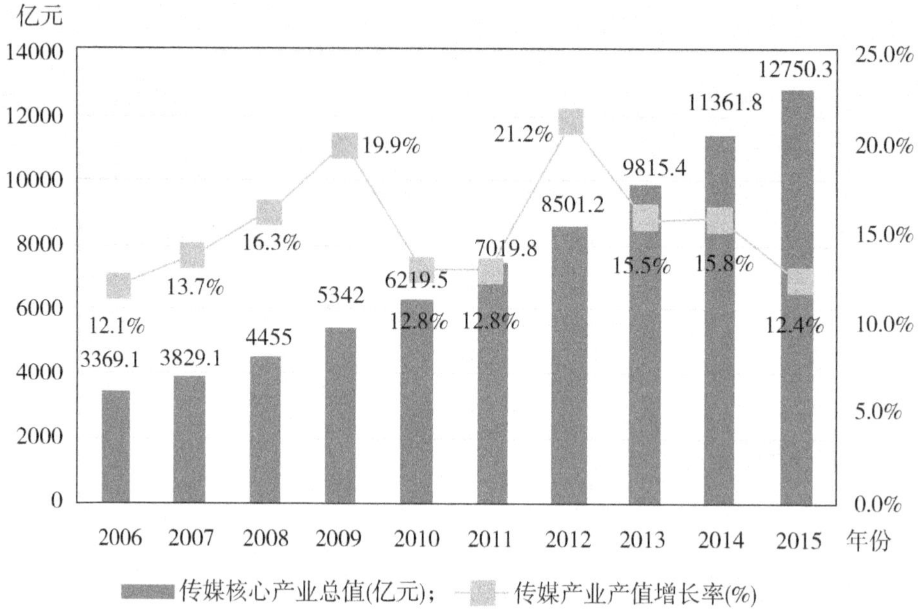


图 3－1　2006—2015 年中国传媒产业总值与增长率

网络剧产量呈现爆发式增长趋势。据《2016 网络自制剧行业白皮书》，2016 年网络剧产量总时长突破 12 万分钟，同比增长 196%，播放量 TOP10 流量达到 378 亿人次，同比增长超过 60%。同时，网络剧投资额剧增，2016 年互联网自制内容总投资约为 279 亿元，同比增长了 125%。

（2）电影院线保持稳定增长，万达影院依然处于龙头地位

2016 年全国新增影院 1612 家，新增银幕 9552 块，银幕总数为 41179 块（影院数超过 7600 家），超过北美市场（约 3.9 万块），同比增长 26.8%，成为世界上电影银幕最多的国家。截至 2017 年 10 月，我国电影荧幕总数超过 49000 块，预计全年将超过 50000 块。从院线票房占比来看，万达院线依然是票房龙头，2017 年上半年实现总票房 34.45 亿元，市场份额 13.53%。

（3）游戏市场历经爆发式增长后速度放缓

2016 年中国游戏收入规模 1655.7 亿元，同比增长 17.7%，增速持续放缓。用户规模 5.66 亿人，同比增长 6%。随着人口红利的逐步释放，中国游戏产业历经几年爆发式的增长后增速明显放缓。

（4）影视广告植入市场已成规模

2014 年以来，随着网络剧尤其是 IP 剧的爆发，广告主对影视植入广告日益关注。2014 年，影视广告植入市场产值达 24.5 亿元，根据相关数据预测，年增长率将在 20% 以上，在 2020 年影视广告市场规模有望突破 100 亿元。在 IP 影视剧植入方面，2016 年饮料、食品、美妆等行业较多品牌选择 IP 影视剧植入，其次是手机、零售、汽车等。营销效果最好的为饮料、零售和生活服务行业，康师傅、百度地图、天猫等通过 IP 影视剧广告植入获得了较高的品牌销量。

### （三）公司业务模式及发展状况

公司目前经营业务涵盖电视剧、电影的投资、制作和发行，艺人经纪，游戏开发等相关服务；相对于行业内其他企业形成了较为完整的业务布局，并且各业务环节紧密结合，初步形成了整合和协同效应。2013年3月公司启动“欢瑞大制片”计划，该计划是对原有“明星制片人”模式更大的推进。“欢瑞大制片”计划由三大主题构成，分别是“大明星、大制作、大格局”。通过这三大主题的构建，不断完善和推动欢瑞世纪产业链发展，不断开拓新的领域，探索新的业务模式；与行业内更多的机构合作，逐步完善IP运营全产业链。

1. 电视剧/网络剧业务板块

公司共出品电视剧/网络剧30余部1000多集，包括《宫锁心玉（宫1）》《宫锁珠帘（宫2）》《盛夏晚晴天》《古剑奇谭》《活色生香》《盗墓笔记》《青云志》《麻雀》《大唐荣耀》等多部观众热烈追捧的精品大剧。2015年出品的网络剧《盗墓笔记》开创了季播网络付费模式的先锋，助推了视频网站向会员付费观看模式过渡的进程。2016年公司相继出品了《青云志》《麻雀》《大唐荣耀》等剧，制作能力进一步提高，制作体系更趋成熟稳定。

2. 电影业务板块

公司电影业务板块主要以参投的模式，近年来先后参与投资了《小时代1、2》《画皮2》《怦然星动》《冲天火》等电影。

3. 艺人经纪业务板块

公司依托自身的影视资源和专业管理经验，为影视演艺人员提供涵盖策划、形象塑造、培训、联系和安排演艺及广告活动、谈判、签约、收益获取、法律事务代理和行政顾问在内的全方位的经纪代理服务。目前公司旗下艺人包括：李易峰、杨紫、任嘉伦、茅子俊、秦俊杰、梁婧娴等。

4. 游戏业务板块

依托精英研发、运营团队，与影视板块强强联合，共享武侠仙侠、魔幻玄幻影视素材及丰富的推广资源，通过IP授权、自主研发及多元化运营的方式，致力于影视授权、端游、页游、手游、SNS游戏、动漫、音乐、网络文学、周边授权开发等多维度娱乐方式的结合，力求打造次世代的泛娱乐化平台。

## 二、案例情况

### （一）欢瑞世纪盈利模式分析

1. 盈利点

欢瑞的业务众多，主要包括影视剧的制作发行、艺人经纪、游戏等其他业务衍生物。其盈利模式中的主要盈利点也是基于这几个方面获取利润。研究盈利点的构成、变化可以帮助企业了解为消费者提供怎样的价值，企业获取利润的途径有哪些，收入来源在哪里等一系列问题，可以帮助企业合理配置资源，优化自身结构，突出自身优势。欢瑞世纪业务范围构成及营业收入占比如表3－1所示。

表 3-1　业务范围构成及营业收入占比

| 年　份 | 2016 年 | 2017 年上半年 |
|---|---|---|
| 电视剧及衍生品 | 95.51% | 83.37% |
| 电影及衍生品 | 0.59% | 0% |
| 艺人经纪 | 3.56% | 4.23% |
| 网络游戏 | 0% | 11.85% |
| 广告服务 | 0% | 0.55% |
| 其他 | 0.34% | |

从表中可以看出，欢瑞世纪的业务正在逐步扩大，2016 年只涉及电视剧、电影以及艺人经纪产业，2017 年寻求产业的多元化发展，增加了网络游戏和广告服务。但总的来说，欢瑞主要还是精耕于电视剧板块，电视剧及衍生品近两年营业收入占比都在 80% 以上。

2. 盈利对象及发行渠道

盈利对象指的是企业提供的商品或服务的消费者和使用者。正是他们的购买行为为企业带来了盈利，因此研究盈利对象有助于企业了解自己客户的来源。

欢瑞世纪的目标观众定位为年轻人，以学生及白领为主，因此在题材选择上主要为青春偶像剧，而这部分年轻人同时也是互联网的活跃分子，是各种互联网产品的主要消费人群，是欢瑞世纪影视剧及游戏业务领域的潜在用户，极具商业价值。

欢瑞世纪的发行渠道涵盖电视台、影视剧发行企业和网络视频服务企业等新媒体。在长期的业务发展过程中，公司与湖南电视台、江苏电视台、浙江电视台等国内多家电视台，以及深圳市腾讯计算机系统有限公司，北京爱奇艺科技有限公司，北京搜狐新媒体信息技术有限公司等网络视频服务企业建立了良好的业务合作关系。欢瑞影视于 2016 年，与深圳市腾讯计算机系统有限公司和上海腾讯企鹅影业文化传播有限公司共同签订《投资摄制协议》，凭借与腾讯的合作，欢瑞影视的品牌将通过视频平台直接面向视频用户，既大幅增强欢瑞影视的持续盈利能力和抗风险能力，又为欢瑞影视的业绩承诺带来比较稳定的保障，还创新了网络视频的盈利模式，即由主要靠广告收入转变为由会员付费。视频网站的会员收入占比将迅速提高，这也引领了行业未来的发展趋势。

3. 盈利措施

（1）联合双卫视创建排播营销一体化运营模式

公司在上半年先后同北京卫视、安徽卫视合作，践行“营销排播模式”。公司于 2017 年 3 月 1 日发布公告，其下属全资子公司，欢瑞影视及欢瑞营销共同与北京电视台、京世传媒签订了“北京卫视周播剧场合作协议”。在本次与北京卫视的周播剧合作中，公司突破了以往的单一性购剧模式，实现了排播和广告营销的一体化运营。最为直接的是“内容协同”，即能够围绕作品、艺人，实现广告招商、播出的充分联动，实现电视内容和广告内容的协同互动。此外是相对有效的“运营协同”，即通过对电视排播广告运营的节奏协同，实现与网络影视、游戏、艺人的运营一体化。

随着公司在周播剧的“营销排播”一体化模式的日渐成熟，其自有剧集网络付费的弹性需求也将逐渐提升，该短期影响将会逐渐削弱。同时在未来新剧集制作上，由于公司在渠道端的切实参与，能够有效地协同从制作、宣发、排播营销的整体运作周期及细节，进而实现公司运作效率提升和产业一体化的协同弹性。

（2）特效制作募投项目增资，全产业链布局持续加码

公司于 2017 年 7 月 12 日召开的第七届董事会第十次会议，决定向其全资子公司“魔力空间”增资 2000 万元，用于特效后期制作中心的建设。反观当下国内影视制作的普遍短板，影视制作的后期特效仍以外包为主，并且无法同作品拍摄形成优化协同，这就形成了目前奇幻类、科幻类作品的较大掣肘。预期该特效后期制作中心的投入，在未来将极大提升公司类型作品的制作质量，同时作为全产业链布局的重要一环，其举足轻重的作用也将逐渐显现。

（3）与主流视频网站合作开辟付费观剧专区

与腾讯合作“欢瑞专区”，引领行业商业模式创新。公司与腾讯合作，在腾讯视频建立及推广欢瑞影视专区，并收取专区会员费，推动网络视频盈利模式创新，引领行业发展。

（4）结合“老戏骨＋优质剧本”模式打造高口碑爆款剧

公司拟设立的“欢瑞时代影视传媒”在继续发力影视制作的基础上，得到著名演员张涵予的强力加盟。张涵予作为实力派演员，通过《智取威虎山》《湄公河行动》等优秀作品，在业界获得了较高的认可。公司未来将通过“以点带面”的合作模式拓展 IP 培育方向，实现从电视制作向影视制作的跨越，深入整合艺人、制作、宣发等优势资源。依循文化产业的资本传导趋势，从“文化符号”向“文化规模”的延伸，是企业实现优势资源引聚的最佳商业化路径。所以公司的原有精品 IP 挖掘培育、渠道资源整合、艺人经纪业务的高弹性业务架构已经初步形成，同时未来将以多元化合作的方式，引聚行业资源，以点带面，实现商业价值的最大化。

4. 盈利屏障

（1）依托“核心 IP”构建一体化、高弹性业务框架

公司未来将依托“核心 IP”“强渠道资源”，充分实现制作、宣发、渠道的一体化、高弹性业务架构，提高业绩变现能力。以对外投资为起点，实现对影视特效制作的弯道切入，并且加强对影视行业资源，特别是电影方向的渗透整合，以知名艺人为文化符号的起点，带动最终的文化产品规模化，同时不断创新营运一体化模式。公司同时持有众多优质 IP，如《盗墓笔记》《诛仙昆仑沧海》等，并且在不断地挖掘优质 IP，通过未来 3～5 年的消化，能够不断地提升自身 IP 培育能力。2016 年新增了《霹雳》布袋戏系列（5 部）、《长恨宫》《枭臣》《血色翡翠城》《战衡阳》《永不瞑目》和《周瑜传》等版权储备。

（2）纯正影视制作标的的上市元年

公司作为国内民营电视制作机构仅存的两家未上市公司之一，相较同类型外延式扩张企业，拥有多年深耕影视剧行业的成熟经验和渠道资源。2017 年作为其上市元年，资本通道的扩张，将成为其在传统影视业务和娱乐衍生业务方向上发力的最强助力。代表作突

出、品牌认知度高、渠道资源优质。2011 年以来，公司每年均有头部剧代表作，在互联网主流收视群体中市场号召力强；在下游渠道中品牌认知度高、资源优质；主要播出平台为湖南卫视、浙江卫视、江苏卫视、北京卫视等一线卫视以及腾讯视频、爱奇艺视频平台。

（3）营运模式创新的核心差异性

对比同类型公司，欢瑞世纪业绩支撑和估值溢价主要来自于“强 IP”和“强制作”，近两年开始向“强宣发”倾斜。而欢瑞世纪在自身的精品 IP 储备基础上，一直在努力推行影视剧排播及运营模式的创新，践行从“资本消耗”的传统模式向“资本协同”的新兴模式转变。无论是新近的同北京卫视合作的“排播营销”一体化运营，还是同张涵予的投资绑定式合作，均属此列，我们看好欢瑞世纪在影视细分市场上差异化创新及其商业模式。

（4）公司拟设立的“幻动数码”主要布局影视产业的特效制作

从行业细分结构上来看，目前国内的影视特效制作水平相对较低，虽然受到近几年下游奇、玄、科三幻作品爆发的需求推动，处在爆发前夜，但是目前高质量影视特效制作仍受国外团队（美、日、韩）垄断。而欢瑞世纪由于在奇幻古装影视上有多年的制作经验，具有切入该业务板块的核心优势，同时在未来也能够形成营收平衡的供需一体化。

### （二）欢瑞世纪盈利模式可持续发展分析

1. 毛利率分析

对公司各项业务的毛利率进行研究可以最直接反映公司每项业务的盈利情况，便于对公司业务的盈利性进行分析，而且通过毛利率的变化可以分析其获利的可持续性。所以我们在此对欢瑞世纪近两年业务的毛利率进行研究，以了解获利的可持续性。

（1）电视剧及衍生品业务 2016—2017 年上半年毛利率、营业收入、营业成本如表 3－2所示。

**表 3－2　2016—2017 年上半年电视剧及衍生品的毛利率**

| 年　份 | 2016 年 | 2017 年上半年 |
|---|---|---|
| 毛利率（%） | 60.87 | 55.44 |
| 营业收入（元） | 705 374 974.37 | 211 830 422.34 |
| 营业成本（元） | 275 986 002.11 | 94 390 707.41 |

电视剧的销售收入包括电视播映权转让收入、网络平台播映权转让收入、音像版权转让收入等。从表 3－2 可看出，2016—2017 年欢瑞公司电视剧毛利率总体平稳，波动幅度不大。欢瑞公司凭借较强的影视剧制作能力和良好的机制，拥有良好的外部人才资源聚集能力，聚集了庞大的明星队伍，投资制作了多部电视剧、网络剧作品，得益于公司一贯推行的精品剧理念。公司出品的影视剧作品均能取得较好的市场认可度，在首轮发行后，基本能够实现多轮销售。

欢瑞世纪以工业化生产的模式进行电视剧产品制作和发行，以电视剧最终要实现经济和社会效益为导向，逆向倒推确定剧本发展计划、演员配置要求、制作拍摄流程、发行宣传体系；根据市场需求变化趋势，以精品剧制作为主导方向，有效利用各方资源逐渐提高公司电视剧产能。2016年三部主打大剧《麻雀》《青云志》《大唐荣耀》创造多项收视纪录。《麻雀》口碑与收视双丰收，CSM52日均收视率排名2016年全年第二，播出期间夺得37天收视冠军，播出期间网络总播放量突破100亿元。《青云志》在视频平台上线后，成为首部播出期间网络播放量破230亿的电视剧。《大唐荣耀》首播的网络播放量则超过50亿元。2017年多部大剧具头部剧潜力，走向“内容+渠道”平台化。

欢瑞影视建立了完善的剧本创作体系，有充足良好的剧本储备，这是电视剧制作企业持续发展的核心要素。欢瑞影视一方面通过较早的布局，签订了一批具备影视剧改编潜质的优质IP，如《盗墓笔记》《诛仙》《昆仑》《沧海》等；另一方面致力于IP的改编创作，通过未来3～5年的消化，不断地提升自身IP培育能力。

（2）电影及衍生品业务2016—2017年上半年毛利率、营业收入、营业成本如表3－3所示。

**表3－3 电影及衍生品2016—2017年上半年毛利率**

| 年 份 | 2016年 | 2017年上半年 |
|---|---|---|
| 毛利率（%） | 85.90 | 0 |
| 营业收入（元） | 4 329 230.06 | 0 |
| 营业成本（元） | 610 407.33 | 0 |

欢瑞影视在电影业务方面的采购模式和生产模式与电视剧业务基本相同，其销售收入低，一则因为电影作品产量少，二则因为没有自己的院线资源，主要依靠合作方进行“院线+电影院”方式的销售。其收入主要依赖票房分成。电影的销售收入包括电影票房分账收入、电影版权收入等。从表3－3可见，由于欢瑞影视的重心还在电视剧方面，2017年上半年还没有电影计划，所以上半年的毛利率为0。欢瑞世纪计划今后每年投拍4部电影，可是公司在电影制作经验、发行经验、营销包装以及放映渠道等方面还不足，可能无法带来持续可靠的盈利。

（3）艺人经纪业务2016—2017年上半年毛利率、营业收入、营业成本如表3－4所示。

**表3－4**

| 年 份 | 2016年 | 2017年上半年 |
|---|---|---|
| 毛利率（%） | 92.99 | 53.21 |
| 营业收入（元） | 26 313 694.77 | 10 735 482.03 |
| 营业成本（元） | 1 845 813.47 | 5 023 055.56 |

由表3－4可见，欢瑞世纪的艺人经纪业务在2016年毛利率高达92.99%。在2017年上半年，欢瑞世纪大量签约新艺人，包括任嘉伦、张睿、韩栋等在内的十多人。在大量新艺人的带动下，欢瑞世纪上半年的经纪收入为1073.55万元，相比于上年同期上涨

28.94%。目前欢瑞世纪签约的“头部”艺人有四位：李易峰，杨紫，任嘉伦，秦俊杰。李易峰和杨紫虽然经纪名义上还在欢瑞，作为欢瑞当家一哥李易峰、一姐杨紫实际上已经与欢瑞世纪渐行渐远，纷纷成立个人工作室。

近年来，随着影视业、广告业的快速发展，中国演艺人才队伍数量快速增长，对艺人经纪及相关服务业务的市场需求也快速增加。在此背景下，欢瑞世纪更要抓住这样一个还没有被完全开发的市场，加强企业在艺人经纪领域的实力，利用好艺人加盟来提升自身的知名度和商业价值，在艺人经纪领域保证持续稳定的增长能力。

（4）网络游戏业务2017年上半年毛利率、营业收入、营业成本如表3－5所示。

表3－5

| 年　份 | 2017年上半年 |
|---|---|
| 毛利率（%） | 100.00 |
| 营业收入（元） | 30 097 713.53 |
| 营业成本（元） | 0 |

欢瑞截至2017年上半年已完成《盗墓笔记S》《神墓OL》《天启神魔录》《魔龙传说》《色生香》的开发，其中《天启神魔录》《活色生香》《神墓OL》成功上线运营。2017年上半年的毛利率高达100%，欢瑞网络依托欢瑞影视大量武侠、仙侠、魔幻、玄幻的影视IP资源和推广资源，配合资深的研发及运营团队，通过IP授权、自主研发及多元化运营的方式，将影视与游戏深度结合，开发出优质的游戏产品，使游戏与影视互为补充及延续，形成影游一体的商业模式。从表3－5可以推断，如果欢瑞游戏的营业收入能一直保持这样高速增长，在高毛利率的支持下公司的盈利将实现飞跃性的增长。

（5）广告服务业务2017年上半年毛利率、营业收入、营业成本如表3－6所示。

欢瑞影视与北京卫视和安徽卫视的合作，是上市公司与卫视平台进行“电视剧排播权＋广告招商运营权”的新型合作模式的尝试。上市公司与卫视平台共同构建“周播剧场”项目，并通过欢瑞影视向周播剧场独家供剧、欢瑞营销对剧场的“一冠三特”的广告资源进行独家售卖。欢瑞有主动供剧的排播权，还有实现附加收益的可能性（广告招商收益权）。2017年之所以毛利率高达－8603.97%，主要是预付了周播剧场的广告承包费用。

表3－6

| 年　份 | 2017年上半年 |
|---|---|
| 毛利率（%） | －8 603.97 |
| 营业收入（元） | 1 415 094.30 |
| 营业成本（元） | 123 169 396.24 |

2. 财务指标情况

（1）2017年前三季度财务比率分析如表3－7所示。

表 3 -7

| 项目/报告期 | | 2017 年三季度 |
|---|---|---|
| 投资与收益 | 基本每股收益（元/股） | -0.0209 |
| | 每股净资产（元/股） | 2.7297 |
| | 净资产收益率——加权平均（%） | -0.76 |
| | 扣除后每股收益（元/股） | -0.05803 |
| 偿债能力 | 流动比率（倍） | 5.62 |
| | 速动比率（倍） | 3.88 |
| | 应收账款周转率（次） | 0.67 |
| | 资产负债比率（%） | 18.59 |
| 盈利能力 | 净利润率（%） | -4.75 |
| | 总资产报酬率（%） | -0.63 |
| 经营能力 | 存货周转率 | 0.51 |
| | 固定资产周转率 | 11.38 |
| | 总资产周转率 | 0.13 |
| 资本构成 | 净资产比率（%） | 81.41 |
| | 固定资产比率（%） | |

（2）2016 年年度财务比率分析如表 3 -8 所示。

表 3 -8

| 项目 / 报告期 | | 2016 年度 |
|---|---|---|
| 投资与收益 | 基本每股收益（元/股） | 0.62 |
| | 每股净资产（元/股） | 3.3497 |
| | 净资产收益率——加权平均（%） | 24.89 |
| | 扣除后每股收益（元/股） | 0.59 |
| 偿债能力 | 流动比率（倍） | 6.60 |
| | 速动比率（倍） | 5.69 |
| | 应收账款周转率（次） | 1.07 |
| | 资产负债比率（%） | 17.86 |
| 盈利能力 | 净利润率（%） | 35.89 |
| | 总资产报酬率（%） | 11.52 |
| 经营能力 | 存货周转率 | 0.69 |
| | 固定资产周转率 | 18.75 |
| | 总资产周转率 | 0.32 |
| 资本构成 | 净资产比率（%） | 82.14 |
| | 固定资产比率（%） | 1.18 |

（3）杜邦分析。

2017 年三季度：

①资产净利率 = 净利润/净资产 = -0.77%

②权益乘数 = 总资产/总权益资本 = 1.23

③净资产收益率 = 资产净利率 × 权益乘数 = 0.94%

④销售净利率(NPM) = (净利润/销售收入) ×100% = -4.78%

⑤资产周转率（AU，资产利用率） = 16.11%

2016 年年度：

①资产净利率 = 净利润/净资产 = 9.82%

②权益乘数 = 总资产/总权益资本 = 1.22

③净资产收益率 = 资产净利率 × 权益乘数 = 11.95%

④净利率(NPM) = (净利润/销售收入) ×100% = 35.88%

⑤资产周转率（AU，资产利用率）=27.30%

（4）盈利质量分析。

2017 年三季度：

①销售净现率=经营现金流入量/销售收入=3.35

②盈利现金比率=经营现金流量净额/净利润=20.78

③现金毛利率=经营现金净流量/经营活动现金流入量=-0.30

2016 年年度：

①销售净现率=经营现金流入量/销售收入=1.21

②盈利现金比率=经营现金流量净额/净利润=15.31%

③现金毛利率=经营现金净流量/经营活动现金流入量=4.53%

（5）筹资与支付能力分析。

2017 年：普通股每股净现金流量=经营活动现金净流量/流通在外普通股股数=-1.21

2016 年：普通股每股净现金流量=0.114

## 三、讨论问题

（1）运用 SWOT 分析法分析欢瑞世纪目前的情况。

（2）欢瑞世纪是通过哪些价值获取来保证其利润流的？

（3）当前媒体融合的背景下，单一的盈利模式已被多元化、系统化的盈利模式所取代，结合案例分析，欢瑞是怎样打造基于价值链定位的盈利模式。

（4）分析欢瑞世纪盈利模式对其可持续发展的影响。

（5）请从“投资与收益”“偿债能力”“经营能力”“盈利能力”“资本构成”这五个板块中任选三个谈谈你对财务指标的理解，以及对公司实质性的影响。

（6）谈谈你对“杜邦分析”“盈利质量分析”“筹资与支付能力分析”其中一个的理解，并找出这三者的联系。

（7）根据案例给的财务指标分析其可持续发展能力，除了上述指标，你认为还有哪些比率分析能够帮助我们从财务报表中分析企业可持续发展能力？

（8）欢瑞世纪盈利模式存在哪些问题？试提出解决问题的对策。

# [案例说明书]

## 一、本案例要解决的关键问题

本案例要实现的教学目标在于：通过讨论欢瑞世纪作为影视上市公司的代表，针对两年来盈利模式的显著改变而对公司的营收和远期可持续发展产生了何种影响，进而引起关于对盈利模式多样化的教学和讨论，帮助学员进一步了解如何分析一家公司的盈利模式、盈利模式如何影响公司未来的可持续发展能力，以及如何在财务报表上通过各项财务比率分析、判断这家公司的可持续发展能力。

## 二、案例讨论的准备工作

为了有效实现本案例目标，学员应该具备下列相关知识背景：

欢瑞世纪影视传媒股份有限公司注册成立于 2006 年，注册地址为重庆市涪陵区人民东路 50 号，法定代表人是钟君艳，注册资本 98 098. 0473 万元；是一家致力于电影电视剧投资、制作、发行以及相关产业发展的公司。“品质是最好的表达”一直是公司制作的原则。

2017 年 2 月 13 日，公司名称由“星美联合股份有限公司”变更为“欢瑞世纪联合股份有限公司”，英文名称由 Stellar Megaunion Corporation 变更为 H&R CENTURY UNION CORPORATION。主要业务：为相关影视剧提供全媒体宣传推广服务，制作、发行、复制——电视剧、动画片、广播剧、综艺、专栏、专题；摄制电影；艺人经纪；经营网络游戏；计算机软件开发等活动。

## 三、案例分析要点

1. 需要学员识别的关键问题

如何制定更好的盈利模式为企业的可持续发展助力；面对效果不佳的盈利模式如何止损；不同盈利板块对营业收入的贡献以及对企业未来持续盈利的影响；如何通过财务报表分析捕捉企业可持续发展能力变化的端倪。

2. 解决问题可供选择的方案及其评价

主要利用毛利率分析来说明盈利模式中的不同板块占营业收入的情况。财务分析是以会计核算和报表资料及其他相关资料为依据，采用一系列专门的分析技术和方法，对企业等经济组织过去和现在有关筹资活动、投资活动、经营活动、分配活动的盈利能力、营运能力、偿债能力和发展能力状况等进行分析与评价的经济管理活动。它为企业的投资者、债权人、经营者及其他关心企业的组织或个人了解企业过去、评价企业现状、预测企业未来做出正确决策提供准确的信息或依据。财务分析涉及利用 SWOT 分析法对企业的生存环境进行评估，以便更好地理解盈利模式的不同对企业可持续发展的影响。

3. 推荐解决问题的方案

（1）一方面，公司将不断完善应收账款管理，加快回款速度，提高资产利用率和收益能力；另一方面，公司通过预售影视作品、吸收联合投资方资金等方式减少应收账款带来的资金波动。

（2）欢瑞世纪应该加强与海外实力强、资本雄厚的发行公司的合作，运用对方的发行网络，学习对方把握市场、运作资本的经验，提升国际知名度，从而逐渐提高来自海外地区的收入，达到海外扩张的目的。公司的海外业务基本为零，外购剧发行板块也未有涉猎。

（3）对于电视剧业务应该加大对优质编剧的扶持力度。欢瑞世纪的重大业务变动显示，公司将以影视剧发行、艺人经纪及衍生品发行为主，打造娱乐全产业链。但除了2015年的《花千骨》效应，后续的影游联动表现不如人意，容易拖垮电视剧主营业务带来的利好影响，比如《青云志》宣发费用4000万元以上，主要用于相关手游、VR等衍生品的宣传活动，但电视剧本身收效并不好。

（4）公司的艺人经纪部分呈现青黄不接的尴尬局面，“欢瑞一哥”李易峰2017年与欢瑞的业务合作基本为零。而年初在《大唐荣耀》崭露头角的演员任嘉伦，显然在市场号召力和业界认可度还需加强。后续以艺人人气为导向的情况下，可能需要与电视剧本的创新程度和市场热度挂钩。

## 四、教学组织方式

1. 问题清单及提问顺序、资料发放顺序

本案例讨论题目依次为：

（1）运用SWOT分析法分析欢瑞世纪目前的情况。

（2）欢瑞世纪是通过哪些价值获取来保证其利润流的？

（3）当前媒体融合的背景下，单一的盈利模式已被多元化、系统化的盈利模式所取代。结合案例分析，欢瑞是怎样打造基于价值链定位的盈利模式。

（4）分析欢瑞世纪盈利模式对其可持续发展的影响。

（5）请从“投资与收益”“偿债能力”“经营能力”“盈利能力”“资本构成”这五个板块中任选三个谈谈你对财务指标的理解，以及对公司实质性的影响。

（6）谈谈你对“杜邦分析”“盈利质量分析”“筹资与支付能力分析”其中一个的理解，并找出这三者之间的联系。

（7）根据案例给的财务指标分析其可持续发展能力，除了上述指标，你认为还有哪些比率分析能够帮助我们从财务报表中分析企业可持续发展能力？

（8）欢瑞世纪盈利模式存在哪些问题？试提出解决问题的对策。

2. 课时分配

（1）课后自行阅读资料，约2小时；

（2）小组讨论并提交分析报告提纲：约2小时；

（3）课堂小组代表发言、进一步讨论：约2小时；

（4）课堂讨论总结：约0.5小时。

3. 讨论方式

本案例可以采用小组讨论方式。

4. 课堂讨论总结

课堂讨论总结的关键是：归纳发言者的主要观点；重申其重点及亮点；提醒大家对焦点问题或有争议观点进行进一步思考；建议大家对案例素材进行扩展研究和深入分析。

# 案例 4

# 华谊兄弟盈利模式及财务绩效*

* 1. 本案例由广东工业大学管理学院的张军波、吴双、江珏盈、梁瑜殷、李佩珊、王会会等共同撰写，作者拥有著作权中的署名权、修改权、改编权。
2. 将本案例授权予广东工业大学产教融合 MPAcc 教学智库实验平台使用，广东工业大学产教融合 MPAcc 教学智库实验平台享有复制权、修改权、发表权、发行权、信息网络传播权、改编权、汇编权和翻译权。
3. 由于企业保密的要求，在本案例中对有关名称、数据等做了必要的掩饰性处理。
4. 本案例只供课堂讨论之用，并无意暗示或说明某种管理行为是否有效。

## [案例封面]

**专业领域：**财务管理

**适用课程：**《财务管理理论与实务》

**选用课程：**《财务报表分析》

**编写目的：**通过对文化传媒行业华谊兄弟传媒股份有限公司自 2011 年至 2015 年的财务数据进行盈利能力分析和杜邦分析，使学生了解华谊兄弟的营业收入和营业成本的组成，了解华谊兄弟的盈利模式，让学员们加深对盈利能力分析以及盈利质量分析的理解。

**知 识 点：**盈利能力分析；杜邦分析体系；市盈率；利润质量分析

**关 键 词：**战略分析；财务分析；杜邦分析

**中文摘要：**近年来，文化传媒行业发展迅速，看电影和追电视剧成为老百姓茶余饭后的休闲活动。文化传媒行业独特的产品导致其具有独特的盈利模式。本案例选取了华谊兄弟传媒股份有限公司，从盈利能力、杜邦分析和盈利质量三个方面对其盈利能力进行分析，反映公司的盈利模式。本案例旨在用实例加深学员对于公司盈利能力分析的理解。

# [案例正文]

2016 年 6 月，无数魔兽玩家苦等十年的电影《魔兽》终于上映，在中国短短几周的上映时间就获得了 14.7 亿元人民币的票房收入，而在全球共获得 4.3 亿美元的票房收入。华谊兄弟作为电影《魔兽》的投资方之一，将会分到全球票房的一杯羹，获得巨额利润。但是电影制作的周期短则几个月，长则几年，还需要庞大的资金投入，然后还要等到电影上映后，才能实现收益，资金的周转期长。这些特点都决定了华谊兄弟具有独特的盈利模式。本案例以华谊兄弟传媒股份有限公司为分析对象，对其财务数据进行分析：2011—2015 年该公司盈利了吗？

## 一、案例背景资料

### （一）公司简介

股票简称：华谊兄弟

股票代码：300027

华谊兄弟传媒股份有限公司，以下简称为华谊兄弟，是中国大陆一家知名的综合性民营娱乐企业集团，由王中军、王中磊兄弟在 1994 年创立，公司注册资本 1500 万元。1998 年投资著名导演冯小刚的影片《没完没了》、姜文导演的影片《鬼子来了》正式进入电影行业，因每年投资冯小刚的贺岁片而声名鹊起，随后全面进入传媒产业，投资及运营电影、电视剧、艺人经纪、唱片、娱乐产品营销等领域，在这些领域都取得了不错的业绩，并且在 2005 年成立华谊兄弟传媒集团。

### （二）经营范围

公司主要业务分为三大板块：影视娱乐、品牌授权与实景娱乐、互联网娱乐。

影视娱乐板块主要包括电影的制作、发行及衍生业务；电视剧的制作、发行及衍生业务；艺人经纪及相关服务业务；影院投资管理运营业务；电影票在线业务及数字放映设备销售业务等。

品牌授权与实景娱乐板块主要依托“华谊兄弟”品牌价值，投身于实景娱乐项目。

互联网娱乐板块主要包含新媒体、游戏及其他互联网相关产品。

### （三）主要经营活动

案例公司及其子公司主要从事制作、复制、发行：专题、专栏、综艺、动画片、广播剧、电视剧（广播电视节目制作经营许可证有效期至 2017 年 4 月 1 日止）；国产影片发行（凭《电影发行经营许可证》有效期至 2017 年 2 月 15 日）；摄制电影（单片）。企业形象策划；影视文化信息咨询服务；影视广告制作、代理、发行；影视项目的投资管理；经营进出口业务；互联网信息服务。（上述经营范围不含国家法律法规规定禁止、限制和许可经营项目。）

### （四）公司战略

公司将进一步完善以影视为主的原创 IP 驱动全娱乐的产业链，充分发挥影视娱乐、品牌授权及实景娱乐、互联网娱乐三大业务板块之间的协同效应，以资本运作为支撑，加快向多层次、跨平台、跨地区的扩张。

公司将主要通过提高优秀影视剧作品产量和增加知名签约艺人数量来巩固和提升公司在影视娱乐板块的优势。同时，还凭借公司雄厚的内容优势、品牌优势、管理优势和资源整合能力，积极延伸产业链和价值链，拓展包括品牌授权业务、文化旅游业务、游戏业务、粉丝社区业务、在线发行业务等影视娱乐相关业务。

公司将全力构建综合性娱乐媒体集团的全新形象和综合实力，努力实现成为“中国首屈一指的影视娱乐传媒集团”的总体发展目标。

## 二、盈利模式与状况

根据年报，华谊兄弟 2011 年到 2015 年业绩增长的主要原因是公司各项核心业务稳健发展，影视版权价值不断提升，公司产业链进一步完善，并通过开拓品牌及知识产权授权等新的经营模式提高公司的盈利能力。

华谊兄弟上市后，严格按照募集资金使用计划，扩大公司主要业务板块的生产规模，调整战略，将发展重点集中在开发、制作具有市场竞争力的核心影片上。进一步完善以“内容 + 渠道 + 衍生”的全产业链布局，积极开拓品牌及知识产权授权等新的经营模式以及新的销售渠道、盈利模式，进一步提升公司盈利能力。

华谊兄弟的核心竞争优势是对影视、文化资源强大的整合能力。公司目前已经培养和聚集了一批优秀的影视业人才，打造了较为完善的集影视业及艺人经纪业为一体的产业链，建立了一套行有效的运营管理机制，积累了一批长期稳定的战略合作伙伴，从而确立了公司在产业链完整性、运营机制完善性、华谊兄弟企业品牌、专业人才的培养和储备以及合作伙伴资源丰富性等方面的全方位竞争优势，进一步引起了金牌制片人、大牌导演和知名演员等重要影视、文化资源在公司平台上与公司业务的高效结合，从而构成了公司整合影视、文化资源的核心竞争能力。

## 三、案例分析资料

### （一）主要财务数据

表 4 - 1 为华谊兄弟 2011—2015 年的主要财务数据。从中可以看出 2011 年到 2015 年是华谊兄弟持续成长的几年，公司经营情况良好，围绕经营计划有序开展工作，公司利用各种优势，完善公司产业链，加大市场拓展力度，主营业务呈现稳健发展的态势。2011 年至 2015 年营业收入逐年增长，尤其是 2015 年增长迅速。其中 2013 年和 2015 年经营活动产生的现金净流量为净流入，而其余三年为净流出。营业收入增加，资产增加，净收益增加，每股收入也随着增加，由 2011 年的 0. 34 元增至 2015 年的 0. 76 元。

表 4－1　华谊兄弟 2011—2015 年主要财务数据

| 年　份 | 2015 | 2014 | 2013 | 2012 | 2011 |
|---|---|---|---|---|---|
| 营业收入（百万元） | 3 873.57 | 2 389.02 | 2 013.96 | 1 386.40 | 892.38 |
| 归属于上市公司股东的净利润（百万元） | 976.14 | 896.66 | 590.17 | 244.42 | 202.9 |
| 归属于上市公司股东的扣除非经常性损益的净利润（百万元） | 471.84 | 539.81 | 353.39 | 154.07 | 181.11 |
| 经营活动产生的现金流量净额（百万元） | 526.96 | －21.03 | 511.29 | －248.96 | －231.26 |
| 基本每股收益（元/股） | 0.76 | 0.73 | 0.49 | 0.4 | 0.34 |
| 稀释每股收益（元/股） | 0.76 | 0.73 | 0.49 | 0.4 | 0.34 |
| 加权平均净资产收益率（%） | 13.67 | 20.40 | 18.46 | 12.73 | 12.61 |
| 年末资产总额（百万元） | 17 893.98 | 9 818.64 | 7 212.35 | 4 137.94 | 2 463.76 |
| 归属于上市公司股东的净资产（百万元） | 9 934.75 | 5 037.42 | 3 925.02 | 2 119.73 | 1 687.29 |

数据来源：华谊兄弟 2011—2015 年年报。

### （二）股利分配情况

从表 4－2、表 4－3 可看出，2011—2015 年华谊兄弟股利分配与分红情况。如图 4－1 所示，最近几年，现金分红金额（含税）占合并报表中归属于上市公司普通股股东的净利润的比率都比较平稳，基本在 13%～20% 范围波动。

表 4－2　2011—2015 年华谊兄弟股利分配情况　　单位：百万元

| 年　度 | 现金分红金额（含税） | 分红年度合并报表中归属于上市公司普通股股东的净利润 | 占合并报表中归属于上市公司普通股股东的净利润的比率 |
|---|---|---|---|
| 2015 | 139 | 976 | 14.26% |
| 2014 | 124 | 897 | 13.85% |
| 2013 | 121 | 590 | 20.50% |
| 2012 | 91 | 527 | 17.23% |
| 2011 | 91 | 203 | 44.71% |

数据来源：华谊兄弟 2011—2015 年年报。

表 4－3　2011—2015 年华谊兄弟分红情况

| 年　度 | 分红方案（每 10 股） | | |
|---|---|---|---|
| | 送股（股） | 转增（股） | 派息（含税）（元） |
| 2015 | 0 | 10 | 1 |
| 2014 | 0 | 0 | 1 |
| 2013 | 0 | 10 | 1 |
| 2012 | 0 | 0 | 1.5 |
| 2011 | 0 | 0 | 1.5 |

数据来源：华谊兄弟 2011—2015 年年报。

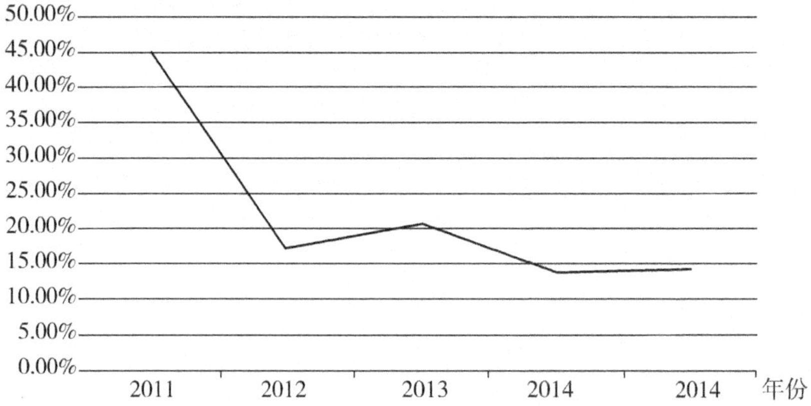


图 4-1　现金分红金额（含税）占合并报表中归属于上市公司普通股股东的净利润的比率

数据来源：华谊兄弟 2011—2015 年年报。

### （三）市盈率分析

市盈率是通过公司股票价格的市场表现，间接地评价公司盈利能力。华谊兄弟 2011—2015 年的市盈率具体变动如表 4-4 及图 4-2 所示。2015 年 12 月 31 日华谊兄弟的市盈率为 54.58 元，明显高于 2014 年同一时间的市盈率，这表明投资者对每股收益所愿支付的价格相对要高，2015 年投资者对华谊兄弟未来的盈利能力和发展前景看好。

表 4-4　2011—2015 年华谊兄弟市盈率

| 变动日期 | 市盈率（倍） | 变动日期 | 市盈率（倍） |
|---|---|---|---|
| 2015-12-31 | 54.5789 | 2012-12-31 | 35.6250 |
| 2014-12-31 | 36.1233 | 2011-12-31 | 46.5000 |
| 2013-12-31 | 50.5818 | | |

数据来源：凤凰网财经。

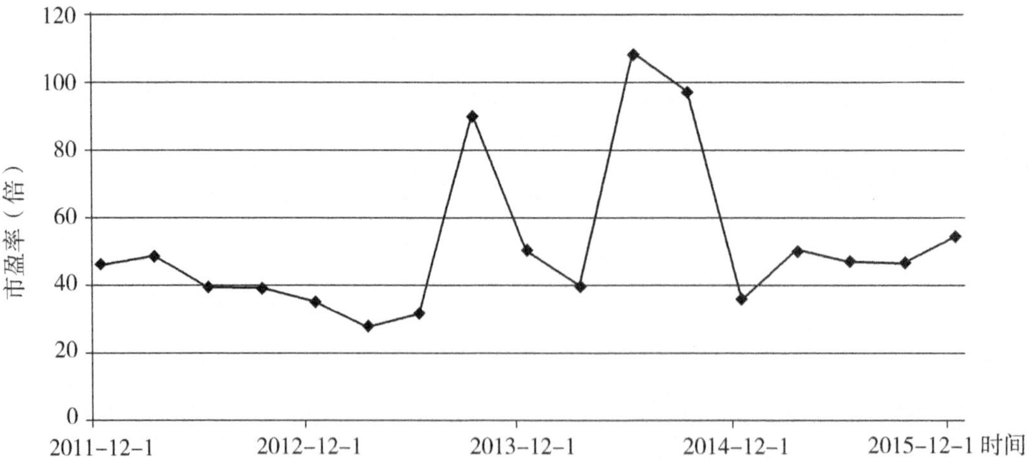


图 4-2　华谊兄弟市盈率变化情况

数据来源：凤凰网财经。

### （四）利润表分析

从表 4－5、图 4－3 可知，华谊兄弟 2011 年到 2015 年实现了较好的营业利润、利润总额和净利润。2012—2015 年营业收入同比上年增长依次约为 55.36%、45.27%、18.62%、62.14%。其中 2013 年是发展迅速的一年，较 2012 年营业利润增长约为 223.75%、利润总额增长约为 179.70%、净利润增长约为 179.65%。

**表 4－5　华谊兄弟 2011—2015 年利润表**　　单位：百万元

| 年　份 | 2015 | 2014 | 2013 | 2012 | 2011 |
|---|---|---|---|---|---|
| 一、营业收入 | 3873.57 | 2389.02 | 2013.96 | 1386.40 | 892.38 |
| 减：营业成本 | 1925.83 | 933.67 | 910.23 | 684.62 | 376.72 |
| 营业税金及附加 | 23.73 | 13.87 | 19.80 | 39.67 | 40.70 |
| 销售费用 | 585.76 | 329.83 | 382.67 | 281.05 | 153.51 |
| 管理费用 | 416.35 | 229.58 | 94.62 | 79.39 | 78.45 |
| 财务费用 | 142.36 | 98.83 | 73.47 | 61.13 | -8.01 |
| 资产减值损失 | 18.25 | 29.93 | 84.36 | 42.59 | 12.17 |
| 加：公允价值变动收益（损失以“－”号填列） | 0.00 | 0.00 | 0.00 | 0.00 | 0.00 |
| 投资收益（损失以“－”号填列） | 626.85 | 425.85 | 373.93 | 56.18 | 5.94 |
| 其中：对联营企业和合营企业的投资收益 | 13.76 | 32.76 | 26.17 | -0.66 | 6.12 |
| 二、营业利润（损失以“－”号填列） | 1388.14 | 1179.16 | 822.75 | 254.13 | 244.78 |
| 加：营业外收入 | 111.19 | 103.38 | 81.98 | 68.10 | 32.58 |
| 减：营业外支出 | 2.90 | 3.44 | 6.97 | 1.25 | 4.05 |
| 三、利润总额（损失以“－”号填列） | 1496.43 | 1279.10 | 897.77 | 320.98 | 273.31 |
| 减：所得税费用 | 278.19 | 244.73 | 224.62 | 80.28 | 67.89 |
| 四、净利润（损失以“－”号填列） | 1218.23 | 1034.37 | 673.15 | 240.71 | 205.42 |

数据来源：华谊兄弟 2011—2015 年年报。

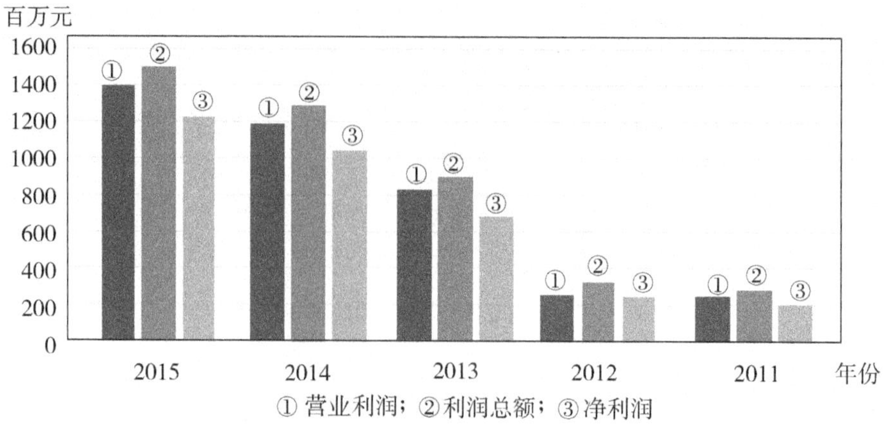


图 4－3　2011—2015 年营业利润、利润总额和净利润柱状图

数据来源：华谊兄弟 2011—2015 年年报。

## （五）利润质量分析

1. 营业收入与营业成本

由表 4－6、图 4－4 可得出华谊兄弟 2015 年主营业务收入较 2014 年增长 70.86%，其他业务收入有所减少，营业收入总体同比增长约 62.14%。2013 年和 2014 年其他业务成本增长较大。主营成本 2015 年增幅较大，较上年增长了约 107.31%。

表 4－6　2011—2015 年华谊兄弟营业收入与营业成本情况　　单位：百万元

| 年　份 | 2015 | 2014 | 2013 | 2012 | 2011 |
| --- | --- | --- | --- | --- | --- |
| 主营业务收入 | 3 725.33 | 2 180.32 | 1 988.35 | 1 383.70 | 889.49 |
| 其他业务收入 | 148.23 | 208.70 | 25.61 | 2.70 | 2.90 |
| 营业收入合计 | 3 873.57 | 2 389.02 | 2 013.96 | 1 386.40 | 892.38 |
| 主营业务成本 | 1 793.90 | 865.31 | 888.13 | 684.61 | 376.72 |
| 其他业务成本 | 131.94 | 68.37 | 22.10 | 0.00 | — |
| 营业成本合计 | 1 925.83 | 933.67 | 910.23 | 684.62 | 376.72 |

数据来源：华谊兄弟 2011—2015 年年报。

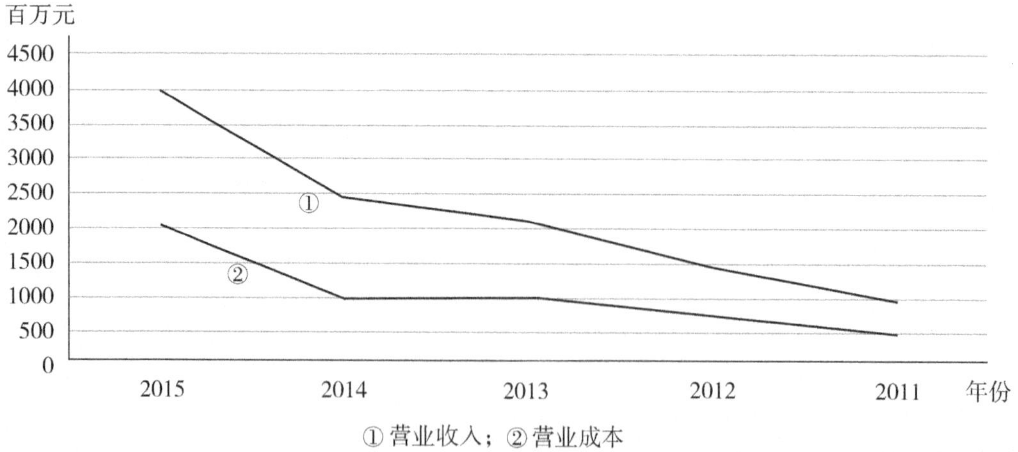


图 4－4　2011—2015 年营业收入与营业成本趋势图

数据来源：华谊兄弟 2011—2015 年年报。

2. 按业务分类营业收入情况

华谊兄弟按业务分类的营业收入情况见表4-7。

表4-7 2011—2015年华谊兄弟按业务分类的营业收入情况 单位：百万元

| 年　份 | 2015 | 2014 | 2013 | 2012 | 2011 |
|---|---|---|---|---|---|
| 影视娱乐 | 2 832.41 | 1 201.18 | 1 966.56 | 1 352.23 | 839.34 |
| 品牌授权及实景娱乐 | 55.57 | 233.97 | 47.31 | 43.07 | 38.00 |
| 互联网娱乐 | 861.01 | 778.11 | 0.00 | 10.30 | 26.80 |
| 合并抵消 | -23.65 | -32.94 | -25.52 | -21.89 | -14.65 |
| 主营业务收入 | 3 725.33 | 2 180.32 | 1 988.35 | 1 383.70 | 889.49 |
| 其他业务收入 | 148.23 | 208.70 | 25.61 | 2.70 | 2.90 |
| 营业业务收入 | 3 873.57 | 2 389.02 | 2 013.96 | 1 386.40 | 892.38 |

数据来源：华谊兄弟2011—2015年年报。

根据图4-5可得出，华谊兄弟主营业务中，影视娱乐即电影制作发行及其衍生业务、电视剧制作发行及其衍生业务、艺人经纪及相关服务等业务为主要的营业收入。其中2015年和2013年影视娱乐收入高达2832.41百万元及1966.56百万元。

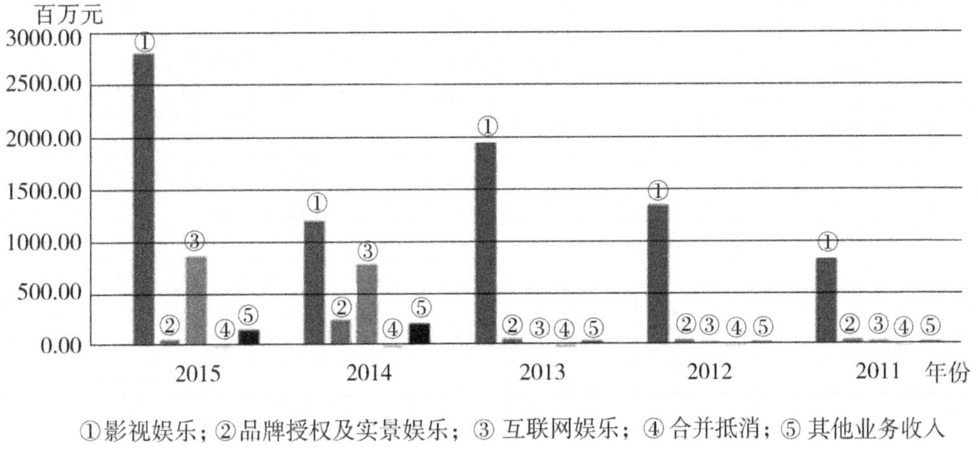


图4-5 营业收入按业务比较图

数据来源：华谊兄弟2011—2015年年报。

3. 主营业务按地区分类

华谊兄弟主营业务按地区分类情况见表4-8。

表4-8 2011—2015年华谊兄弟主营业务按地区分类情况 单位：百万元

| 年　份 | 2015 | 2014 | 2013 | 2012 | 2011 |
|---|---|---|---|---|---|
| 华东地区 | 1 013.33 | 692.80 | 605.87 | 259.14 | 199.91 |
| 华南地区 | 911.78 | 330.55 | 242.09 | 150.31 | 130.46 |
| 华北地区 | 751.35 | 715.73 | 517.87 | 525.41 | 287.72 |
| 华中地区 | 215.94 | 197.16 | 179.33 | 164.06 | 127.85 |

续表 4-8

| 年　份 | 2015 | 2014 | 2013 | 2012 | 2011 |
|---|---|---|---|---|---|
| 西北地区 | 50.33 | 50.65 | 127.14 | 1.90 | 3.33 |
| 西南地区 | 471.68 | 252.46 | 179.99 | 153.65 | 99.50 |
| 东北地区 | 117.71 | 96.56 | 100.66 | 52.74 | 26.06 |
| 境内小计 | 3 532.11 | 2 335.92 | 1 952.96 | 1 307.20 | 874.85 |
| 北美地区 | 91.60 | 7.30 | 0.37 | 9.73 | 4.33 |
| 亚太地区 | 86.27 | 10.24 | 26.51 | 57.89 | 19.25 |
| 南美地区 | 101.93 | 17.11 | 0.02 | 0.08 | 0.11 |
| 欧洲地区 | 11.63 | 1.09 | 2.00 | 6.95 | 5.60 |
| 港澳台地区 | 47.00 | 13.29 | 4.97 | — | — |
| 中东地区 | 0.20 | 0.08 | 0.01 | 0.24 | — |
| 全球航空 | 2.81 | 3.99 | 1.52 | 1.62 | — |
| 境外小计 | 341.45 | 53.11 | 35.40 | 76.51 | 29.29 |
| 合　计 | 3 873.57 | 2 389.02 | 1 988.35 | 1 383.70 | 904.14 |

数据来源：华谊兄弟 2011—2015 年年报。

由图 4-6～图 4-10 可得出，华谊兄弟主营业务分布地区较广，遍及整个中国及欧美及亚太等地区，其中主要分布在华北及华东地区，但 2015 年华北地区明显减少，华南地区有所增加。

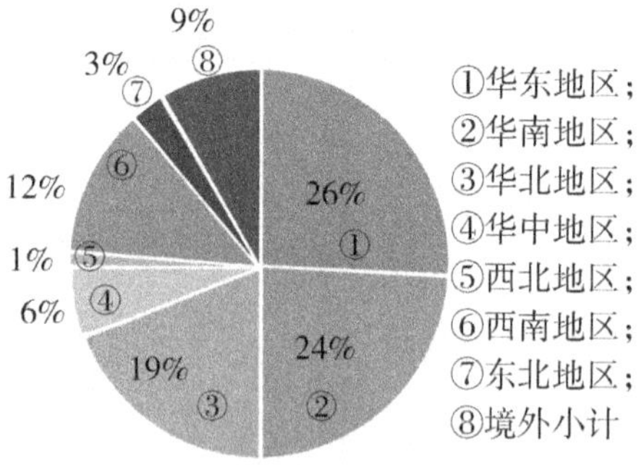


图 4-6　2015 年主营业务按地区分类情况

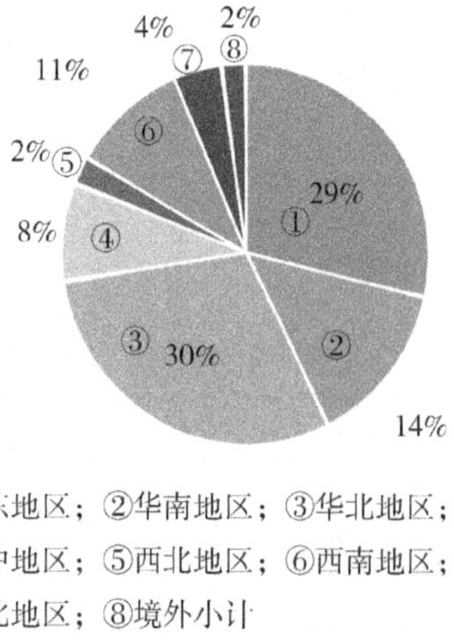


图 4-7　2014 年主营业务按地区分类情况

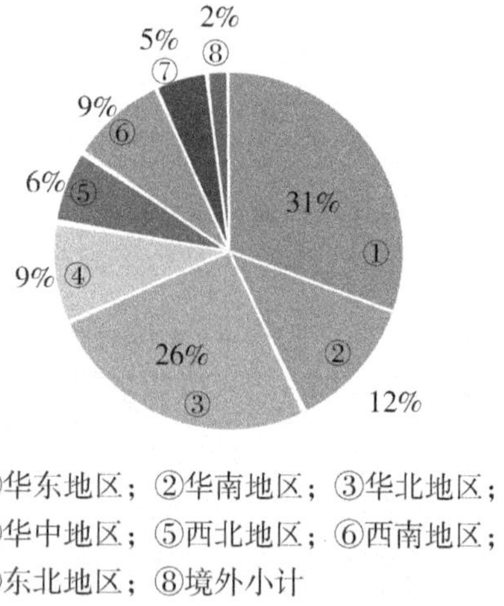


图 4-8　2013 年主营业务按地区分类情况

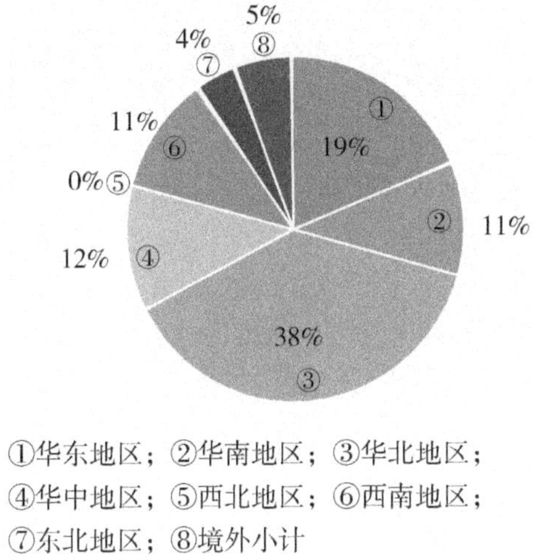


图 4-9　2012 年主营业务按地区分类情况

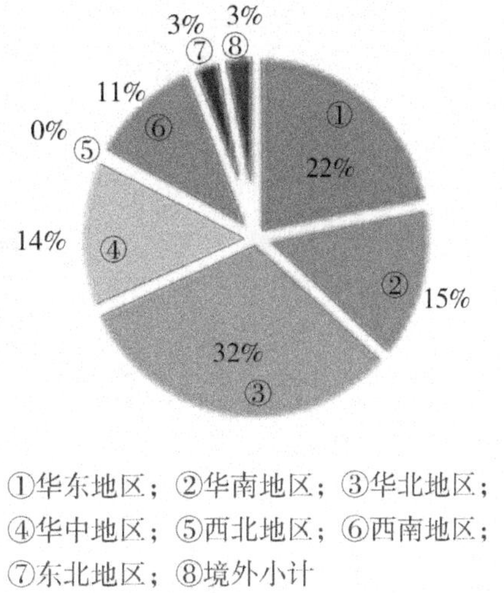


图 4-10　2011 年主营业务按地区分类情况

数据来源：华谊兄弟 2011—2015 年年报。

4. 营业成本及期间费用

华谊兄弟营业成本及期间费用情况见表 4-9。

表 4-9　2011—2015 年华谊兄弟营业成本及期间费用情况　　单位：百万元

| 年　份 | 2015 | 2014 | 2013 | 2012 | 2011 |
|---|---|---|---|---|---|
| 营业成本 | 1925.83 | 933.67 | 910.23 | 684.62 | 376.72 |
| 营业税金及附加 | 23.73 | 13.87 | 19.80 | 39.67 | 40.70 |
| 销售费用 | 585.76 | 329.83 | 382.67 | 281.05 | 153.51 |
| 管理费用 | 416.35 | 229.58 | 94.62 | 79.39 | 78.45 |
| 财务费用 | 142.36 | 98.83 | 73.47 | 61.13 | -8.01 |
| 资产减值损失 | 18.25 | 29.93 | 84.36 | 42.59 | 12.17 |

数据来源：华谊兄弟 2011—2015 年年报。

根据图 4-11 得出，华谊兄弟每年的销售费用和管理费用有明显差别，2015 年这两项费用增幅较大。2013 年有比较多的电影及电视剧推出，销售费用明显增多。

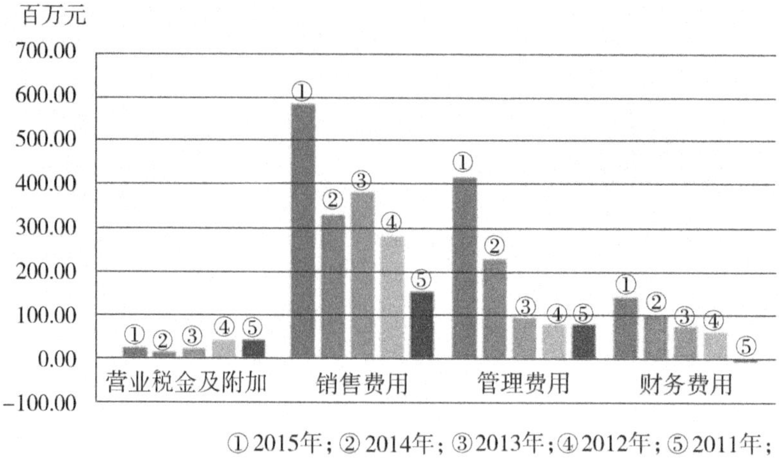


图4-11　2011—2015年各项费用所占情况

数据来源：华谊兄弟2011—2015年年报。

## （六）盈利能力分析

由表4-10可以看出，销售产品毛利率5年内波动较大，销售利润率和销售净利率2014年较高，分别达49.36%、43.3%，说明华谊兄弟2014年的产品服务产生的能力强，成本费用控制得较好。同时，2014年的总资产报酬率也是最高的，说明企业利用资金为股东创造收益的能力强。

表4-10　2011—2015年华谊兄弟盈利能力分析

| 年　份 | 2015 | 2014 | 2013 | 2012 | 2011 |
|---|---|---|---|---|---|
| 销售毛利率（%） | 50.28 | 60.92 | 54.80 | 50.62 | 57.78 |
| 销售利润率（%） | 35.84 | 49.36 | 40.85 | 18.33 | 27.43 |
| 销售净利率（%） | 31.45 | 43.30 | 33.42 | 17.36 | 23.02 |
| 总资产报酬率（%） | 8.79 | 12.15 | 11.86 | 7.29 | 9.16 |
| 股东权益报酬率（%） | 14.85 | 21.46 | 22.13 | 12.56 | 12.53 |
| 每股收益（元/股） | 0.76 | 0.73 | 0.55 | 0.2 | 0.34 |
| 市盈率（倍） | 54.58 | 36.12 | 50.58 | 35.63 | 46.50 |

数据来源：华谊兄弟2011—2015年年报。

## （七）杜邦分析

杜邦分析见图 4－12～图 4－16。

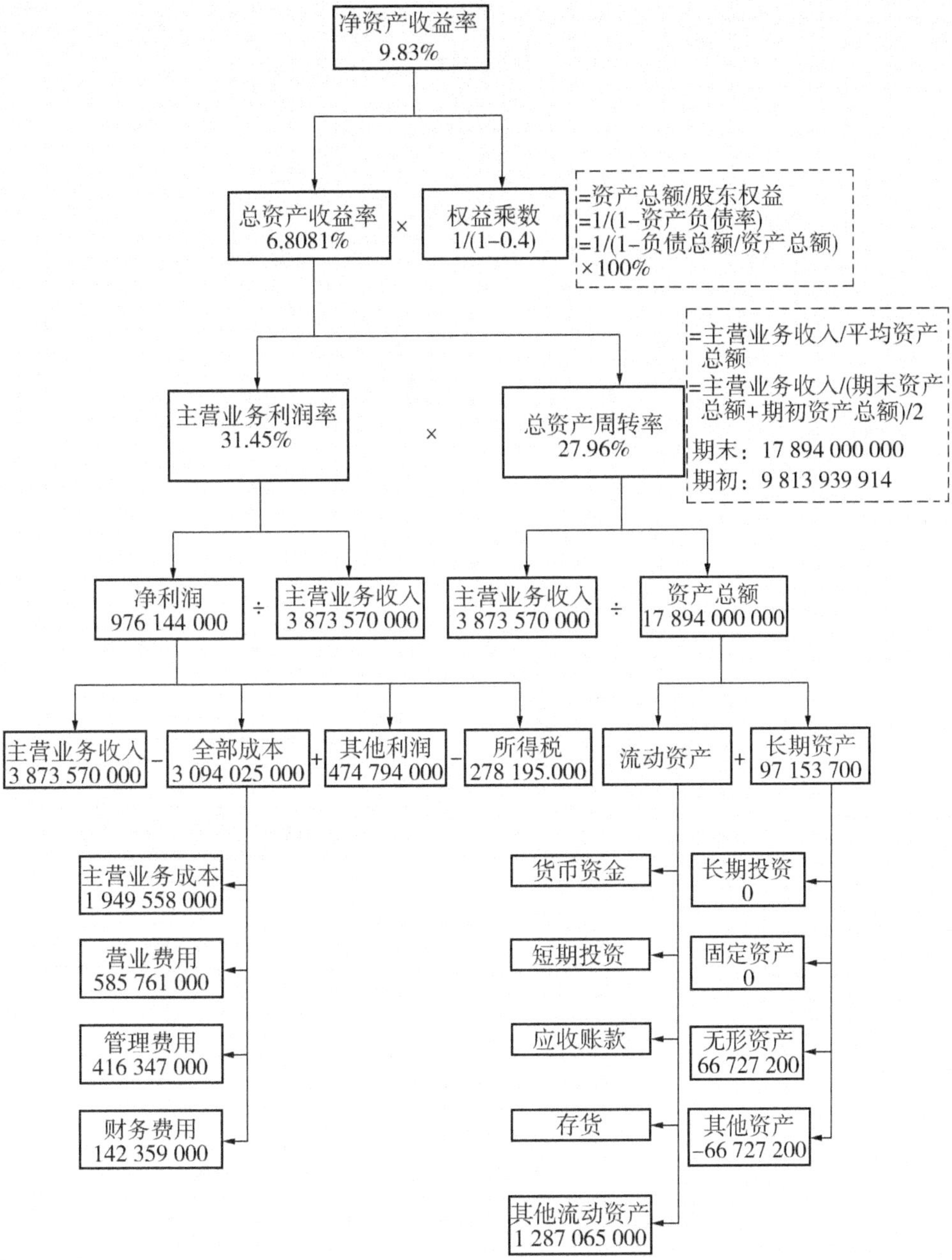


图 4－12　2015 年杜邦分析（单位：元）

数据来源：新浪财经。

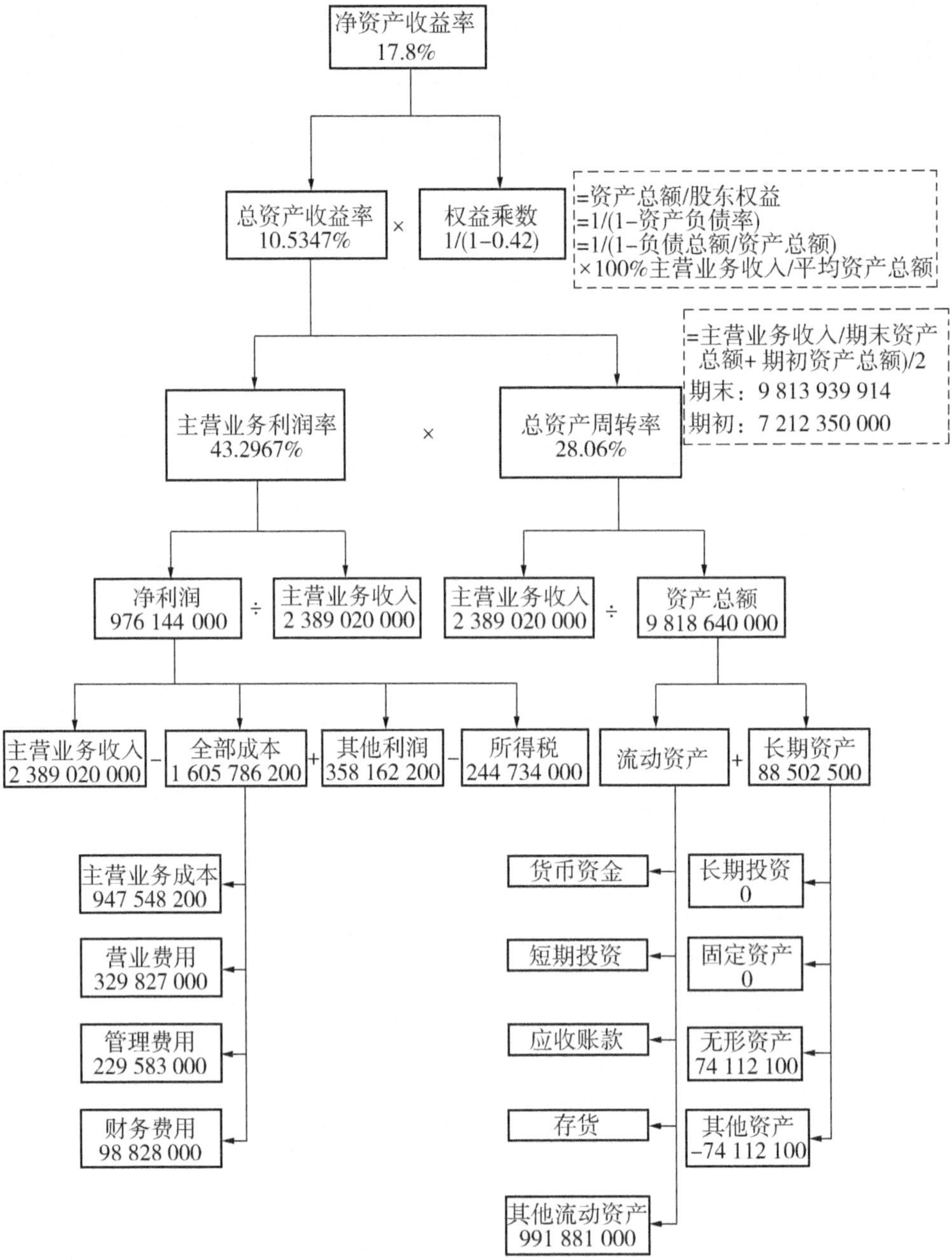


图 4－13　2014 年杜邦分析（单位：元）

数据来源：新浪财经。

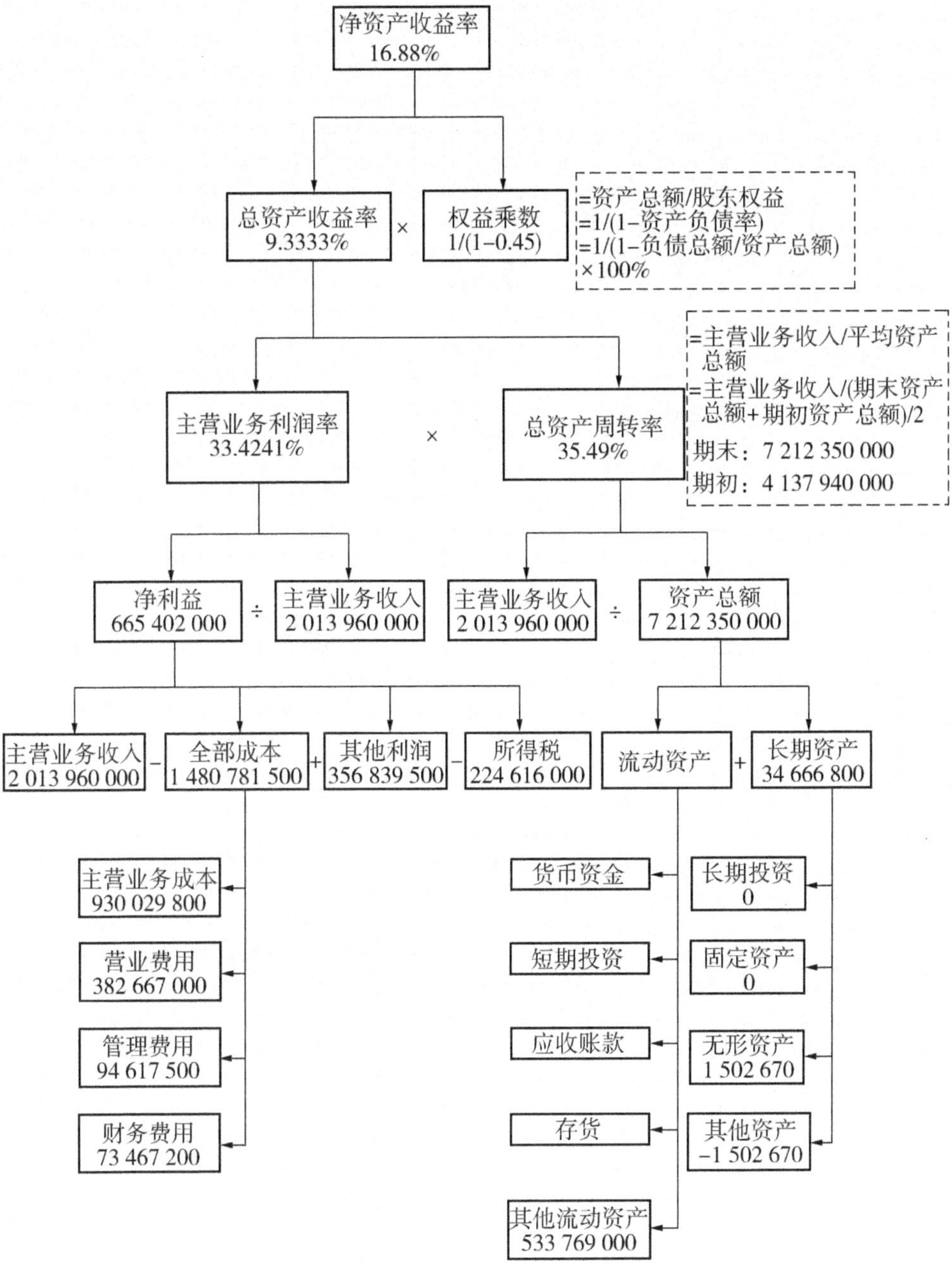


图 4－14　2013 年杜邦分析（单位：元）

数据来源：新浪财经。

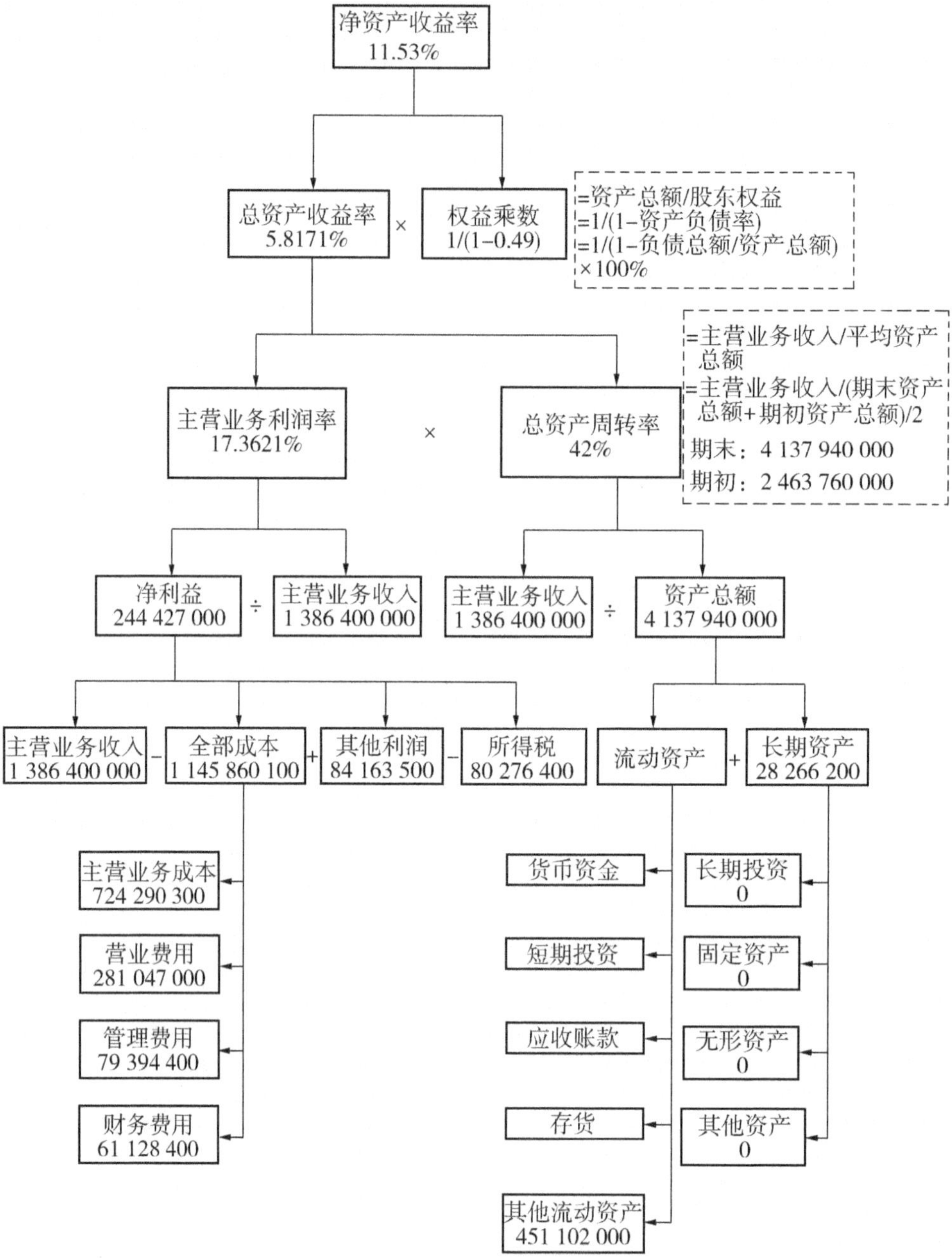


图 4－15　2012 年杜邦分析（单位：元）

数据来源：新浪财经。

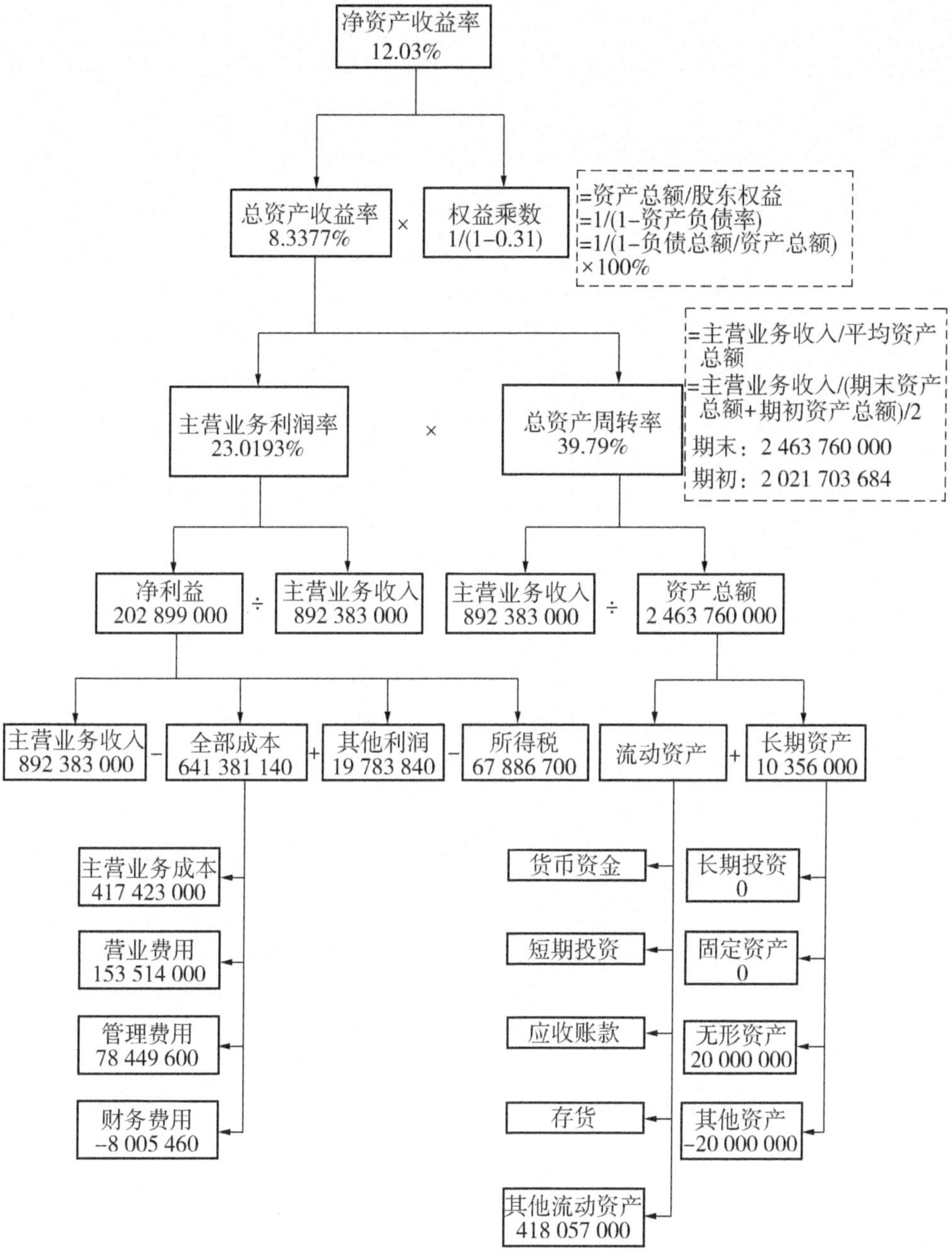


图 4－16　2011 年杜邦分析（单位：元）

数据来源：新浪财经。

净资产收益率就是净利润与净资产之比，其实质意义是衡量股东的投入产出比。净资产收益率越高，代表盈利能力越强，相同的股东投入资本，创造的净利润更多。由图 4－17 可看出，2015 年华谊兄弟的净资产收益率比前几年降低了 8%，从财务指标来看，权益乘数没有太大变化，主要是由于 2015 年的总资产收益率比前几年低。

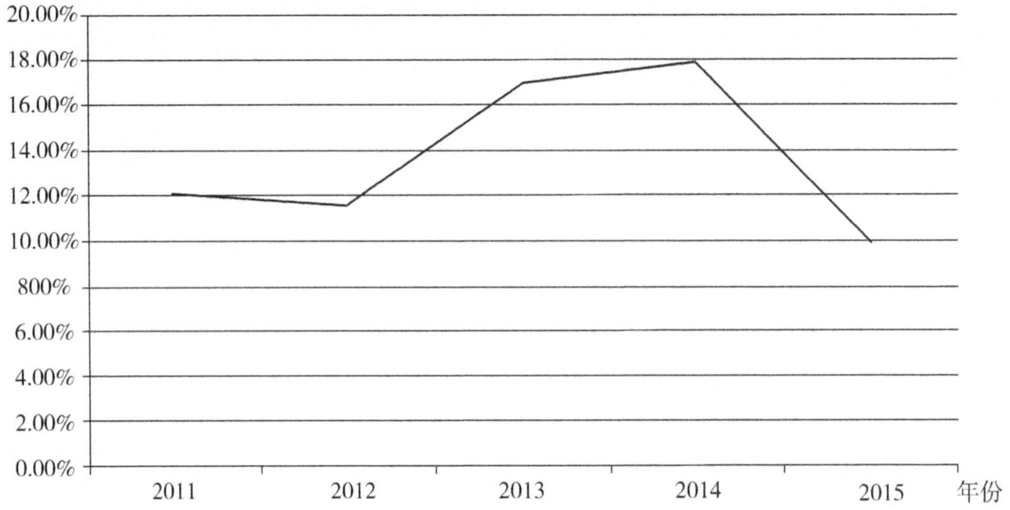


图 4－17　华谊兄弟 2011—2015 年净资产收益率

数据来源：新浪财经。

## （八）经营活动产生的现金流量

从表 4－11 中可以看出，2015 年华谊兄弟经营活动产生的现金流入同比增长 79.66%，其中“销售商品、提供劳务收到的现金”同比上升了 85.69%。同样两项数据，2013 年为 82.80% 及 84.91%。2014 年“收到其他与经营活动有关的现金”同比上升了 63.38%。可以看出，公司销售商品、提供劳务收到现金的能力有所增强，收到其他与经营活动有关的现金能力明显提升。同时“购买商品、接受劳务支付的现金”2012 年、2013 年均下降，而 2014 年增幅达 74.11%，2015 年支付职工和 2014 年支付税费的支出明显增多。

表 4－11　2011—2015 年华谊兄弟经营活动产生的现金流量情况　　单位：百万元

| 年　份 | 2015 | 2014 | 2013 | 2012 | 2011 |
|---|---|---|---|---|---|
| 销售商品、提供劳务收到的现金 | 4113.01 | 2215.04 | 1827.48 | 988.32 | 999.78 |
| 收到的税费返还 | 0.00 | 0.00 | 0.00 | 0.13 | 0.25 |
| 收到其他与经营活动有关的现金 | 232.02 | 203.46 | 124.53 | 79.37 | 65.51 |
| 经营活动现金流入小计 | 4345.03 | 2418.50 | 1952.02 | 1067.82 | 1065.54 |
| 购买商品、接受劳务支付的现金 | 2087.26 | 1402.26 | 805.38 | 854.17 | 948.12 |
| 支付职工工资以及为职工支付的现金 | 364.33 | 200.24 | 125.06 | 107.12 | 82.42 |
| 支付的各项税费 | 598.42 | 369.26 | 145.01 | 121.19 | 86.61 |
| 支付的其他与经营活动相关的现金 | 768.06 | 467.77 | 365.28 | 234.31 | 179.65 |
| 经营活动现金流出小计 | 3818.07 | 2439.53 | 1440.73 | 1316.79 | 1296.80 |
| 经营活动产生的现金流量净额 | 526.96 | －21.03 | 511.29 | －248.96 | －231.26 |

数据来源：华谊兄弟 2011—2015 年年报。

## 四、讨论题目

（1）如何进行盈利能力分析和杜邦分析？
（2）如何理解华谊兄弟的盈利模式？
（3）如何进行盈利质量分析？
（4）如何利用财务分析判断华谊兄弟是否值得投资？
（5）这次财务分析能带给我们什么启示？

# [案例说明书]

## 一、本案例要解决的关键问题

本案例旨在学生通过对文化传媒行业华谊兄弟传媒股份有限公司 2011 年至 2015 年的财务数据进行盈利能力分析和杜邦分析，使学生了解华谊兄弟的营业收入和营业成本的组成，了解华谊兄弟的盈利模式，让学员们加深对盈利能力分析以及盈利质量分析的理解。

## 二、案例讨论的准备工作

为了有效实现本案例目标，学员应该具备下列相关知识背景。

近年来，文化传媒行业一直受到国家政策的有力扶持。根据广电总局公布的数据，2015 年全国电影总票房额为 440.69 亿元，同比增长 48.7%。国产影片票房额 271.36 亿元，占总票房额的 61.58%。电视剧方面，近年来我国电视剧每年都有 300～400 部通过审核得以发行，2015 年获准发行的电视剧有 394 部，共 16549 集。现在追电视剧、看电影已经成为人们生活中必不可少的精神需求。

文化传媒行业作为文化产品制作、发行的行业，其经营有许多与其他行业不同的特点，主要体现在三个方面：一是文化传媒行业的产品特殊，文化传媒行业生产的是精神文化层面的产品，在内容上需得到广电总局等有关部门的批准；在制作影视作品时很难猜测市场反应，存在较高的经营风险。二是文化传媒行业和其他行业的盈利模式不同，一般企业通过销售产品给消费者获得利润，而文化传媒业收入的绝大部分来源于广告商等第三方。三是文化传媒行业的资金周转期较长，一部电视剧或电影需要几个月甚至几年的时间才能制作完成，然后要等到上映结束才能获得收益。这些特点决定了文化传媒行业具有特殊的盈利模式，值得探讨和研究。本案例选取华谊兄弟，对其盈利模式进行分析，希望能对其他文化传媒行业的发展提供帮助。

## 三、教学组织计划

1. 问题清单及提问顺序、资料发放顺序

本案例讨论题目依次为：

（1）如何进行盈利能力分析和杜邦分析？

（2）如何理解华谊兄弟的盈利模式？

（3）如何进行盈利质量分析？

（4）如何利用财务分析判断华谊兄弟是否值得投资？

（5）从这次财务分析我们能得到什么启示？

本案例的参考资料及其索引，在讲授有关知识点之后一次性给予学员。

2. 课时分配

（1）根据思考题阅读相关教材和参考书并搜集相关资料，课后自行阅读资料：约 3 小时；

（2）小组讨论并提交分析报告提纲：约 1 小时；

（3）课堂小组代表发言、进一步讨论：约 1 小时；

（4）课堂讨论总结：约 0.5 小时。

3. 讨论方式

本案例可以采用小组式进行讨论。

4. 课堂讨论总结

课堂讨论总结的关键是：归纳发言者的主要观点；重申其重点及亮点；提醒大家对焦点问题或有争议观点做进一步思考；建议大家对案例素材进行扩展研究和深入分析。

# 案例 5

# 政府补助“补”出了什么：以聚灿光电为例*

* 1. 本案例由广东工业大学管理学院的许金花、李绮夏、曹晗抒、郭菡墨、陈忆平、黄江峡、陶璐雅等共同撰写，作者拥有著作权中的署名权、修改权、改编权。

2. 将本案例授权予广东工业大学产教融合 MPAcc 教学智库实验平台使用，广东工业大学产教融合 MPAcc 教学智库实验平台享有复制权、修改权、发表权、发行权、信息网络传播权、改编权、汇编权和翻译权。

3. 由于企业保密的要求，在本案例中对有关名称、数据等做了必要的掩饰性处理。

4. 本案例只供课堂讨论之用，并无意暗示或说明某种管理行为是否有效。

## [案例封面]

**专业领域：**财务会计
**适用课程：**《财务会计理论与实务》
**选用课程：**《财务报表分析》
**编写目的：**本案例旨在引导学员进一步理解政府补助的相关知识，了解政府补助在科技研发行业中的存在形式和作用。一方面，学员可以掌握政府补助的账务处理，并从报表中挖掘相关数据；另一方面，学员可以思考政府补助的作用体现在哪里，分析企业的实际应用情况。
**知 识 点：**政府补助会计处理
**关 键 词：**政府补助；利润；财务状况；业绩影响
**中文摘要：**在命运多舛的LED行业中，政府补助对LED生产企业的生存发展起着至关重要的作用。本案例介绍了与政府补助相关的会计处理，梳理了聚灿光电在政府补助方面的历史进程，结合聚灿光电经营财务情况，对聚灿光电接受政府补助后所起到的实质性作用进行分析探讨，进而得出结论——政府补助只能提供适时与短暂的帮助，企业持续永久性发展要靠自身的战略规划及自主创新获得。

# [案例正文]

2017 年 10 月 16 日上午九点，聚灿光电新股发行上市仪式在深圳证券交易所上市大厅举行，宣告聚灿光电正式在深交所上市，成为江苏省苏州市聚灿光电发展史上重要的里程碑。在所有人员欢庆的同时，公司董事长潘先生心里却有一丝忧愁，因为他知道，资本市场可以带来融资，政府补助可以带来鼓励，但公司未来的真正盈利，需靠内生的竞争力来取得。

## 一、案例背景

### （一）理论背景

在中国，政府对于上市公司的财政补贴属于财政支出的一个部分。财政支出涉及社会的方方面面，对经济的发展有很大影响。政府的财政补贴本质上是一种无偿的财富转移，属于转移支付范畴，会带来收入效应和替代效应。当政府的公共财富转移到企业当中，会导致利益在企业间的再分配。通过研究中国的股市可以发现，股票上市公司的政府补贴已成为一种普遍的现象，特别是近几年，政府的这种补贴在金额上和覆盖面上都呈递增之势。一些机构统计数据显示，2010 年，政府补贴总额为 400 亿元；2011 年，政府补贴总额为 470 亿元；2012 年，政府补贴总额达到 564 亿元；2013 年，这一数字迅猛增加至 792. 8 亿元；2014 年，数据更是惊人，达到 1391. 7 亿元；虽然社会公众批评声不断，但是 2015 年政府补贴还是达到历史最高值 1743. 4 亿元。政府补贴已经对我国的经济社会发展和资本市场的上市公司产生了深远的影响。

根据 2016 年上市公司年报统计，A 股 3222 家上市企业中，有 2893 家企业 2016 年获得政府补贴，占比约九成，共计 1655. 65 亿元，较 2015 年整体下降 5%。从行业层面来看，以证监会行业分类为标准，属于制造业的上市公司 2016 年获得政府补助 896. 33 亿元，占据了半壁江山。数据显示，2017 年上半年，在 3300 多家 A 股上市公司当中，有 3057 家上市公司获得了政府补贴，补贴金额共计 469. 52 亿元，相比 2016 年同期减少 3. 24%。部分专家分析认为，在经过前一段时间密集的微调之后，已经形成了一个比较良好的向上发展的态势。部分龙头企业或者行业的骨干企业，在得到前期的一些政府补贴支持之后，在一定程度上完成了自身技术升级或者产品升级的迭代过程，对于政府的补贴需求也会有所下降。这说明我国的骨干企业或者说行业龙头也取得了一定的实质性的触底反弹成果。所以，政府补贴总体规模呈现出稳中有降的趋势。

财政部于 2017 年 5 月下发了《企业会计准则第 16 号——政府补助（修订）》，对过去的政府补助准则进行了修订，对政府补助的特征作了更详细的表述，将政府补助与收入进行了明确区分，新增净额法作为会计处理方法的选择，设“其他收益”项目，在利润表中的“营业利润”项目之上单独列报。此次修订弥补了以前会计准则中有关政府补助会计处理的不足，使其更加规范化和合理化，可在一定程度上限制企业利用补贴收入来进行盈余操作。政府补助的形式如图 5 – 1 所示。

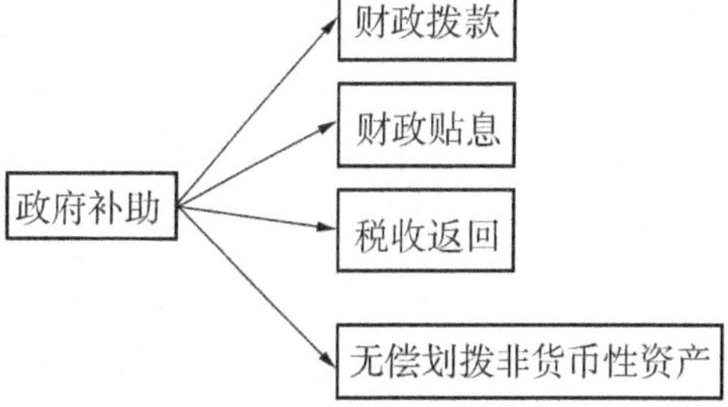


图 5 – 1　政府补助的形式

## （二）行业背景

1. 行业现状

LED 行业是绿色、朝阳产业，符合国家的产业发展方向，是我国鼓励发展的高新技术行业。自 2003 年“国家半导体照明工程”启动以来，LED 产业在我国受到高度重视，中央及地方政府先后出台多个文件，从节能、环保、拉动内需、促进技术进步等各个角度鼓励发展 LED 产业。而 LED 外延芯片行业系半导体光电行业的子行业，属于国家重点鼓励、扶持的战略性新兴行业。近十年来，我国 LED 外延芯片环节的发展与 LED 产业基本保持了同步增长趋势。但因我国 LED 外延芯片环节起步相对于封装、应用等较晚，其增长率略高于 LED 产业整体增长幅度。根据国家半导体照明工程研发及产业联盟的统计，2006 年到 2016 年期间，LED 外延芯片环节产值从 10 亿元增长至 182 亿元，年复合增长率达 33.66%。

2009 年以后我国各地政府对 LED 产业的扶持，重要政策之一即是对 LED 芯片制造企业采购 MOCVD 进行高额补贴，引致国内资本纷纷涌入 LED 芯片行业，外延片和芯片设备投资增幅明显高于中下游封装和应用领域，在 2015 年行业发展增速出现大幅调整时，外延芯片环节产能相对过剩的效果被放大，导致产品价格下降较快。

由于近几年国内大部分地方政府均不再对企业购买 MOCVD 进行补贴，在 2015 年 LED 芯片价格大幅下跌后，国内芯片企业购置 MOCVD 的预期大大降低，2016 年，我国国内基本没有新增 MOCVD 设备。2016 年，我国 LED 外延芯片环节发展逐步回暖，产能增长率达到 20.53%，已基本回升至行业平均发展增速。近年，由于我国政府政策支持及企业研发资金密集投入，并伴随我国台湾地区和韩国大量 LED 产业技术专家和团队加入本土企业，国内 LED 外延芯片企业的平均技术水平有了长足发展，已经达到国际先进水平。*

根据 LEDinside 统计，生产 LED 芯片的 MOCVD 设备，2017 年全球新增安装数量达 401 台，是 2011 年以来扩充产能的高峰。估计当这些新的产能陆续到位之后，2017 年中国大陆 MOCVD 产能占全球比重将高达 54%。2017 年全球区域 LED 芯片产能占比如图5－2 所示。

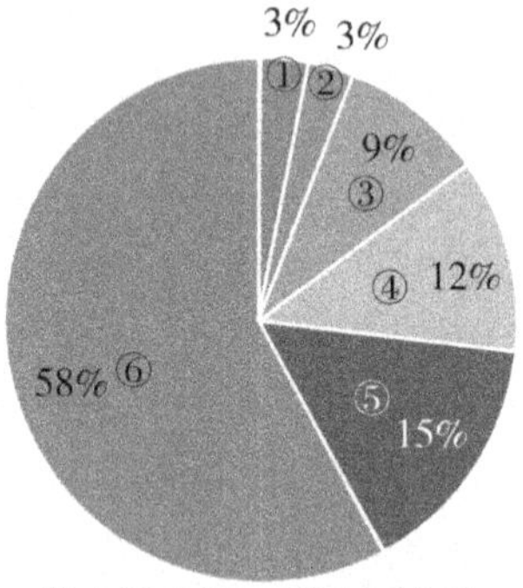


图 5－2　2017 年全球区域 LED 芯片产能占比

资料来源：LEDinside 2017. 11。

这难免让人联想起 2009 年的 LED 芯片行业高烧。当时投资狂热，直接诱导此后 2010—2012 年全中国有近 80 个 LED 芯片项目纷纷上马，并形成了 LED 芯片业高度分散、盈利能力差的行业格局。经过此后

* 来源：《聚灿光电招股说明书》。

多年的数轮行业洗牌，LED 芯片行业才终于迎来这一轮的行业景气。历史会不会重演？未来的 2 年，中国 LED 芯片行业会不会再一次陷入供给过剩，杀价竞争的泥淖？

2. 政府对 LED 行业补助分析

通过政府补助来扶持或保护本国相关产业，是国际上普通的通行做法。我国 LED 产业起步较晚，但自 2003 年兴起至今，短短十几年时间便已发展成为全球最重要的 LED 研发生产基地。LED 作为一项高新科技产业，不但有着复杂的技术问题，还有生产制造工艺的问题。过去 LED 生产设备大多依赖进口，且价格昂贵，这给发展初期的 LED 企业带来了巨大的负担。而我国各级政府通过对 LED 企业的大力扶持，让我国 LED 产业得以迅速发展起来。政府对 LED 企业的扶持力度之大、范围之广、时间之长，往往超乎一般人的想象，有些企业更是成了“补助大户”。全球第二大 LED 设备巨头 Veeco 首席执行官 PeELer 说，中国 LED 产业规模增长主要受惠于政策，而政府“补贴”可谓是“一副猛药”。的确，各地政府对 LED 企业的各项补贴都慷慨大方，有的甚至达到惊人的程度，动辄几十亿、几百亿元。政府的慷慨首先表现在对 LED 上游芯片产业的补贴上。从 2010 年开始，各省市为响应国家 LED 发展政策，先后开始为企业购置 MOCVD 设备提供补助。按照机型种类及所在地区不同，企业每购置一台 MOCVD 设备，可得到人民币 800 万～1200 万元的补助，有的补助甚至超过了设备价格的 50%。

从市场竞争的角度看，我国 LED 企业得益于政府的巨额补助，在国际上的优势也就十分明显了。而为了增强我国企业的竞争力，为了鼓励更多的企业走出去，我国实行的出口退税政策，其实也可以看作是另类的补助手段。

补贴对企业成本结构的改变也是非常明显的，新的机台单腔 31 吋 ×4 吋每炉生产效率更高，材料耗用更少，折合到 2 吋片的平均可变成本相比 K465i 可以降低约 30%，而唯一的劣势是需要较高金额的初始资本支出，也就意味着更高的折旧额，需要更长的时间来累积产量摊销折旧，以降低平均成本。补贴的作用在于可以让这个过程大为缩短，短期内可以做到平均成本低于折旧摊销结束的旧设备，大为降低新购设备的固定资产投入风险。因此芯片厂商有强大的动机获得补贴购买新机台来增加成本竞争力，新的芯片项目投资几乎都有政府补贴作依托。相应的新机台的效率优势也提供了后发厂商弯道超车的机会，兆驰公司便是在江西政府补贴承诺的背景下，凭借直接采购新机台，没有历史成本负担的优势，切入到 LED 芯片产业。

政府似乎应该“辨证施治，温和调补”，才能对 LED 产业有效施救。国家补贴政策应该调整，补贴不应局限于 LED 产业的中上游，也应该考虑下游的应用厂家，政策制定应考虑延伸至最终消费者，创造有序繁荣的 LED 市场，这样才能刺激产业真正成长起来。LED 行业上市公司政府补助接受情况如表 5－1 所示。

表5－1　LED行业上市公司政府补助接受情况　　单位：万元

| 公司名称 | 项　目 | 2017年1—6月 | 2016年 | 2015年 | 2014年 |
|---|---|---|---|---|---|
| 三安光电 | 计入当期损益的政府补助（万元） | 27 037.11 | 50 190.10 | 59 408.60 | 50 487.14 |
| | 利润总额（万元） | 188 319.44 | 261 674.03 | 210 049.68 | 182 857.18 |
| | 计入当期损益的政府补助占利润总额的比例（%） | 14.36 | 19.18 | 28.28 | 27.61 |
| 华灿光电 | 计入当期损益的政府补助（万元） | 12 333.85 | 26 296.10 | 10 796.74 | 9 237.01 |
| | 利润总额（万元） | 26 336.24 | 30 986.47 | －9 177.41 | 10 706.96 |
| | 计入当期损益的政府补助占利润总额的比例（%） | 46.83 | 84.86 | －117.64 | 86.27 |
| 乾照光电 | 计入当期损益的政府补助（万元） | 2 246.99 | 3 876.53 | 1 485.40 | 1 568.38 |
| | 利润总额（万元） | 12 094.74 | 5 473.16 | －10 816.96 | 6 667.42 |
| | 计入当期损益的政府补助占利润总额的比例（%） | 18.58 | 70.83 | －13.73 | 23.52 |
| 聚灿光电 | 计入当期损益的政府补助（万元） | 1 077.18 | 3 320.45 | 2 678.37 | 2 533.80 |
| | 利润总额（万元） | 6 475.41 | 6 945.85 | 2 716.26 | 6 503.10 |
| | 计入当期损益的政府补助占利润总额的比例（%） | 16.63 | 47.80 | 98.60 | 38.96 |

### （三）公司简介

聚灿光电科技股份有限公司（以下简称“聚灿光电”）成立于2010年，2014年整体改制成股份有限公司。其主营业务为LED外延片及芯片的研发、生产和销售，并围绕LED照明应用提供合同能源管理服务，公司的主要产品是GaN基高亮度蓝光LED芯片及外延片。公司产品位于LED产业链上游，技术门槛和附加值均较高。2014—2016年，公司连续三年被高工LED产业研究所评为“中国LED芯片前10强”之一，发展成为国内领先的LED芯片供应商之一，也相继被认定为“高新技术企业”“江苏省企业技术中心”“江苏省重大科技成果转化专项项目承担单位”“江苏省科技型中小企业”“苏州市科技创新先锋企业”。2017年9月6日，证监会创业板发审委审核其IPO申请，聚灿光电科技股份有限公司首发获通过。

在研发方面，公司通过自主研发，集成创新，实现重大突破，逐渐掌握了“高取光效率图形化衬底技术”“高发光效率外延技术”“高取光效率电流、分布均匀的芯片工艺技术”“高发光效率高散热的高压、倒装、垂直结构芯片”“紫外LED的技术”等高亮度蓝光LED外延芯片核心技术，并达到行业先进水平，具有自主知识产权。截至招股说明书披露日，公司已获得71项专利授权，其中发明专利15项、实用新型专利56项，另有58项专利申请处于审核状态。

近年来，凭借技术、管理、产品、品牌和客户资源等综合竞争优势，聚灿光电营业收入保持稳定增长，2014年至2016年实现了25.73%的年复合增长率。

## 二、案例概述

### （一）公司政府补助用途

根据《企业会计准则第16号——政府补助》，政府补助分为与资产相关的政府补助和与收益相关的政府补助。与资产相关的政府补助，是指企业取得的、用于购建或以其他方式形成长期资产的政府补助。与收益相关的政府补助，是指除与资产相关的政府补助之外的政府补助。聚灿光电具体的政府补助情况如表5-2所示。

表5-2　聚灿光电获政府补助具体情况　　单位：万元

| 补助项目 | 2017年1—6月 | 2016年 | 2015年 | 2014年 | 与资产/收益相关 |
|---|---|---|---|---|---|
| MOCVD补贴 | 945.75 | 1 864.48 | 1 775.85 | 1 270.00 | 与资产相关 |
| 苏州市级工业经济升级版专项资金 | | 125.00 | | | 与收益相关 |
| 技术研发补贴 | | 86.60 | 150.00 | | 与收益相关 |
| 科技金额专项、科技贷款利息（含担保费）补贴 | | 16.30 | | | 与收益相关 |
| 苏州科技局科技进步奖 | | 3.00 | | | 与收益相关 |
| 上市奖励款 | | | 300.00 | | 与收益相关 |
| 省级科技创新与成果转化专项引导资金——研发补助 | | | 100.00 | | 与收益相关 |
| 省级科技创新与成果转化专项引导资金——设备补助 | 25.48 | 50.95 | 91.45 | 50.20 | 与资产相关 |
| 企业技术创新能力综合提升奖励 | | | 85.00 | | 与收益相关 |
| 自主品牌专项资金补贴 | 105.95 | | 82.76 | | 与收益相关 |

续表5－2

| 补 助 项 目 | 2017年1—6月 | 2016年 | 2015年 | 2014年 | 与资产/收益相关 |
| --- | --- | --- | --- | --- | --- |
| 进口补贴 | | | 76.53 | | 与收益相关 |
| 企业扶持进口贴息 | | | 7.28 | | 与收益相关 |
| 国家进口设备贴息资金 | 479.88 | | | 787.25 | 与收益相关 |
| 科技成果转化省拨款——贴息 | | | | 400.00 | 与收益相关 |
| 江苏省发改委工业及信息化转型升级 | 420.00 | | | 15.00 | 与收益相关 |
| 国内专利补助 | 6.60 | | | 4.50 | 与收益相关 |
| 高新技术产品补助 | | | 2.00 | | 与收益相关 |
| 第三批科技发展资金 | | | | 4.10 | 与收益相关 |
| 苏州市2016年度第二批科技发展计划补贴 | | 51.00 | | | 与收益相关 |
| 苏州工业园区科技发展资金 | | 50.00 | | | 与收益相关 |
| 苏州工业园区节能与发展循环经济扶持项目专项资金 | | 32.00 | | | 与收益相关 |
| 苏州市2016年度第十九批科技发展计划政策性资助项目补助经费 | | 20.00 | | | 与收益相关 |
| 苏州市2016年度第12批科技发展计划科技保险费补贴 | | 26.00 | | | 与收益相关 |
| 苏州市2016年度第十七批科技发展计划（科技金融专项科技贷款贴息） | | 30.00 | | | 与收益相关 |
| 苏州市2016年度第六批科技发展计划（科技设施）项目经费 | | 30.00 | | | 与收益相关 |
| 苏州工业园区专利第一批补贴 | | 5.40 | | | 与收益相关 |
| 专利授权资助 | | 3.20 | | | 与收益相关 |
| 稳岗补贴 | | 8.81 | | | 与收益相关 |
| 江苏省科学技术奖励经费 | | 2.00 | | | 与收益相关 |
| 商务发展资金 | | 1.87 | | | 与收益相关 |
| 知识产权专利补贴 | | 1.50 | | | 与收益相关 |
| 其他 | | 12.46 | 0.90 | 2.75 | 与收益相关 |
| 合计 | 1 077.18 | 3 320.45 | 2 678.37 | 2 533.80 | |

由表 5 - 2 可以看出，聚灿光电收到了各种形式的政府补助：财政拨款、财政贴息等。而在补助中占比最大的为与资产相关的补助。根据披露，公司的政府补助主要系苏州工业园区科技发展局、苏州工业园区财政局为支持公司 LED 外延、芯片的研发及产业化项目而无偿拨付给公司的补助资金，以及江苏省财政厅无偿拨付的国家级进口设备贴息。

苏州工业园区对聚灿光电的政府补助主要集中在公司发展前期阶段，随着 LED 产业热潮减退以及公司迅速发展成为行业成熟企业，在报告期内，公司收到的政府补助款逐期降低。公司报告期各期虽然仍确认了较高金额的政府补助，但主要是受 MOCVD 设备补助款确认政策的影响，公司计入与资产相关的政府补助是购置相关设备在折旧期限（10 年）内分期确认的递延收益，具有可确定性。*

准则规定，与资产相关的政府补助，应当冲减相关资产的账面价值或确认为递延收益；与资产相关的政府补助确认为递延收益的，应当在相关资产使用寿命内按照合理、系统的方法分期计入损益；按照名义金额计量的政府补助，直接计入当期损益。

与收益相关的政府补助，应当分情况按照以下规定进行会计处理：用于补偿企业以后期间的相关成本费用或损失的，确认为递延收益，并在确认相关成本费用或损失的期间，计入当期损益或冲减相关成本；用于补偿企业已发生的相关成本费用或损失的，直接计入当期损益或冲减相关成本。聚灿光电 2014—2017 年 6 月营业外收入和递延收益情况如表 5 - 3 所示。

**表 5 - 3　聚灿光电 2014—2017 年 6 月营业外收入和递延收益情况**　　单位：万元

| 项　目 | 2017 年 1—6 月 | 2016 年 | 2015 年 | 2014 年 |
|---|---|---|---|---|
| 营业外收入 | 3. 16 | 3 392. 32 | 2 693. 87 | 2 684. 51 |
| 递延收益 | 10 060. 70 | 11 031. 92 | 13 045. 45 | 13 721. 16 |
| 政府补助合计 | 1 077. 18 | 3 320. 45 | 2 678. 37 | 2 533. 80 |

### （二）政府补助真的促进公司业绩提升了吗

从聚灿光电的政府补助内容和金额可以看到，政府主要在固定资产和研发两方面发放补助来促进聚灿光电的发展。那么该补助实质上促进公司业绩提升了吗？

1. 补助背后真实的盈利

2012 年至 2017 年 6 月，聚灿光电营业收入分别为 13 028. 69 万元、16 877. 15 万元、29 582. 20 万元、35 146. 52 万元、48 015. 20 万元、30 844. 03 万元。从收入总量上看，收入稳中增长；从收入构成上看，芯片占比大，但占比逐年下滑，外延片增长迅猛。公司依靠加大固定资产的投入，扩大量产来提高芯片和外延片的产能，从而增加销售收入。虽然收入稳步增长，然而净利润却呈现上下波动的趋势。2012—2017 年 6 月，扣除非经常性损益后归属于母公司所有者的净利润分别为 - 1 242. 88 万元、522. 94 万元、3 400. 49 万元、1 515. 76 万元、3 164. 25 万元、4 638. 20 万元。其中，2015 年净利润出现了大幅下滑，下滑幅度近 60%。聚灿光电表示，这是受 2015 年 LED 行业上游产能过剩、行业竞争加剧影

* 来源：《聚灿光电招股说明书》。

响，芯片销售单价连续下滑，且销售价格下跌幅度超过单位销售成本的下跌幅度，造成“增收不增利”。聚灿光电主营业务毛利率的具体变动情况如表5－4所示。

**表5－4　聚灿光电主营业务毛利率的具体变动情况**

| 年　份 | 2017年1—6月 | 2016年 | 2015年 | 2014年 |
|---|---|---|---|---|
| 芯片 | 31.32% | 18.24% | 26.44% | 34.32% |
| 外延片 | 30.21% | 27.96% | 26.40% | 28.97% |
| 合同能源管理 | 54.26% | 51.07% | 58.46% | 59.83% |
| 其他 | 48.80% | 47.22% | 46.38% | 49.69% |
| 综合毛利率 | 33.14% | 22.49% | 28.02% | 35.34% |

2014—2017年6月，聚灿光电主营业务毛利率分别为35.34%、28.02%、22.49%和33.14%，同行业平均值分别为33.77%、25.62%、25.03%、33.96%，公司主营业务毛利率逐年下滑，低于同行业水平。下滑原因除了受芯片市场价格降低影响外，还包括公司在芯片升级初期技术不稳定的因素，4英寸产品报废率提高，分摊至芯片的直接材料成本增加，导致公司芯片单位销售成本下降幅度小于销售单价下降幅度。但在2017年毛利率大幅上升，主要受益于公司生产规模扩大和固定资产费用摊薄所降低的成本。

聚灿光电称，影响成本的主要因素是原材料的采购价格、主要生产设备的折旧费用以及公司的生产效率和良品率。公司LED外延片生产所需的MOCVD及其他配套设备目前主要依赖进口，价格昂贵，MOVCD设备从9台持续增加至2016年12月31日的46台，设备采购价格逐年下降，单台平均折旧额不断降低，单位制造费用逐年下降，单片外延片所承载的折旧成本大幅下降，有效降低了外延片单位成本。由于此类折旧等因素的影响导致公司产品成本降低，毛利率高于同行业。聚灿光电的政府补助金额分类明细及占当期利润总额比例情况如表5－5所示。

**表5－5　聚灿光电的政府补助金额分类明细及占当期利润总额比例情况**　单位：万元

| | 年　份 | 2017年1—6月 | 2016年 | 2015年 | 2014年 |
|---|---|---|---|---|---|
| 补助项目 | 与资产相关 | 971.23 | 1 915.43 | 1 867.30 | 1 320.20 |
| | 与收益相关 | 105.95 | 1 405.02 | 811.07 | 1 213.60 |
| | 政府补助合计 | 1 077.18 | 3 320.45 | 2 678.37 | 2 533.80 |
| | 利润总额 | 6 475.41 | 6 945.85 | 2 716.26 | 6 503.10 |
| | 政府补助占当期利润总额比例 | 16.63% | 47.80% | 98.60% | 38.96% |

2014—2017年6月，聚灿光电收到的政府补助分别为2 533.80万元、2 678.37万元、3 320.45万元、1 077.18万元，利润总额分别为6 503.10万元、2 716.26万元、6 945.85万元、6 475.41万元，政府补助占当期利润总额比例分别为38.96%、98.60%、47.80%、16.63%。很显然，在聚灿光电的发展历程中，政府补助构成其利润较大的一部分。

2. 以扩大产能规模为导向的盈利模式

2016 年我国 LED 芯片行业供需基本回归平衡，2017 年 LED 下游需求增长较快，需求增长难以消化扩充产能，可能会再次出现短期行业产能过剩、过度竞争的情形，促使 LED 外延片、芯片产品价格继续下降。在产能过剩的环境下，聚灿光电仍对固定资产进行投资。根据该公司募集资金投资项目可行性研究报告，本次募集资金投资项目建成后，新增房屋建筑物及机器设备等固定资产 29 716.80 万元，由此经营期内每年将增加折旧费用 2 449.80万元。管理者认为，固定资产投资项目的实施将扩大公司产能、提升公司研发实力和完善营销网络，同时随着国内 LED 外延芯片行业的快速发展，公司营业收入将保持稳步增长。但是，扩大产能规模，能为公司在产能过剩的环境中贡献规模经济效益吗?

另外，与资产相关的政府补助确实促进了公司产能的增长，提升了毛利率，促进了 2016 年至 2017 年公司业绩的回暖。但这样的盈利会持久吗? 在“快鱼吃慢鱼”的市场竞争格局下，聚灿光电选择利用政府补助来减轻固定资产投入成本的压力，通过扩大产量来产生盈利，从而占领市场的一席之地。但在未来发展中，公司是否构筑了自己的核心竞争力来保持自身优势和提高利润?

政府补助的出发点是弥补市场缺陷，促进行业有序竞争和企业良性发展，但在 2015 年行业竞争激烈的情况下，聚灿光电使用大部分政府补助购置了设备用于扩大产能后，芯片价格仍非理性下跌。聚灿光电只有依靠自身竞争优势来消除不利影响。但是，从公司的业绩和盈利状况看来，它未能获得突出的竞争优势。聚灿光电的前景依旧是值得商榷的。

3. 不健康的资金来源

截至 2017 年 5 月，聚灿光电以 35 台 MOCVD 设备进行抵押，用以取得浦发银行苏州分行综合授信，为 2017 年 5 月 16 日至 2019 年 5 月 16 日期间公司与浦发银行苏州分行各类融资业务所发生的债务进行担保；又以 208 台其他设备用取得苏州银行工业园区支行综合授信，为 2017 年 5 月 3 日至 2022 年 5 月 2 日期间公司与苏州银行工业园区支行签订的主债务合同进行担保。截至 2017 年 6 月 30 日，公司上述抵押的 35 台 MOCVD 设备和 208 台其他设备账面价值共计26 904.44万元。

从公司主要生产设备的披露来看，上述用以抵押的资产大部分为聚灿光电正常运营必需的核心资产，而这部分固定资产大部分又来源于政府资产类补助。一方面，如果公司经营不善导致其无法按期偿还银行贷款，这部分资产的所有权或使用权受到限制，将直接影响公司正常的生产经营；另一方面，如果以后政府资产类补助减少，那么公司将从何处取得这些价值较高的负债抵押物来取得借款?

经营方面，聚灿光电 2016 年营业收入较 2015 年大幅上涨，而应收账款变化水平却不大；投资方面，公司收到的投资现金流入主要来自于政府补助，而流出又是购买沉没成本较高的固定资产。因此，公司各方面现金流循环对于偿付银行借款也存在一定风险。

## 三、案例结语

在 LED 行业，政府补贴普遍存在于企业中。政府通过补助来对该产业进行扶持和引导，若企业能有效利用，就可以实现自身的创新升级并保持活力，从而推动产业环境更好地发展。

但是，政府补助也有其自身的缺陷，其不仅有溢出效应，也有挤出效应。股权融资渠道少的非上市企业的债券融资更容易依赖政府补助，而不去开发内源融资。此外，地方政府也许会因为要完成政治任务、增加财政收入等原因而一味地补贴企业，或者不去跟进审核被补贴企业的资质，放松监管。这些行为都容易使政府补助“变质”，从而影响市场竞争和企业的发展。

作为企业，尤其是像聚灿光电这样的科技型企业，在成长期靠通过政府补助、扩大公司规模占领市场份额等短视行为来发展自身是不恰当的。政府补助只能解决企业短期内的资金缺口，占领的市场份额也是一个动态时点下的数字。此类受行业环境影响大的科技型企业应该要具备超前意识，提高自主创新和科技研发能力，开拓有效的筹融资渠道，将打造核心竞争力作为公司战略，而不是靠政府补助粉饰自己的盈利数据。只有这样，才能实现企业自身、市场和政府三者共赢。

## 四、讨论题目

通过获取政府补助弥补成本，扩大规模来盈利的聚灿光电，从长远上来看，并不能使公司可持续获得经营利润。并且，在行业萎缩期，公司财务情况明显下滑，而在膨胀期时又产生了繁荣的假象。在政府补助的掩盖下，企业容易忽视对自身价值能力的创造。本案例要求学生结合行业情况及公司经营、财务情况，对以下问题进行深入思考：

（1）LED 行业的现状如何？聚灿光电在行业中处于什么样的地位？

（2）政府补助具体包括哪些项目？聚灿光电接受的政府补助有哪些类型？

（3）政府补助在企业发展中究竟应充当怎样的角色？是否会成为企业盈余管理的手段？目前我国对政府补助披露的要求是怎样的？

（4）聚灿光电的盈利模式是怎么样的？行业状况和政府补助如何影响其盈利？

（5）类似企业如何创造自身价值？怎样有效利用政府补助为自己的发展铺路？

## 五、参考资料

[1] 聚灿光电招股说明书.

[2] 企业会计准则——应用指南［M］. 北京：中国财政经济出版社，2006.

[3] 韦顺. LED 行业或迎反转拐点［J］. 股市动态分析，2017（15）：44－45.

[4] 宗编. 2017 年 LED 照明行业现状及发展趋势［N］. 中国建设报，2017（10）.

[5] 王克敏，杨国超，刘静等. IPO 资源争夺、政府补助与公司业绩研究［J］. 管理世界，2015（9）：147－157.

# [案例说明书]

## 一、本案例要解决的关键问题

本案例拟通过了解政府补助政策对 LED 行业的影响，分析 LED 企业如何使用政府补助，旨在引导学生思考和解决如下几个关键问题：首先，政府补助的内容在企业财务报表中是如何体现的，如何进行账务处理；其次，政府补助对企业的业绩有什么影响，补贴的初衷是什么，该影响的时间能持续多长，是否起到关键作用；最后，企业如何有效利用政府补助实现创新，立足市场。本案例通过解决这几个关键问题，帮助学生了解政府补助相关知识点，启发学生思考企业使用政府补助的正确立场及剔除补助后企业的发展规划问题。

## 二、案例讨论的准备工作

为了有效实现本案例目标，学员应该具备下列相关知识背景。

### （一）理论背景

1. 新旧的政府补助会计准则的区别及其账务处理

在过去发布的政府补助准则中，企业对如何区分政府补助和收入、政府补助资金何时计入营业外收入、财政贴息的会计处理等实务问题存在争议。而 2017 年 5 月正式发布的修订后的政府补助准则使得企业会计处理更规范，更契合实际，但也增加了会计人员职业判断的难度。新的政府补助会计准则在如下方面有所完善：

（1）明确了政府补助准则的适用范围。强调了来源于政府的经济资源和无偿性，明确政府是实际拨付者，其他方代收代付的，也属于政府补助。来源于政府的经济资源并不一定都属于政府补助，必须同时符合“无偿性”的特征。“无偿性”指的是“无对价”，如果政府是以投资者的身份向企业投资，或者企业从政府取得的经济资源，与企业销售商品或提供服务等活动密切相关，又是企业商品或服务的对价或者是对价的组成部分，则不符合“无偿性”特征，应该按照实质重于形式的原则，不能够确认为政府补助。

（2）新增“净额法”进行会计处理。在旧的准则中，资产类和收益类的政府补助都是按收到或应收的金额，直接计入当期损益，或先确认为递延收益，然后再分摊计入损益。新准则允许企业在“总额法”和“净额法”之间进行选择。“净额法”是允许政府补助冲减相关资产账面价值或冲减相关会计期间的成本费用。

（3）新增“其他收益”项目。在实务中，营业收入与营业外收入的标准是“是否与日常活动密切相关”，然而企业时常难以区分。有的企业使用的政府补助与其日常活动联系紧密，却计入了“营业外收入”，这反而给了某些企业操纵盈余的空间。新版政府补助会计准则要求企业区分收到的政府补助是否与日常活动相关，并据此判断应纳入营业利润还是营业外利润。这就要求采用“总额法”核算政府补助的企业，增设“其他收益”会计科目，同时在利润表中的“营业利润”项目之上增加“其他收益”项目。

（4）与资产相关的政府补助不再统一按“直线法”分摊。旧版政府补助会计准则要求与资产相关的政府补助，均按照直线法摊销。但某些固定资产和无形资产本身的折旧或摊销方法并不是直线法，与之相关的政府补助简单按照直线法摊销，未必合理。修订后的准则对此进行了修改，递延收益的摊销由“平均分配”改为“按照合理、系统的方法”。

（5）规范了财政贴息资金的会计处理。新版政府补助会计准则明确了财政贴息资金按照拨付对象分两种情况做会计处理。一是如果财政将贴息资金拨付给贷款银行，贷款银行以优惠利率为企业提供贷款，贷款企业可以选择简化处理，或是按公允价值计量并调整实际利率两种方法进行账务处理。二是如果财政将贴息直接拨给贷款企业，企业应将贴息冲减借款费用。正确理解准则中的“借款费用”，是准确把握财政贴息是否计入资本化金额的关键。这里的“借款费用”，不应理解为“财务费用”，而应理解为《企业会计准则第17号——借款费用》中的“借款费用”。无论财政贴息拨付对象是银行还是企业，按照《企业会计准则第17号——借款费用》中的规定，借款费用应该资本化的，财政贴息冲减相关资产的成本；借款费用应该费用化的，财政贴息冲减“财务费用”，企业直接从政府取得的财政贴息资金不再计入“营业外收入”。

2. 政府补助相关信息的披露要求

为解决政府补助信息披露缺乏针对性和不够具体的问题，证监会制定了《公开发行证券的公司信息披露解释性公告第2号——财务报表附注中政府补助相关信息的披露》（以下简称《解释性公告第2号》），该规范于2013年9月12日开始执行。主要涉及政府补助的信息披露要求，其具体规定如下：

（1）公司应在财务报表附注的会计政策部分披露下列与政府补助相关的具体会计政策：一是区分与资产相关政府补助和与收益相关政府补助的具体标准，若政府文件未明确规定补助对象，还需说明将该政府补助划分为与资产相关或与收益相关的判断依据；二是与政府补助相关的递延收益的摊销方法以及摊销期限的确认方法；三是政府补助的确认时点。

（2）对于报告期末按应收金额确认的政府补助，公司应按补助单位和补助项目逐项披露应收款项的期末余额、账龄以及预计收取的时间、金额及依据。如公司未能在预计时点收到预计金额的政府补助，公司应披露原因。

（3）公司应当遵循重要性原则，对涉及政府补助的负债项目，在财务报表附注的相关项目下，逐项披露相关期初余额、本期新增补助金额、本期计入营业外收入金额、本期转入资本公积金额以及期末余额。对于相关文件未明确规定补助对象的政府补助项目，公司还应单独说明其划分依据。

（4）公司应当遵循重要性原则，对于计入当期损益的政府补助，分项披露本期发生额及上期发生额。对于相关文件未明确规定补助对象的政府补助项目，公司还应单独说明其划分依据。

（5）公司应根据《公开发行证券的公司信息披露解释性公告第1号——非经常性损益》的相关规定披露计入当期损益的政府补助是否属于非经常性损益，如作为经常性损益，则应在财务报表补充资料中逐项披露理由。

3. 政府补助与企业盈余管理

企业盈余管理的手段有很多，主要通过会计政策变更、关联交易和非经常损益三方面来操纵利润。其中，非经常损益又包括政府补助收入、非流动资产处置和债务重组。对于规模不大的企业，使用债务重组并非最佳策略，而轻资产企业又无法通过处置非流动资产获得收入，于是政府补助便成为企业进行盈余管理最常用的手段。尤其是在收到补贴最多的行业，如高科技行业、煤炭油气等开发行业中，政府补助更是撑起了企业利润的半边天。

政府补助对公司盈余有着至关重要的作用，不仅能对公司财务信息披露产生不可忽视的影响，还能直接决定一家公司的存亡。另外，公司的经营情况直接影响当地经济发展，进而影响政府的补贴措施。新修订的政府补助会计准则对政府补助范围的重新界定，会影响企业利润表中的“营业收入”“营业利润”“净利润”等项目的金额，在一定程度上可以限制企业对接受政府补助后的盈余管理操作。

从长远看，公司的发展应该依靠先进的科技和科学的管理来实现，公司的存活应该靠市场来检验，人为地进行破产或过度保护都会破坏市场的淘汰机制。从政府角度来看，必须加强对企业的政府补助相关财务信息的监督和管理。在补助之余，当局应形成市场经济意识，充分发挥市场的调控作用，利用市场来鉴别企业是否符合经济发展以及资源配置要求。一方面，政府要明确政府补助的条件，严格核实，对于不符合的企业杜绝发放补助；另一方面，公司应提高足够的资料证明本公司获取的政府补助合规合法。政府补助必须经过注册会计师的专项审计。

### （二）行业背景

自2014年以来，国内各大LED芯片厂商先后加大LED芯片业务，造成产能过剩明显，价格出现大幅下滑，部分企业亏损严重。2015年，我国LED芯片产量增长60%，不过受欧美市场需求疲软和行业竞争加剧的影响，产量增长快但价格降幅也较大。而在经历过“投资热”“产能过剩”后，2016年LED芯片行业逐渐回归理性，一些芯片厂商减小LED芯片投入力度，消化库存。

2016年，整个中国LED芯片市场规模增速明显，市场规模达到139亿元，同比增长9%，价格止跌。随着中国内地厂商产能的提升，以及技术上与中国台湾的差距越来越小，价格、交期、市场反应迅速等优势明显，2016年LED芯片国产率提升至76%，达到了106亿元，进口则为33亿元。另外，随着内地厂商产能不断释放，2016年内地芯片厂产值达114亿元，同比增长13%。由于内地芯片厂商性价比优势明显，出口比率也有所提升，2014年，出口率为8.9%，2015年有所下滑，出口率为8.1%，2016年则提升至9.6%。

2016年前十大LED芯片厂商在整体的市场中占据了77%的份额，营收规模107亿元，同比增长15%。其中，三安、晶电、华灿这前三大厂商市场占有率为50%，尤其是三安处于一家独大的局面，占据了近三成的市场份额。

据研究数据显示，到2017年年底，LED芯片有效产能约8328万片，需求约9235万片。其中，照明芯片需求4704万片，同比增长20%；户外全彩显示屏需求2602万片，同比增长5%；户内小间距LED需求102万片，同比增长50%；手机背光芯片需求139万片，平板电脑背光芯片需求44万片，电脑及电视机背光需求699万片，汽车灯具需求106万片。

LED 原材料价上涨，一方面 LED 行业供给端收缩是价格提升很重要的驱动因素。实际上供给格局的改善对价格的影响程度是非常大的，例如 2016 年供给侧改革就使得工业品的价格有了很大程度的提升。另一方面，上游的材料价格上涨比较明显，使得 PPI 居于高位。由于 LED 所需要的材料很多都属于工业金属，而目前工业金属的价格环比上升，因此可以推断价格也会随之上涨。

从大的趋势上讲，2017 年芯片持续上涨已是定局。行业人士预计，LED 芯片涨价将会持续到 2017 年第三季度，第四季度会稍有下行，全年预估涨幅会达到两位数，因此灯珠涨价也将持续至 2017 年第三季度，LED 芯片涨价带动中下游行业“涨价潮”实属必然。

### （三）制度背景

2012 年 7 月，科技部发布了《半导体照明科技发展“十二五”专项规划》，旨在扶持 40 ～ 50 家创新型高技术企业，建成 50 个“十城万盏”试点示范城市，建立国际化、开放性的国家公共技术研发平台。

2013 年 8 月，国务院发布了《关于加快发展节能环保产业的意见》，旨在整合现有资源，提高产业集中度，培育 10 ～ 15 家掌握核心技术、拥有知识产权和知名品牌的龙头企业，建设一批产业链完善的产业集聚区，关键生产设备、重要原材料实现本地化配套。

2016 年 11 月，国务院印发了《“十三五”国家战略性新兴产业发展规划》，旨在推动半导体照明等领域关键技术研发和产业发展；大力发展高效节能产业，组织实施节能关键共性技术提升工程，鼓励研发大功率半导体照明芯片与器件等。

2017 年 7 月，国务院印发了《半导体照明产业“十三五”发展规划》，旨在引导我国半导体照明产业发展，培育经济新动能，推进照明节能工作，积极应对气候变化，促进生态文明建设。

## 三、案例分析要点

### （一）需要学员识别的关键问题

（1）LED 行业的现状如何？聚灿光电在行业中处于什么样的地位？

（2）政府补助具体包括哪些项目？聚灿光电接受的政府补助有哪些类型？

（3）政府补助在企业发展中究竟应充当怎样的角色？是否会成为企业盈余管理的工具？目前我国对政府补助披露的要求是怎样的？

（4）聚灿光电的盈利模式是怎样的？行业状况和政府补助如何影响其盈利？

（5）类似企业如何创造自身价值？怎样有效利用政府补助为自己的发展铺路？

### （二）解决问题可供选择的方案及其评价

1. 政府补助在企业发展中充当的角色

政府的一举一动，对于社会的经济发展、产业的结构调整和企业的生存竞争都有举足轻重的作用。在高新技术企业中，暂时、适度的政府补助对经营绩效好的企业能够产生正面影响，而时间过长、过度的政府补助对经营绩效差的企业则会产生负面影响。因此，政府首先应对企业是否能获得政府补助进行详细的调研，对补助门槛进行严格把关，并每年进行资质的审核。不符合条件或存在违规操作者，停止拨付资助款项；对符合条件者，要鼓励其依靠自身提升实力，而不是依靠补助在“温室”中成长。其次，政府应制定和完善相关的财政税收优惠政策，为企业的发展开拓新的融资渠道。最后，政府要创造良好的营商环境，不仅让政府的职能体现在资金方面，更要体现在人才交流、信息服务等其他方面，引导企业更好地进行创新创造。

2. 政府补助具体项目，是否会成为企业盈余管理的工具

政府补助的具体项目主要包括财政拨款、财政贴息、税收返还、无偿划拨非货币性资产等。由于金额巨大、时间不定等原因，补助的取得与未取得常构成企业损益的主要影响因素。由于披露规定的缺陷，有些企业也会将应计入递延收益的部分一次性计入当期损益，或是利用递延收益来调节企业利润，达到粉饰报表的效果。由于政府补助的确认具有一定弹性，可能会成为某些企业盈余管理的工具。

3. 聚灿光电的盈利模式、行业状况和政府补助对其盈利的影响

聚灿光电通过扩大生产规模来抢占市场份额，依靠销量来增加收入。其研发投入虽然逐渐增加，但对利润的贡献不大。

LED 生产企业受行业环境影响较大。2015 年由于产能过剩导致 LED 芯片行业在 2015 发生了深度调整，缺少自身核心盈利能力的公司的经营业绩均出现波动，聚灿光电的业绩也随之下滑。在经过市场调整之后，2017 年行业再次出现了整体供不应求的态势，聚灿光电借势扩大产能以应对日益激烈的市场竞争，并将政府补助与募集资金用于投资固定资产。

资产类的政府补助使公司降低非流动资产占用的成本，而收益类的政府补助可以在企业经营盈利不多的情况下，增加其非经常收益，提高净利润。

4. 类似企业对自身价值的创造，怎样有效利用政府补助为自己的发展铺路

对于聚灿光电这样的高科技企业，应同时关注内外部风险。对外增强市场竞争力，增加市场反应灵敏度，降低行业环境带来的风险；对内调整战略，加大研发投入，优化财务管理体系，加强内部控制。资产方面的政府补助可以缓解购买设备所带来的固定费用杠杆作用，降低企业成本，为产品定价争取低价优势；而收益方面的政府补助则缓解了企业融资难、资金紧张的局面。然而，政府补助不能成为企业发展永久的支柱，企业必须从自身出发，从内因着手，关注自身在主营业务领域的核心竞争力所产生的持续性经营利润，实现自主创新、自力更生。

### （三）推荐解决问题的方案及具体措施

1. 政府应根据企业的发展阶段来提供帮助

以高新技术企业为例。企业在研发阶段由于资金来源渠道少，对政府补助的需求最大。财政拨款、贷款贴息等政府补助可以改善企业财务状况、增强企业生存能力、降低企业研发成本、增加企业创新意愿等，对企业科技创新、经济效益有显著影响。

研发成功后，企业开始实验产业化设备及产品的试生产，并向市场推销。这一阶段，创业人员自筹资金、政府补助中财政拨款金额已经不能满足企业发展需要，而企业因缺乏抵押资产难以得到银行贷款，产品还没有得到市场的认同，企业生存能力依然较低，需要

政府补助给予更大的支持力度。而聚灿光电在行业中已经占有一定份额，已经脱离了成长阶段。在产能过剩的环境下，大额与资产相关的政府补助仅做到锦上添花，实质上并没有起到激励企业进行创新的作用。

2. 企业应依靠自身创造价值

企业的发展与政府补助是相辅相成的，在高新技术企业中，暂时、适度的政府补助对经营绩效好的企业能够产生正面影响，而时间过长、过度的政府补助对经营绩效差的企业则会产生负面影响。特别是一些长期受到政府补助而自身经营效益不佳的企业，一旦政府补助减少，企业经营业绩就会迅速滑落。除此之外，企业还会因补助带来的短期效益而忽视自身的长期发展。所以，面对真正的市场竞争，企业要持续立足，只能依靠自身过硬的技术和产品等核心竞争力。

## 四、教学组织方式

### （一）问题清单及提问顺序、资料发放顺序

本案例提问的题目依次为：

（1）LED 行业的现状如何？聚灿光电在行业中处于什么样的地位？

（2）政府补助具体包括哪些项目？聚灿光电接受的政府补助有哪些类型？

（3）政府补助在企业发展中究竟应充当怎样的角色？是否会成为企业盈余管理的工具？目前我国对政府补助披露的要求是怎样的？

（4）聚灿光电的盈利模式是怎么样的？行业状况和政府补助如何影响其盈利？

（5）类似企业如何创造自身价值？怎样有效利用政府补助为自己的发展铺路？

本案例的参考资料及其索引，在讲授有关知识点之后一次性布置给学员。

### （二）课时分配

（1）课前阅读资料：学生自行搜集资料，约 2 小时；

（2）课上基础知识回顾：任课教师对课程相关知识点进行回顾讲解，约 10 分钟；

（3）阅读案例，小组讨论并进行抢答；运用所学知识，对案例进行多角度分析，约 2 小时；

（4）课堂小组补充拓展性发言：教师可以做适当提醒与补充，约 0.5 小时；

（5）课堂讨论总结：教师对学生发言进行总结，并做出相关引申，约 0.5 小时。

### （三）讨论方式

本案例可以采用小组讨论方式。

### （四）课堂讨论总结

课堂讨论总结的关键是：归纳发言者的主要观点；重申其重点及亮点；提醒大家对焦点问题或有争议观点做进一步思考；建议大家对案例素材进行扩展研究和深入分析。

# 案例 6

# 乐视还能“乐视”吗：其融资行为分析*

* 1. 本案例由广东工业大学管理学院的许慧、李敏、徐利可、杨恩珂、李文杰、田博超等共同撰写，作者拥有著作权中的署名权、修改权、改编权。

2. 将本案例授权予广东工业大学产教融合 MPAcc 教学智库实验平台使用，广东工业大学产教融合 MPAcc 教学智库实验平台享有复制权、修改权、发表权、发行权、信息网络传播权、改编权、汇编权和翻译权。

3. 由于企业保密的要求，在本案例中对有关名称、数据等做了必要的掩饰性处理。

4. 本案例只供课堂讨论之用，并无意暗示或说明某种管理行为是否有效。

## [案例封面]

**专业领域：** 财务管理
**适用课程：**《财务管理理论与实务》
**选用课程：**《财务管理理论与实务》
**编写目的：** 融资是 MPAcc 课程《高级财务管理》中的重要内容，融资作为企业生存发展的重要手段，对促进资本市场的发展具有重要意义。如何选择更适合的渠道、更加低的对价与成本融资来帮助公司渡过资金紧张难关是课程的重要目标之一。企业可选择哪些融资渠道，其中又存在何种风险呢？本案例将把融资的基本理论和方法与乐视融资案例相结合，引导学员进一步掌握企业融资策略和结构的基本理论，使学员能够结合所学专业知识以及其他有关知识，运用企业融资的基本理论与操作方法解决企业资金战略管理的实际问题，培养学员分析企业融资问题的综合能力。学员本案例的具体分析，掌握我国企业融资的渠道、重要性以及影响因素。
**知 识 点：** 融资渠道；融资重要性；融资影响因素
**关 键 词：** 创业板；互联网企业；融资渠道
**中文摘要：** 2010 年，乐视以全国首家上市的视频网站身份登录创业板，融资后迅速发展。2015 年 10 月，乐视的第一股东贾跃亭减持公司 1 亿股，受让予鑫根资本旗下的深圳鑫根基金。乐视股价下跌的过程中，鑫根从 2016 年至 2017 年，陆续减持其 97% 的股份。乐视是如何进行融资的，鑫根为什么投资，一年后为什么减持？其中有很多问题值得思考。本案例旨在引导学生了解互联网企业的融资方式、融资策略的重要性及融资带来的效果。

# [案例正文]

乐视网于 2010 年 8 月 12 日在创业板上市，是视频行业首家在 A 股上市的公司，也是全球首位 IPO 上市的视频网站。在上市之后其市值已经超 400 亿元，是上市之初的 13 倍多，属于创业板的代表企业。乐视网在全行业最早提出了垂直整合“平台 + 内容 + 终端 + 应用”的生态模式，而这一生态系统需要大量且持续的资金来维持运营。2015 年 10 月，乐视的第一股东贾跃亭减持公司 1 亿股，受让予鑫根资本旗下的深圳鑫根基金。乐视股价下跌的过程中，鑫根从 2016 年至 2017 年，陆续减持其 97% 的股份。乐视是如何进行融资的，鑫根为什么投资，一年后为什么减持？其中有很多问题值得思考。

## 一、背景简介

### （一）宏观背景

融资，是公司在市场经济前提下，为经营需要所进行的贷款和融资活动，是其他经营管理活动的必要条件。上市公司融资一直是一个热门话题，上市公司离不开融资，融资活动对于资本市场的发展也有很大的推动作用。怎样用更适合的渠道、更加低的对价与成本融资来帮助公司渡过资金缺乏难关，维护资本市场的平稳运行，是公司股东与决策者和政府所共同关注的问题。自 1992 年商业性网络兴起后，我国互联网企业也纷纷成立。无论是生存还是发展，互联网企业都离不开强大的资金支持。因此，融资行为在互联网上市公司发展过程中有至关重要的作用。

### （二）行业背景

互联网企业不同于传统企业，在整个生命周期中，尤其是在初创期，就是一个“烧钱”的过程。互联网企业需要采用“烧钱”的方式来吸引用户，占领相关领域的市场；而且，与传统企业相比，互联网企业的现金流大多为负值，公司的大部分资产为轻资产，经营失败率非常高。一旦失败，前期的“烧钱”行为就会血本无归，因而风险巨大。但企业一旦成功，收益就会呈现出爆发式增长，会给投资者带来巨额的回报。这种行业特点使得长期资金对公司来说更具保障性。如果以短期借款作为主要的融资方式，则意味着公司将面临较大的短期还款压力，资金链变得紧张，无形中财务风险变大，市场风险变大。近年市场竞争加大，互联网企业的营业收入增速逐步放缓。互联网企业营业收入变化趋势如图 6－1 所示。

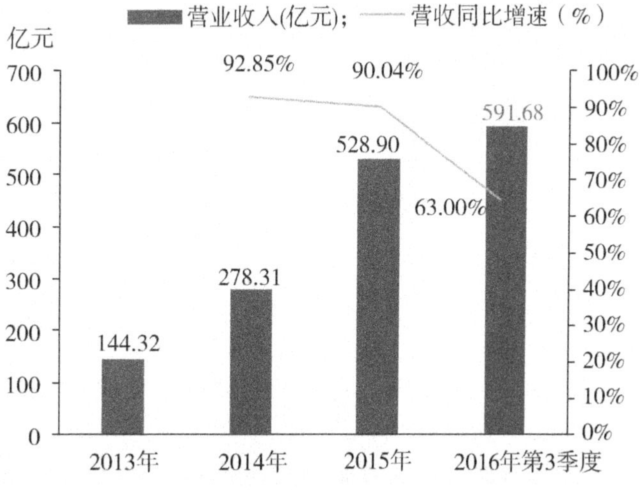


图 6－1　互联网企业营业收入变化趋势

数据来源：中国产业信息网。

2013 年至今，视频网站行业从成长期进入到成熟期，其特点也逐渐显现，市场规模增大但增幅放缓、市场细分要求突出、产品技术差异性缩小、产品变化放缓且以微创新为主、品牌及广告竞争加剧、收购兼并减少、成本领先的价格竞争等。2016 年度，中国在线视频市场规模为 609 亿元，同比增长 56%。随着用户规模扩大，用户使用黏性增加，在线视频带来的商业资源不断升值，预计到 2019 年将成为千亿级市场。网络剧的引入使得用户付费习惯逐步养成，成为核心增长动力之一。2017 年视频付费会员规模超 1 亿元，视频付费市场正在向更为稳定、健康的方向发展。视频网站行业市场规模变化及趋势如图 6－2 所示。

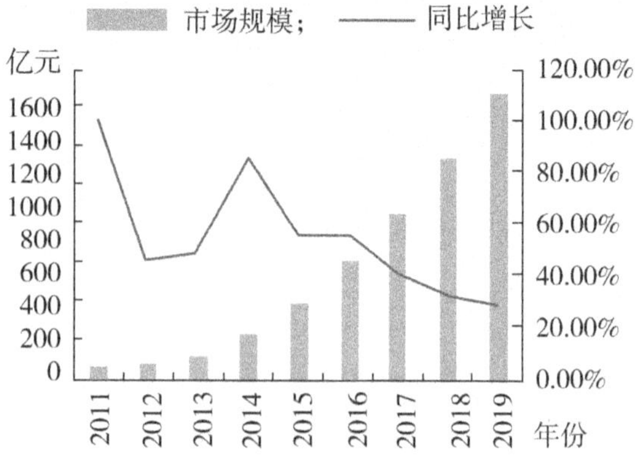


图 6－2　视频网站行业市场规模变化及趋势

数据来源：中国产业信息网。

### （三）公司背景

乐视网全称为乐视网信息技术股份有限公司，由北京乐视星空信息技术有限公司发展而来，2004 年 11 月成立，公司地址在北京中关村高科技产业园区，获得国家级高新技术企业资质。公司初始注册资本为人民币 5000 万元，其中，贾跃亭出资 4500 万元，占公司注册资本的 90%，贾跃芳出资 10 万元，占公司注册资本的 0.20%。乐视网于 2010 年 8 月 12 日在创业板上市，是视频行业首家在 A 股上市的公司，也是全球首位 IPO 上市的视频网站。在上市之后市值已经超 400 亿元，是上市之初的 13 倍多，属于创业板的代表企业。

乐视网在全行业最早提出了垂直整合“平台＋内容＋终端＋应用”的生态模式，包含互联网视频、智能终端、大屏应用市场、电子商务、影视制作与发行、生态农业等。伴随超级电视的畅销，智能电视领域涌入越来越多的互联网企业，乐视生态模式取得初步成功。而乐视的这一生态系统需要大量且持续的资金来维持运营。如果使用了不合适的融资策略而导致资金不到位，发生资金断裂，则容易失去自身优势。

## 二、案例概况

### （一）乐视融资渠道

乐视的发展伴随着的是融资策略的不断变化，而发展遇到困境，自然需要引进新的融资策略。从企业发展的生命周期角度，在初创期，公司主要运用自有资本，而到成长期，公司更倾向于选择债务融资方式。其多年融资方式如图 6－3 所示。

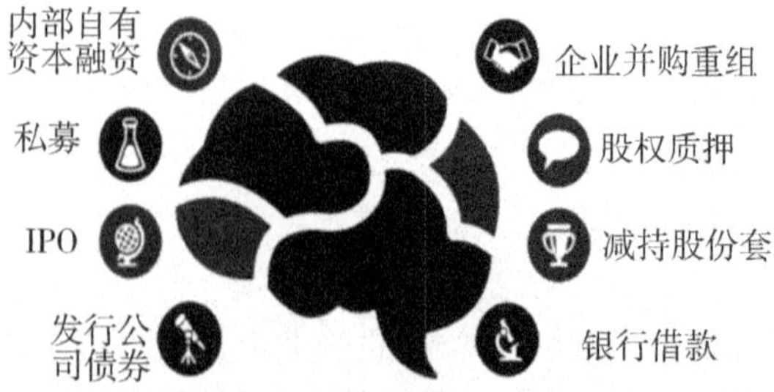


图 6－3　乐视融资方式

1. 内部自有资本融资

初创期公司的运营主要依靠创建者投入的资金。乐视网信息技术（北京）股份有限公司，其前身为北京乐视星空信息技术有限公司（简称“乐视星空”）于 2004 年 11 月经北京市工商行政管理局批准在北京市成立，2005 年 7 月 20 日乐视星空更名为乐视移动传媒科技（北京）有限公司，法定代表人为贾跃亭。公司初始注册资本为人民币 5000 万元，其中，贾跃亭（自然人）出资 4500 万元，占公司注册资本的 90%。2005 年，乐视是中国联通第一个手机流媒体业务——视讯新干线的最大内容供应商以及广东联通手机电视内容供应商，当时联通的手机电视整个系统、内容播控平台由乐视帮助建立。2006 年，公司完成了央视国际手机流媒体电视播控平台并负责对其进行维护。早期为手机运营商建立视频业务，让乐视认识到内容和版权的潜在价值，要将流量变现，就需实行会员收费制，而长宜之计就是买正版。正版加付费，成为乐视网的独特生态，也使得公司完成了最初的资本积累。

2. 私募

乐视网的私募融资从 2008 年 4 月开始，包括部分外资投资机构曾经表达过入股乐视网的意向。但考虑到创业板即将推出，以及本土基金创投机构更加了解视频网站行业，乐视最终选择了三家国内投资机构的联合注资：北京汇金立方投资管理中心（有限合伙）、深圳市创新投资集团有限公司、深圳市南海成长精选创业投资合伙企业（有限合伙）作为新增股东。这三家公司对公司出资额合计为人民币 5 280 万元。募得资金当年用于创建乐视电影公司，为乐视网打通影视剧上游资源和关系。

3. IPO 首次公开募股

在三网融合推动网络建设加速的大背景下，2010 年 6 月，乐视网为获得更快发展，公开发行股票 2500 万股，发行后总股本为 1 亿股，发行价格 29. 20 元/股，募集资金达 7. 3 亿元。其中网下发行 500 万股，网上发行数量为 2000 万股。至此，乐视网以“首家在国内上市的视频网站”身份登陆创业板。本次股票发行募集资金将投向以下项目：互联网视频基础及应用平台改造升级项目、3G 手机流媒体电视应用平台改造升级以及研发中心扩建等，总投资 2. 62 亿元。项目建成后，大大提高了乐视网在相关领域的业务开拓能力，并且抓住“三网融合”时代视频服务领域的发展机遇。

4. 发行公司债券

2012 年乐视网非公开发行公司债券 4 亿元，对不超过 10 名的特定对象发行了不超过 4 亿元的债券。

5. 企业并购重组

2013 年，乐视网看到《甄嬛传》的制作公司花儿影视的巨大价值，当年 9 月，以“现金 + 股票”形式作价 9 亿元（其中股权支付 6. 3 亿元，现金支付 2. 7 亿元）收购花儿影视 100% 股权，进入影视内容制作领域，打造“平台 + 内容 + 终端 + 应用”的完整生态系统。

6. 股权质押

乐视网公告数据显示，从 2013 年 2 月 8 日到 2014 年 7 月 3 日这 15 个月间，贾跃亭共进行了 26 次股权质押和 11 次股权解除质押，股权质押解押次数相当频繁。截止 2015 年 10 月 26 日，贾跃亭共持有公司 7. 83 亿股，占公司总股本的 42. 18%，其中，已质押股份 6. 08 亿股，占其所持有公司股份的 77. 75%，占公司总股本的 32. 79%。截至 2016 年三季度末，贾跃亭仍有 5. 71 亿股未解押，占其所持股份的比例为 83. 63%，融资金额达 140 亿元。2017 年 4 月 26 日，乐视网披露了 2017 年一季度年报，报告显示，共持有 5.12 亿股乐视网股份的贾跃亭，已经将其中的 4.97 亿股进行了质押，占到了所持股份的 97% 以上。由于乐视生态的积极建设，股权融资不足，乐视资金紧张已是众所周知，为了弥补严重的资金缺口，不得不频繁地质押、解押，以融到更多的资金来进行资本运作，并且防止了股权稀释。

7. 减持股份套现

乐视网高管贾跃芳，同时也是乐视网 CEO 贾跃亭的姐姐，在 2014 年减持公司 1400 万股份，减持价格在每股 50 元左右，套现金额共计约 7.99 亿元，全部无息提供给上市公司使用 5 年，用于公司的日常经营。

不久乐视网发布公告称，贾跃亭通过股份转让的方式折价减持公司 1 亿股股份。至此，贾跃亭成功套现共计 57 亿元。两次减持，一次 25 亿元，一次 32 亿元，贾跃亭轻松地将 57 亿元收入囊中。在乐视网和贾跃亭眼中，57 亿元减持并不是一般意义上的套现，更多是在资本市场创造了一种“大股东高位减持反哺上市公司”的新模式，这是一种新型融资模式。套现得到的资金可免息借给乐视网，用于公司的日常经营。这将大大减少公司财务费用，缓解资金紧张。

8. 银行借款

乐视网银行借款历年情况如表 6－1 所示。

表 6－1　乐视网银行借款历年情况　　单位：万元

| 年　份 | 短期借款 | 长期借款 | 合　计 |
|---|---|---|---|
| 2009 | 4 000 | | 4 000 |
| 2010 | 7 000 | | 7 000 |
| 2011 | 34 000 | 6 500 | 40 500 |
| 2012 | 50 890 | 3 370 | 54 260 |
| 2013 | 97 000 | 1 670 | 98 670 |
| 2014 | 138 800 | | 138 800 |
| 2015 | 134 681 | | 134 681 |

数据来源：Wind 资讯。

9. 乐视网的融资结构

乐视网的融资结构如表 6－2 所示。

表 6－2　乐视网的融资结构

| 年　份 | 内源融资 | 外源融资 | |
|---|---|---|---|
| | | 债权融资 | 股权融资 |
| 2011 | 14.39% | 27.78% | 57.84% |
| 2012 | 16.16% | 48.23% | 35.61% |
| 2013 | 17.81% | 54.20% | 27.98% |
| 2014 | 15.36% | 49.35% | 35.29% |
| 2015 | 13.06% | 65.91% | 21.02% |

数据来源：Wind 资讯。

### （二）引入鑫根资本

1. 鑫根概况

2004 年 4 月 20 日，北京鑫根投资管理有限公司（下称“北京鑫根”）注册成立，成为日后鑫根资本逐步搭建营盘的起点。

北京鑫根旗下拥有深圳市鑫根投资基金管理有限公司（下称“深圳鑫根”）、重庆鑫根股权投资基金管理有限公司（下称“重庆鑫根”）等至少 6 家鑫根资本二级投资平台。其中，与乐视联系最为紧密的深圳鑫根动作最为频密。

深圳鑫根系 2012 年 6 月成立，相较北京鑫根旗下的重庆鑫根、天津鑫根等投资平台，其成立时间较晚，却逐渐成长为鑫根资本最核心的 PE 投资平台。

包括乐视网在内，鑫根资本在过往数年共投资了不下 10 个直接或间接涉及上市公司、新三板挂牌公司的项目，包括重庆建工、中源协和、荣之联、康得新、国信证券、深圳惠程、华讯方舟、神州数码、信中利等。

重庆建工是鑫根资本直接现身的第二家上市公司。2010 年 3 月，重庆建工的前身重庆建工集团有限责任公司整体变更设立股份公司，同年 5 月，公司实施改制后首次增资。重庆鑫根股权投资基金管理中心（下称“重庆鑫根基金管理中心”）按每股 2.51 元的价格增资 6300 万股，耗资 1.58 亿元，持股比例达 3.86%，成为重庆建工第三大股东。

此外，鑫根资本与重庆、深圳等地国资交往密切，鑫根资本不少项目系地方国资推荐或撮合而来，显示出鑫根资本强大的政商人脉关系。重庆鑫根基金管理中心执行事务合伙人为重庆鑫根，另有 1 名有限合伙人为重庆渝富资产经营管理集团有限公司（下称“重庆渝富集团”）。其中，重庆鑫根是鑫根资本的重要二级平台之一，其成立时间几乎与重庆建工股份改造同步（于 2010 年 3 月成立）。重庆渝富集团来头不小，该公司为重庆渝富控股集团全资子公司，而重庆渝富控股集团为重庆市国资委旗下国有独资公司，在重庆国资系统地位显赫。资料显示，重庆渝富控股集团董事长为李剑铭，曾任职重庆国资委副主任、重庆建工集团有限责任公司董事长。重庆鑫根与重庆渝富集团展开合作，后者充当了重要的资方角色，表明重庆国资对重庆鑫根的认可。

2016 年 6 月 30 日，深圳国资委重要的投资平台——深圳市鲲鹏股权投资管理有限公司还与深圳鑫根联合成立了深圳市鲲鹏鑫根投资基金管理有限公司。不仅如此，经过多年蛰伏，鑫根资本已经在乐视网与重庆建工之外，开始广泛建立自己的 A 股投资“朋友圈”，或联手上市公司直接投资，或与之合设产业基金进行间接投资。

除携手上市公司直接投资有潜质的公司外，鑫根资本还以深圳鑫根为主体，多方联手上市公司成立产业基金。2014 年 11 月，深圳鑫根与华讯方舟控股股东华讯方舟科技有限公司成立深圳华讯鑫根投资基金管理有限公司。2015 年 12 月，深圳鑫根与国信证券旗下国信弘盛创业投资有限公司合设深圳市国信鑫根基金管理有限公司。2016 年 4 月，深圳鑫根与康得新大股东旗下的北京康得投资管理有限公司合设深圳市康得鑫根投资基金管理有限公司。2016 年 6 月，深圳鑫根与神州数码子公司共同成立深圳市神州鑫根股权投资有限公司，深圳鑫根投资占比为 45%。同期，深圳鑫根还联合新三板挂牌 PE 公司信中利一起入股云南恒达睿创三维数字科技有限公司。2015 年 4 月，信中利实际控制人汪超涌、李亦非夫妇高溢价入主深圳惠程，曲线登陆 A 股市场。

按照上述进程，鑫根资本确实有可能在未来数年内继续高歌猛进，鑫根系版图有望继续扩张。

2. 引入原因

（1）企业急需资金

由于乐视网2011年疯狂地采购版权和设备及进行其他投资，直接导致其现金流陷入紧张局面。根据乐视网2011年年报，虽然其主营业务收入相比2010年获得了151%的增长，但在2011年末，其现金及现金等价物余额仅有1.33亿元，相比2010年的5.43亿元减少了约75%。为了应付其对投拍自制剧及联合推出系列微电影的投入，乐视网2011年、2012连续两年申请银行长期借款共计8000万元，并且在2012年通过发行不超过4亿元公司债券的方式弥补流动性。但大举发债导致该公司资产负债率由2011年的45%攀升至2012年的56%；流动资产为8.91亿元，而流动负债则高达11.14亿元。与此同时，该公司2012年的预收账款仅为682.64万元，同比降幅达55%，这给乐视未来业绩增长和现金流带来巨大的压力。

为了解决资金难题，贾跃亭使尽浑身解数，不惜以股权质押、定增等多种方式融入资金。其中，在股权质押方面，根据乐视网公告数据，从2013年2月8日到2014年7月3日这15个月间，贾跃亭共进行了26次股权质押和11次股权解除质押。2013年2月8日、3月7日、4月1日、4月8日，贾跃亭分四次将名下4840万股用于质押，个人名下83.98%的股票已被质押。截至2015年1月，贾跃亭累计质押的股份已超2.9亿股，占其所持股份的78.01%，占乐视总股本的34.49%。贾跃亭通过质押股票到底获得多少资金，公开资料并没有披露。据市场人士推测，贾跃亭通过股权质押方式共计融资40亿元左右。而上涨后的股价再拿去做质押，又可以融到更多的资金来进行资本运作。2013年9月乐视网用募集到的16亿元资金收购了2家公司的股权，以“现金+股票”形式作价9亿，收购花儿影视100%股权。与此同时，还发行股份收购乐视新媒体99.5%股权，对价为3亿元。另向不超过10名其他特定投资者发行股份募集配套资金4亿元。随着行业竞争的进一步加剧，以及乐视所打造的生态产业链的延伸，为了弥补资金链紧张的“短板”，2014年8月8日，乐视网发布定增公告，非公开发行募资45亿元，无奈苦等了9个多月之后都没能等来证监会的发行批文。这期间，乐视网经历了一系列风波，这直接导致了乐视网45亿元定增计划的流产。之后公司于2015年5月公布了新的再融资方案，然而，在经历了2015年6月股市的暴跌后，乐视网再次调整了定增方案，募集资金变为48亿元。

（2）看重鑫根的资源

前文提到，包括乐视网在内，鑫根资本在过往数年共投资了不下10个直接或间接涉及上市公司、新三板挂牌公司的项目，包括重庆建工、中源协和、荣之联、康得新、国信证券、深圳惠程、华讯方舟、神州数码、信中利等。这说明其投资面广泛。加之鑫根资本形成了自己的A股投资朋友圈，乐视作为一家互联网公司需要与这些企业合作。

（3）传递利好信号

鑫根资本在过往数年共投资了不下10个直接或间接涉及上市公司、新三板挂牌公司的项目，可以说在资本市场斩获颇丰，被其投资的企业自然会获得更多的目光，这对乐视网在二级市场的股价构成良好的信号传递，对企业的市值构成正面影响。

（4）有可能与政府形成合作

鑫根资本与重庆、深圳等地国资交往密切，鑫根资本不少项目系地方国资推荐或撮合而来，这显示出鑫根资本强大的政商人脉关系。此番入驻乐视，乐视有可能获得政府方面的支持，这对乐视来说，无疑是个大好机会。

3. 融资过程

在 2015 年 10 月 30 日，乐视网正式发布公告称，贾跃亭再次减持公司股份 1 亿股，受让方为鑫根资本旗下的深圳鑫根基金。此次减持套现资金约为 32 亿元，协议显示转让所得资金贾跃亭将无息借给乐视作为营运资金使用且期限不低于五年，同时鑫根基金承诺：本次协议转让的股份自股权过户登记完成之日起六个月内，不减持所受让的乐视网股票。据了解，深圳鑫根基金有限合伙人包括了由重庆市委市政府设立的重庆产业基金，乐视骨干核心人员成立的尚誉资产，以及嘉实资本所代表的一家专业金融机构，乐视通过此次交易引入了政府资金。公告显示，贾跃亭与深圳鑫根签署股份转让协议，鑫根基金将受让贾跃亭手中一亿股乐视网股份，减持前贾跃亭持有的股份约为 7.82 亿股，减持后其持有股份约为 6.82 亿股，占公司股本约 36.79%，贾跃亭仍为乐视第一大股东。乐视股数变动如表 6－3 所示。

**表 6－3　股数变动**　　单位：股

| 股东名称 | 2015 年 10 月 30 日减持前直接持有公司股份 | | 2015 年 10 月 30 日减持后直接持有公司股份 | |
|---|---|---|---|---|
| | 股数 | 占总股本比例 | 股数 | 占总股本比例 |
| 贾跃亭 | 782 844 429 | 42.18% | 682 844 429 | 36.79% |
| 鑫根资金 | 0 | 0 | 100 000 000 | 5.39% |

数据来源：根据乐视公告整理。

4. 融资成果

（1）加强了与政府的合作

在鑫根资本的牵线下，乐视与重庆市政府展开紧密合作。2016 年 9 月，乐视与重庆市政府、鑫根资本举行合作签约仪式，合作内容为乐视在重庆投资产业基地，合作方向包括云计算与大数据、大智能终端代工生产、金融等多领域。其中，乐视将在重庆两江新区设立独立核算的乐视云公司。

2016 年 3 月深圳 IT 领袖峰会期间，深圳市政府与乐视达成战略合作，并签署并购基金合作协议。乐视与深圳市引导基金、鑫根资本共同发起成立深圳市乐视鑫根并购基金。

（2）拓宽资金供应渠道

2015 年 3 月 30 日，深圳鑫根与乐视网控股股东乐视控股以及两位自然人股东合设深圳市乐视鑫根垂直整合生态基金管理有限公司，并间接投资了乐视鑫根壹、贰、叁号三家投资管理企业。其中，乐视鑫根壹号投资管理企业参投了乐视影业，持股比例约为 3.59%。同年 11 月 13 日，深圳鑫根与乐视网旗下北京乐视流媒体广告有限公司共同投资设立深圳市乐视鑫根并购基金管理有限公司。至 2016 年 11 月 9 日，乐视鑫根并购基金一期已成功募集 48 亿元，该基金总规模为 100 亿元。

（3）涉及整个产业链条

目前深圳鑫根至少投资了15家乐视子公司，其中多家公司以参股基金形式，涉足乐视系链条。在2015年12月9日，深圳鑫根又参与成立重庆渝富锦一鑫根股权投资基金管理有限公司，该公司投资的重庆战略性新兴产业乐视云专项股权投资基金，2014年向乐视云公司（乐视网持股50%）投资10亿元，并提供相关产业资源支持。

（4）不干涉企业决策

值得一提的是，鑫根资本虽与乐视展开了全方位合作，涵盖上市及未上市板块，但诸多公开资料及鑫根资本的系列减持行为却表明，鑫根资本在乐视体系中的话语权并不明显。或者说，鑫根资本掌门人曾强与贾跃亭有可能私交甚好，但在乐视系列公司的具体经营方面，依然是“股份决定话语权”，作为乐视系列公司实控人的贾跃亭是最主要的决策者。

## （三）鑫根减持原因

从2016年开始至2017年一季度，鑫根资本连续减持了至少9241.57万股，占其原有股本的92.41%。

1. 融资方式所致

鑫根资本投资乐视主要是通过旗下管理的基金进行，而这种形式本来就面临着基金自身的问题。对于基金本身，根据基金合同，基金已经到期了必须按时清仓；对于基金持有人，基金持有人包括基金管理者都认为已经达到了预期的收益；对于基金管理人，市场形势不好，基金仓位过重、风险过高，根据集体决策后决定减持。

2. 获得合理回报

2017年下半年，乐视网股价持续下跌，但总体而言，鑫根基金的这笔投资仍然获得了丰厚回报。按照减持时间测算，鑫根基金此前两次减持时，乐视网股价高于当初32元/股的受让价，鑫根基金回报颇为丰厚。尽管如此，乐视网持续下跌的股价，也对鑫根基金产生了不利影响。经过2017年3月3日、3月4日持续下跌，乐视网股价已逼近鑫根基金最初的持股成本，而3月4日盘中一度跌至31元附近，已击穿鑫根基金接盘成本价。由于前期减持获利丰厚，虽然不至于总体亏损，但对鑫根基金来说，下跌的股价无疑是不利因素。

鑫根投资创始合伙人曾强表示，资本运作是以盈利为目，同时推动公司进步，进进出出是很正常的商业决定。这说明，鑫根资本减持最重要的原因之一是，作为投资者首先最关注的是投资的盈利性，被投资方乐视已经接连出现了多方面的问题，投资价值减低，鑫根资本基于投资者的利益在恰当时候减持，避免投资亏损，这对于鑫根资本本身的投资人和基金认购者来说也是一种负责任的态度。

3. 无法达成共识

鑫根基金减持并不是不看好乐视生态的整体发展。相反，旗下公司一直与乐视全生态保持合作，除了投资乐视网，还扮演了乐视投资顾问的角色。作为股东，鑫根资本支持乐视三大战略升级，与乐视风雨同舟。鑫根资本在乐视最困难的时候进去，给予乐视的不仅是资金，还有资源整合。鑫根资本给乐视带来的最大价值，是其生态、品牌、外部关系等全方位的改善，而这些远远超过了资金本身的价值。

然而，在合作价值上理解的不一致，有可能改变了鑫根起初的投资目的。鑫根资本认为，作为大股东，贾跃亭对上市公司的专注不够，乐视没有做好上市公司与供应商、股东、政府等建立良好的关系。

投资目的的改变引起了鑫根资本的减持行为。对于乐视，鑫根提供了雪中送炭的资金，但是并没有过多地参与公司治理。而鑫根资本认为乐视的发展方向正确，但次序有错，应重点发展乐视云、乐视电视等核心业务，而土地、房地产等必须砍掉，下一步再发展其他业务。贾跃亭作为颠覆者的野心和韬光养晦之间的度要把握好。

由此可见，之前鑫根资本作为红衣骑士进入乐视，除了提供资金，与管理团队的友好之外，需要改进的一点就是要在制度上高度默契，同时又互相监管。

4. 乐视状况恶化

（1）投资的专注度不够

乐视生态包含了四个层面："平台 + 内容 + 终端 + 应用"。格局看似非常宏大，包罗万象，但其实大多都只是撒种子，真正具有一定规模的业务只有电视、手机、视频、电影四块。例如其视频业务板块，盈利主要是源于早期的版权布局，随着版权费被哄抢之后，这种优势已不复存在。终端业务模块，苹果和小米靠着终端销售可以保证企业发展，而乐视的终端却是靠着补贴销售，卖得越多越亏损。再看看硬件 + 软件模块，二者的结合需要独一无二的纽带，类似苹果手机和 IOS，而乐视寄托在安卓系统之上，没有协同效用。还有技术模块，技术能够降低平台成本，形成一个边际递增的内容价值生态，而乐视只是通过资本杠杆支撑来讲故事。

（2）不断恶化的财务状况

乐视存在过多的关联交易。截至 2016 年末，乐视网应收账款余额达到 86.86 亿元，较 2015 年末增加了 53.26 亿元，增幅接近 159%。其中，期末关联方应收账款余额达 38 亿元。2016 年乐视网关联方销售所涉及的金额高达 117.85 亿元，与 2015 年相比增长超过 6.5 倍，相当于全年营业总收入的 53.6%。换句话说，在乐视网 2016 年的收入中，超过一半来自于关联交易。

收入质量逐步降低。乐视的销售收入在不断提高，可其销售净利率反映的盈利能力却在不断下降。进一步分析其销售收入结构可知，其营业收入占比最大的部分是终端业务收入，而终端收入的补贴率极高，已经基本不能给企业带来收入，从年报中反映的营业净利润的变化明显赶不上营业收入的变化，说明企业收入质量低下。

乐视过度扩张，资金不足。一个系统节点越多，这个系统瘫痪的可能性就越大，乐视生态就是一个有众多节点的系统。乐视电视、手机资金危机以及年初挪用易道资金都反映出乐视自身"造血功能不足"。而乐视已经质押了大量股票。大量质押股票会给公司带来较大风险，一旦股价下跌到警戒线，需要追加质押股票或直接现金补仓。

## 三、参考资料

本案例的关注重点在融资方式和并购方式上，与此相关的参考资料除了前面案例正文中提供的背景资料以外，还包括有关企业会计准则、有关公司法等法规以及相关行业资料。

[1] 李佳诚. 乐视网生态系统模式研究 [D]. 南京：南京财经大学，2015.
[2] 葛顺. 浅析乐视财务风险 [J]. 中国管理信息化，2017，20 (03)：20-21.
[3] 金梦玲. 乐视网融资行为分析 [D]. 合肥：安徽工业大学，2016.
[4] 孙守哲. 乐视网高管减持动因研究 [D]. 石河子：石河子大学，2016.
[5] 杨昆. 财务视角下的乐视生态系统研究 [J]. 会计之友，2017 (14)：108-112.
[6] 牛玉林. 乐视资金链危机：过程、问题与反思 [J]. 当代会计，2017 (09)：28-29.

## 四、讨论题目

从乐视网的融资发展，到鑫根资本投资，再到鑫根资本减持，带给人们太多的启示。请重点思考如下问题：

1. 互联网企业有哪些融资渠道，各自有哪些优缺点。
2. 乐视在其融资策略上有问题吗？如果有，请简述。
3. 通过感悟乐视与鑫根资本的融资成果，对于其他企业来说，良好的融资策略能给企业带来什么？
4. 鑫根减持乐视，对其他互联网企业有何启示？

# [案例说明书]

## 一、本案例要解决的关键问题

本案例要实现的教学目标：引导学员进一步掌握企业融资策略和结构的基本理论，使学员能够结合所学专业知识以及其他有关知识，运用企业融资的基本理论与操作方法解决企业资金战略管理的实际问题，培养学员分析企业融资问题的综合能力。通过本案例的具体分析，掌握我国企业选择合适融资渠道的重要性和影响因素。

## 二、案例讨论的准备工作

为了有效实现本案例目标，学员应该具备下列相关知识背景。

### （一）理论背景

1. 融资渠道

融资通常是指货币资金的持有者和需求者之间，直接或间接地进行资金融通的活动。从狭义上讲，融资即是一个企业的资金筹集的行为与过程，也就是说公司根据自身的生产经营状况、资金拥有的状况，以及公司未来经营发展的需要，通过科学的预测和决策，采用一定的方式，从一定的渠道向公司的投资者和债权人筹集资金，组织资金的供应，以保证公司正常生产需要，经营管理活动需要的理财行为。主要包括内源融资和外源融资两个渠道。其中内源融资主要是指企业的自有资金和在生产经营过程中的资金积累部分；外源融资主要包括直接融资和间接融资两类方式。直接融资与间接融资的区别主要在于是否存在融资中介。间接融资指企业的融资是通过银行或非银行金融机构渠道获取。直接融资是企业直接从市场或投资方获取资金。随着技术的进步和生产规模的扩大，单纯依靠内源融资已经很难满足企业的资金需求，外源融资成为企业获取资金的重要方式。

2. 股权质押

质押以其标的物为标准，可分为动产质押和权利质押。股权质押就属于权利质押的一种。股权质押又称股权质权，是指出质人以其所拥有的股权作为质押标的物而设立的质押。以股权质押进行融资，补充出质人流动资金，当质押物到期质押人无法履行偿付时，质押人应将质押物的价值优先偿付给债权人。实质上，这种融资方式是股东将自己所持有的股权或相关经济权利作为质押物抵押给债权人来获得相应资金。股东采用这种融资方式后，仅仅是质押物的自由转让被限制，持有该项质押物的股东始终拥有其控制权，因此，公司股东通过这种质押方式获取资金后，股东仍然是该部分股权的控制人。股权质押是上市公司大股东重要的融资工具之一，融资的规模一般都不会太小。在上市公司股价频频出现腰斩的情况下，大股东也会面临有如杠杆一样的风险，投资者对此也得密切关注。

### （二）制度背景

“互联网 +” 政策细化落实，进一步推进互联网与各领域深度融合发展；创新驱动发展战略深入实施，进一步推进大众创业、万众创新；负面清单管理模式深入推进，进一步释放创业创新活力。

此外，我国互联网领域立法加快推进，为互联网行业健康有序发展提供了重要保障。一方面，互联网信息服务立法不断完善。国家相关部门正在修改完善《互联网信息服务管理办法》，以适应互联网行业融合发展的需要。全国人大财经委牵头起草的《电子商务法》草案初稿也基本形成，2016 年 12 月 27 日至 2017 年 1 月 26 日在中国人大网向全国公开电子商务立法征求意见。《电子商务法》以促进发展、规范秩序、维护权益为指导思想，对平台责任、消费者权益保护等重要问题做出了规定，将有效促进我国电子商务健康有序发展。另一方面，网络安全保护立法加速推进。习近平总书记指出，没有网络安全就没有国家安全。《网络安全法》由全国人民代表大会常务委员会于 2016 年 11 月 7 日发布，自 2017 年 6 月 1 日起施行。该法针对关键信息基础设施保护、跨境数据流动、网络信息安全等基本制度等做出规定，为互联网行业发展营造完善的法律环境。

国家于 1995 年颁布并实施《担保法》，该项法律主要是监控非上市公司的股权质押行为。国家于 2007 年出台《上市公司信息披露管理办法》，指出上市公司的临时报告制度中必须包括超过 5% 以上的股权质押行为。于 2013 年正式推出《股票质押式回购交易及登记结算业务办法（试行）》，国家针对股权质押这一行为逐步完善相关法律，从而加快企业以质押方式进行融资的发展。

## 三、教学组织方式

### （一）问题清单及提问顺序、资料发放顺序

本案例讨论的题目依次为：

1. 互联网企业有哪些融资渠道，各自有哪些优缺点？
2. 乐视在其融资策略上有问题吗？如果有，请简述。
3. 通过感悟乐视与鑫根资本的融资成果，对于其他企业来说，良好的融资策略能给企业带来什么？
4. 鑫根减持乐视股份，对其他互联网企业有何启示？

本案例的参考资料及其索引，在讲授有关知识点之后一次性布置给学员。

### （二）课时分配

（1）课后自行阅读资料：约 3 小时；

（2）小组讨论并提交分析报告提纲：约 3 小时；

（3）课堂小组代表发言、进一步讨论：约 3 小时；

（4）课堂讨论总结：约 0.5 小时。

### （三）讨论方式

本案例可以采用小组讨论方式。

### （四）课堂讨论总结

课堂讨论总结的关键是：归纳发言者的主要观点；重申其重点及亮点；提醒大家对焦点问题或有争议观点做进一步思考；建议大家对案例素材进行扩展研究和深入分析。

# 案例 7

# 乐视网资金运营“乐极生悲”*

* 1. 本案例由广东工业大学管理学院的张军波、温琳、何碧容、刘蕙珊、李家敏等共同撰写，作者拥有著作权中的署名权、修改权、改编权。

2. 将本案例授权予广东工业大学产教融合 MPAcc 教学智库实验平台使用，广东工业大学产教融合 MPAcc 教学智库实验平台享有复制权、修改权、发表权、发行权、信息网络传播权、改编权、汇编权和翻译权。

3. 由于企业保密的要求，在本案例中对有关名称、数据等做了必要的掩饰性处理。

4. 本案例只供课堂讨论之用，并无意暗示或说明某种管理行为是否有效。

## [案例封面]

**专业领域：**财务管理

**适用课程：**《财务会计理论与实务》《财务管理理论与实务》

**选用课程：**《公司理财》

**编写目的：**资金运营，是对企业资金的来源和资金的使用进行计划、控制、监督、考核。它在一个企业的日常运营中起着极为重要的作用。学员通过教师在课堂上的引导，有针对性地讨论、分析本案例，一方面，自主思考资金运营的定义和重要性，了解作为上市企业的乐视的资金运营情况；另一方面，充分了解各类财务指标，学会通过财务指标的变化来分析公司资金运营存在的问题，衡量公司的发展水平。

**知 识 点：**资金运营的概念、目标和意义；财务指标

**关 键 词：**融资；投资；资金运营；乐视

**中文摘要：**资金是企业日常运营的重要基础，犹如人体的“血液”，维持着企业的生存和发展。2008 年的国际金融危机爆发后，大量企业资金链断裂，陷入困境。通过这场金融危机，世界各国的集团、企业都深刻地认识到了资金运营的重要性。因此，如何防范资金风险、维护资金安全、提高资金效益成了企业最为关注的问题，企业应如何进行有效的资金运营？本案例以当前最热点的企业——乐视网信息技术（北京）股份有限公司及其关联方（以下简称“乐视”）为研究对象，通过梳理乐视的概况和发展历程，从财务指标着手，深入了解乐视近几年投、融资的情况，分析致使乐视陷入资金困境的原因，引导学员共同探讨资金运营在企业日常管理中的重要性。

# [案例正文]

2010 年 8 月 12 日，四把锤子同时落下，洪亮的锣声准时响起。

“让我们，一起为梦想窒息!”贾跃亭话语刚落，掌声如雷。贾跃亭笑容灿烂，大步流星走出会场。这似乎与他平日里面对员工和记者采访时态度温和并不相符。“如果不是因为超级电视，或许贾跃亭还是从前那个面对外界质疑，仍然低调到鲜有露面的 CEO。”一位乐视内部人士对记者说。

外界看到的是，从 2016 年宣布发布超级电视开始，这位很少在外界出现的 CEO 一下子变得高调起来。在发布会上，他穿起了乔布斯式的黑 T 恤、牛仔裤，站在聚光灯下，语气平和、自信，宣布将颠覆传统电视行业。然而满是自信和光环的贾跃亭从未想过暴风雨正在将这个“帝国”冲毁。

乐视从 2016 年 10 月辉煌的顶点在 2016 年 11 月迅速坍塌，连年高涨的资产负债率，资产冻结、老贾辞任，公司挤满讨债人，体验店关门，供应商集体讨债等接连不断的负面消息接踵而来。

贾跃亭是一个极端的梦想家，甚至可以说是一个空想家，他梦想构建一个庞大的生态帝国，致力于打造基于视频产业、内容产业和智能终端的“平台 + 内容 + 终端 + 应用”完整生态系统。

梦想很丰满，现实很骨感，最后乐视的资金链断裂，庞氏骗局被打破，让人不禁想问：乐视的扩张进程是怎样的呢？乐视的生态链如此大，资金从哪里来又到哪里去了呢？乐视在生态扩张的过程中资金运营状况如何？且听下文娓娓道来。

## 一、乐视：成长是件“乐事”

### （一）乐视的概况

在 2004 年 11 月，北京中关村高科技产业园区出现了一个新生命，它的名字叫乐视。由贾跃亭孕育的乐视从一出生就带着耀眼的光环，它享有国家级高新技术企业资质，并用理想装饰它的成长之路。随着移动互联网如火如荼地发展，乐视抓住时机，在 2010 年 8 月 12 日成功在中国创业板上市，乐视网因此成为唯一一家在境内上市的视频网站，也是全球第一家 IPO 上市的视频网站，声名远扬。

乐视在成长道路上，始终充满着梦想，在创始人贾跃亭的带领下大胆地去实现。乐视颇有远见，它一开始就确定自己网络视频基础服务和视频平台增值服务的经营范围，并以网络高清视频服务、网络标清视频服务、个人 TV 服务、企业 TV 服务、网络超清播放服务、手机电视服务等为主营业务。长期以来，乐视致力于打造垂直整合的“平台 + 内容 + 终端 + 应用”的生态模式，涵盖了互联网视频、影视制作与发行、智能终端、大屏应用市场、电子商务、生态农业等，深受广大人民群众的欢迎，日均用户超过 5000 万，月均超过 3.5 亿。

在一片喝彩声中，近十年来乐视网在不断努力中创造了多项全球或中国第一，如成为中国用户规模第一的专业长视频网站。除此之外，它还是全球首家推出自有品牌电视的互联网公司，中国首家拥有大型影视公司的互联网公司，中国第一家提出内容自制战略的公司。乐视用自己的热血和努力打造成了中国最具活力和影响力的科技与文化融合的创新型企业，并形成“广告收入+内容收入+硬件收入+应用分成”的多重盈利模式，理想是蓝色的，因为蓝色是温暖的颜色，而乐视也成为一个有故事的企业。

### （二）乐视的发展历程

1. 初创阶段

也许是创始人贾跃亭早早嗅到了互联网快速发展的味道，在2004年11月乐视成立，乐视网正式上线。在乐视网成立之后的2007年至2009年，乐视低价购买了大量的电影电视剧版权，这些版权为乐视未来的飞速发展做了铺垫。这得益于贾的前瞻判断：国家会加强内容版权的保护，内容将成为视频网站最核心的竞争力。而在2008年，贾跃亭投资成立了乐视影业的前身——乐视娱乐投资（北京）有限公司，开始了乐视网的第一次业务外延。

2. 发展阶段

唯一一家在境内上市的视频网站，也是全球第一家IPO上市的视频网站——乐视在2010年8月，实现创业板上市。上市之后，他的业务开始慢慢地向外展开，2011年，成立乐视影业，将其定位为“电影互联网公司”。

3. 扩张阶段

从颠覆电视开始，乐视掀起一场“史无前例”的多元化、非关联性狂奔式扩张，从与内容视频相关的电视机，进入手机、体育、影业，甚至新能源汽车领域。

### （三）乐视的业务模块

乐视网致力打造基于视频产业、内容产业和智能终端的“平台+内容+终端+应用”完整生态系统，其生态系统布局包括了四个业务子系统：平台子系统、内容子系统、终端子系统与应用子系统。

（1）平台子系统：乐视网云平台、乐视网电商平台、乐视网应用开放平台。

（2）内容子系统：一方面是由乐视网影视版权库，节目频道、网络院线构成的内容运营部分；另一方面是由乐视影业、花儿影视等旗下影视制作子公司构成的内容制作部分。

（3）终端子系统：LetvUI、乐视盒子、超级电视。

（4）应用子系统：Letv APP Store、浏览器、视频搜索引擎。

### （四）乐视的财务分析

成立于2004年的乐视于2010年8月12日在中国创业板正式上市，此时的注册资金已高达398944万元，创始人贾跃亭为最大的股东，股权结构如图7-1所示。

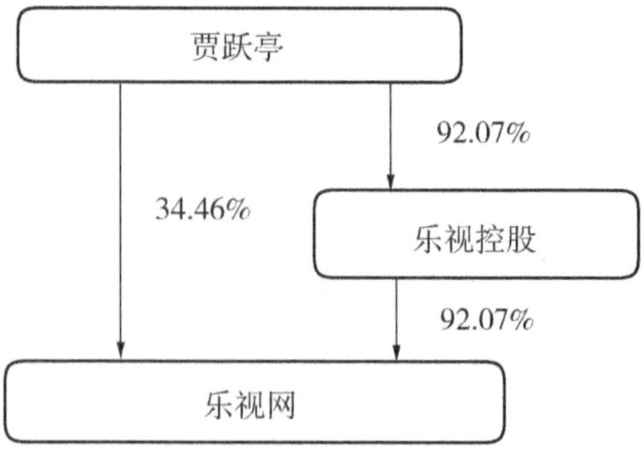


图7-1　乐视股权结构

数据来源：乐视网。

接下来我们将通过一系列财务指标分析

来看看乐视自上市以后的成长过程。

1. 偿债能力分析

偿债能力分析是企业财务分析的一个重要方面。短期偿债能力方面，从表 7－1 中可以看到，上市之后，乐视的三大反映短期偿债能力的指标成波浪式变动趋势，总体而言，还是处于比较平稳的状态。此外，也可以发现，乐视近四年的短期偿债能力有所提升。

表 7－1 短期偿债能力分析

| 年 份 | 2011 | 2012 | 2013 | 2014 | 2015 | 2016 |
|---|---|---|---|---|---|---|
| 流动比率 | 1.02 | 1.36 | 0.83 | 0.81 | 1.22 | 1.27 |
| 速动比率 | 1.01 | 1.33 | 0.83 | 0.65 | 1.07 | 1.20 |

在长期偿债能力方面，如表 7－2 所示，从 2011 年至 2016 年，乐视的资产负债率呈逐年上涨的趋势，反映这几年乐视的是充满活力的，不断地在加快自己前进的步伐；但是利息保障倍数方面，却是有逐年下降的趋势，不过公司还是有能力支付利息费用的。

表 7－2 长期偿债能力分析

| 年 份 | 2011 | 2012 | 2013 | 2014 | 2015 | 2016 |
|---|---|---|---|---|---|---|
| 资产负债率 | 40.42% | 56.11% | 62.72% | 62.23% | 68.35% | 67.48% |
| 利息保障倍数 | 13.95 | 4.90 | 3.13 | 1.49 | 1.26 | — |

2. 营运能力分析

应收账款周转率反映的是公司应收账款的周转速度，周转率越高，说明回收速度越快；流动资产周转率反映的是公司全部流动资产的利用效率，指标越高，说明利用效率越好；总资产周转率是用来分析公司全部资产的使用效率，比率越高，说明企业对资产的运用得当。三大指标都是反映公司营运能力的重要指标。从表 7－3 可以看到，乐视的应收账款周转率、流动资产周转率、总资产周转率还是比较平稳的，公司不论是在产品研发和销售方面还是整体管理方面，都有一定的进步。

表 7－3 营运能力分析

| 年 份 | 2011 | 2012 | 2013 | 2014 | 2015 | 2016 |
|---|---|---|---|---|---|---|
| 应收账款周转率 | 4.84 | 4.26 | 3.57 | 4.80 | 4.96 | 3.65 |
| 流动资产周转率 | 0.90 | 1.50 | 1.59 | 2.40 | 2.05 | 1.38 |
| 总资产周转率 | 1.80 | 0.50 | 0.60 | 0.98 | 1.01 | 0.89 |

3. 盈利能力分析

盈利是企业的经营目标，是企业生存和发展的物质基础，无论是债权人、投资者还是管理者都非常看重企业的盈利能力变化。从表 7－4 的数据可以看到，乐视的销售净利率和资产利润率却是逐年下降的，这不禁令人产生疑惑。但仔细观察不难发现，乐视自 2011 年上市以来，都在不断地尝试、探索新领域，积极投入大量资金到产品研发，同时公司的规模也在不断扩大，总资产也在飞快增长，因此影响了利润率和总资产报酬率，但公司的成长还是显著的，在市场上也有着较好的竞争力。

**表7－4　盈利能力分析**

| 年　份 | 2011 | 2012 | 2013 | 2014 | 2015 | 2016 |
|---|---|---|---|---|---|---|
| 销售净利率（%） | 29.42 | 21.87 | 16.27 | 1.89 | 1.67 | －1.01 |
| 总资产报酬率（%） | 12.61 | 12.25 | 9.12 | 3.18 | 2.78 | 2.25 |
| 基本每股收益（元/股） | 0.60 | 0.46 | 0.32 | 0.44 | 0.31 | 0.29 |

4. 发展能力分析

发展能力也称为成长能力，从乐视的净利润增长率、总资产增长率可以看到（表7－5），近几年乐视的发展势头迅猛。

**表7－5　发展能力分析**

| 年　份 | 2011 | 2012 | 2013 | 2014 | 2015 | 2016 |
|---|---|---|---|---|---|---|
| 主营业务收入增长率（%） | 151.22 | 95.02 | 102.28 | 188.79 | 90.89 | 68.64 |
| 总资产增长率（%） | 72.00 | 63.50 | 73.05 | 76.30 | 91.87 | 89.81 |

综上所述，我们可以看到，上市后的乐视，紧跟时代发展的步伐，注重产品研发和技术创新，大胆涉足各个领域，打造出一套独有的乐视发展模式，在市场上表现耀眼，一度跃升为创业板中市值最高的公司。不得不说，成长对于乐视而言的确是件值得快乐的事情，不仅得到了大家的青睐，更重要的是来自各方的资金源源不断地为它补充营养，助力乐视快速成长。

## 二、乐视：让我们一起为梦想窒息

### （一）“颠覆者”贾跃亭

毫无疑问，一个公司的发展跟创始人的性格、经历密切相关。相信乐视也是如此。2004 年创建乐视网信息技术（北京）股份有限公司的贾跃亭出生于 1973 年，是山西襄汾人，毕业于山西省财政税务专科学校。23 岁的贾跃亭在山西成立了自己的第一家公司，30 岁独自一人大胆地到北京打拼。外界评论贾跃亭是个越挫越勇、敢于打拼、眼光超前的商人。所以我们看到了今天的乐视，快速扩张且敢于涉足不同的领域。贾跃亭的最终梦想是构建一个庞大的生态帝国，互相之间发生生态化学反应，在一次宣讲会上，他呐喊，让我们一起，为梦想窒息。

### （二）越吹越大的“乐视泡泡”

在贾跃亭的带领下，乐视以极快速度实现多元化，从 2004 年成立到现在共有七大行业生态，分别是互联网及云生态、内容生态、体育生态、电视生态、汽车生态、手机生态、金融生态。以下是乐视的“前世今生”时间史：

2004 年：2003 年来北京发展的贾跃亭判断，政府将可能很快发放 3G 牌照，3G 牌照发放后手机上网速度会大大提升，电信运营商的业务也将不再局限于语音和短信，如 ISP 彩铃、音乐视频等内容服务会发展起来。于是，他在自己创建的北京西伯尔通信科技有限公司成立了一个在线流媒体部门，专门为手机用户提供流视频服务。但是由于政府迟迟没有发放 3G 牌照，贾跃亭决定将流视频服务从移动端转向 PC 端，就这样，乐视网于 2004 年正式上线。创始人贾跃亭选择了与当时其他视频门户截然不同的玩法——“正版 + 付费”。在那个盗版横行的年代，乐视迈出了惊险但正确的第一步。

2007 年：颇具慧眼的乐视网通过版权分销，成功穿过重重荆棘，率先成为实现盈利的视频网站。

2008 年：乐视影业电影公司成立，为乐视网打通影视剧上游资源和关系。

2009 年：贾跃亭再一次站在时代的前端，看到了“互联网 +”未来的巨大潜力，于是乐视开始互联网电视领域的研发，并成立了乐视 TV 事业部，推出了第一款乐视 TV。

2010 年：乐视“喝到第一碗羹”，成功实现国内创业板上市，股票简称乐视网，成为行业内全球首家 IPO 上市公司。

2011 年：在低价囤积影视内容版权的过程中，贾跃亭判断影视剧的互联网版权价格将节节攀升，于是考虑尝试自制内容，乐视影业成立。

2012 年：创建乐视致新电子科技公司。

2013 年：推出乐视 TV 超级电视。

2014 年：成立乐视云计算有限公司。此外，还发布了“SEE 计划”，欲打造超级汽车以及汽车互联网生态系统。紧接着，乐视手机面世。乐视体育文化产业发展（北京）有限公司和乐视财富（北京）信息技术有限公司也相继成立。早在 2011 年 4 月，乐视网斥资 2000 万元购买《甄嬛传》的独家网络版权，《甄嬛传》的热播，为乐视网带来了创纪录的 20 亿流量。乐视网看到花儿影视的巨大价值，乐视全资收购花儿影视。

2015 年：贾跃亭并没有停下逐梦的步伐，乐视移动、乐视音乐公司、乐意智能科技三家子公司成立，而且贾跃亭还并购易到用车、入股 TCL。

2016 年：与新沃资本等 7 家公司发起设立新沃财产保险股份有限公司。与此同时，乐视小贷公司在重庆揭牌成立。与广汽集团、众诚汽车保险共同投资成立了大圣科技股份有限公司。

在我们的认知中，无论是互联网行业的 BAT，还是传统行业里的格力与万科，这些优秀企业的成长都经历了萌芽、成长、质变、爆发的完整过程，它们都是不知不觉地在公众心目中打下了品牌烙印。

但乐视并没有遵循这样的一个路径，乐视一出现在世人面前，就已经是一个横跨视频网站、影视娱乐、电视、手机、汽车、体育、金融、云计算等多个产业的怪兽。在乐视这场横空出世之战中，贾跃亭兵行险招，在“攻下”视频主业后，又在短短几年间不断“下副本”，贾跃亭自己曾说过：“要么伟大，要么死亡。”那么乐视会是哪一种呢？

### （三）众说纷纭

公开资料显示，乐视网于 2010 年 8 月宣布上市，2012 年开始扩张，2015 年其股价曾达到 89.47 元/股，站上“世界之巅”，市值也一度突破千亿元，成为创业板第一大权重股。见证并伴随乐视网股价潮起潮落的，不止有投资者和金融机构，还有券商研报。

2010 年以来，乐视网先从一个视频网站做起，再拉“生态化反”大旗蒙眼狂奔建平台，这些经历都被券商分析师写进了研报。

一直以来，对于乐视，外界评价都是冰火两重天。有人支持贾跃亭的梦想，也有人对其市梦率（依靠着贾跃亭的梦想所支撑起来的市值）和生态提出质疑。但专门提供给投资者做参考的研报却几乎都在为贾跃亭的梦想“买单”。

从财汇金融大数据终端中统计，7 年时间内共有 40 余家券商发布过有关乐视网的研报，共计 350 篇，包括业绩/事件点评、动态/深度研究和调研访谈。其中，2010 年有 28 篇，2011 年大幅增长至 77 篇，2012 年减至 63 篇，2013 年再增至 72 篇，2014 年、2015 年、2016 年和 2017 年的研报数量分别是 37 篇、42 篇、31 篇和 3 篇。

在这 350 份研报中，绝大多数都是“强烈推荐”“推荐”“增持”“买入”，仅有 42 余份持有谨慎态度。从投资的角度来说，乐视在 2015 年之前的确是一家伟大的公司，因而券商唱赞歌也在情理之中。如 2010 年 12 月 6 日，国联证券发布报告《乐视网：独乐乐不如众乐乐，超清机引领娱乐新风暴》；2011 年 2 月 28 日，国联证券再度发布报告《乐视网：业绩符合预期 能否上演中国的 Netflix 奇迹》。

再如 2013 年 2 月 1 日，银河证券发布《长视频广告问鼎江湖，OTT 战略软硬通吃》。2015 年 5 月 12 日，东方证券发布《手机预约如期火爆，资本助力体育腾飞》。2016 年 6 月 23 日，高华证券发布《不仅是中国的 NETFLIX - 生态系统具优势；加入强力买入名单》。

诸如上述研究报告说明了券商在很长一段时间，对于乐视网总体看好。而在长达 7 年的时间里，仅有 7 份表达谨慎看待乐视网的研究报告，也值得一提。

## 三、“悲伤”来得猝不及防

### （一）“梦想”的泡沫被戳破

乐视目前由三大体系构成：第一，乐视上市公司体系，包括乐视视频、乐视致新与乐视云三大块业务；第二，乐视非上市公司体系，即乐视移动、乐视体育、乐视影业、乐视金融；第三，乐视汽车。乐视体系多年来融资达 728.59 亿元，其中直接融资 92.88 亿元，主要包括 IPO 募资、定向增发和发行债券；间接融资达 635.71 亿元（上市公司体系融资约 19 亿元，非上市公司体系融资约 503.71 亿元，乐视汽车 113 亿元）。从乐视网 2010 年上市以来计算，乐视平均每年的融资额为 104.05 亿元，“胃口”之大，已远超绝大多数上市公司，也超过了大多数发展中的互联网公司的融资金额。

在疯狂“买买买”的这几年，乐视的融资量已远远不够资金的流出，最为“烧钱”的事件当属大举收购、购买版权、硬件补贴、圈地买地和痴迷造车。其中，购买版权花费约 76 亿元，硬件补贴中约亏损 93 亿元，圈地买楼花费 470 亿元，而花费最高的“汽车梦”支出预计在 570 亿元左右。从 2010 年上市到 2017 年，我们发现乐视的资金流出总量已高达 1500 亿元（详见附录部分表 7 -7 ～ 表 7 -8）。

梳理乐视网近年披露的关联交易，可以看到，乐视网的部分资金通过关联交易流向了乐视各生态子公司。从前述乐视各业务线上的投融资事件中也能看到不少都是关联方之间在进行“互相捧场”，塑造出一种各个业务都欣欣向荣、备受各路资本追逐的景象。

2013 年，乐视网向关联方销售的金额是 1115.09 万元，从关联方采购的金额则是 2065 万元。

2014 年，乐视网向关联方销售的金额仅为 5849.09 万元，而从关联方采购的金额也到了 7932.27 万元。

2015 年，乐视网向关联方销售的金额突增至 16.38 亿元，而从关联方采购的金额也达到 27.1 亿元。

2016 年，乐视网向关联方销售和采购的金额纷纷飙升至 74.8 亿元与 128.68 亿元。

四年之间，乐视网向关联方销售的金额同比增长约 1153 倍，而从关联方采购的金额则同比增长约 361 倍。虽然关联交易本身无可厚非，但是交联交易占比过大，极易滋生利益输送与业绩造假。

此外，从乐视近几年披露的年报中提取出的一些关键数据来看（详见表 7 –9 ～ 表7 –12），2013 年到 2016 年，乐视的流动资金虽然每年都保持大幅上涨，但同时，乐视的应收账款也在大幅增长（见图 7 –2），且在流动资金中所占比例不断增大（见图 7 –2、图 7 –3）。乐视的生态模式本身涉足范围大，应收账款太多，公司很容易陷入资金周转的困境，严重影响公司的正常运营。而今天的乐视危机印证了这一切。

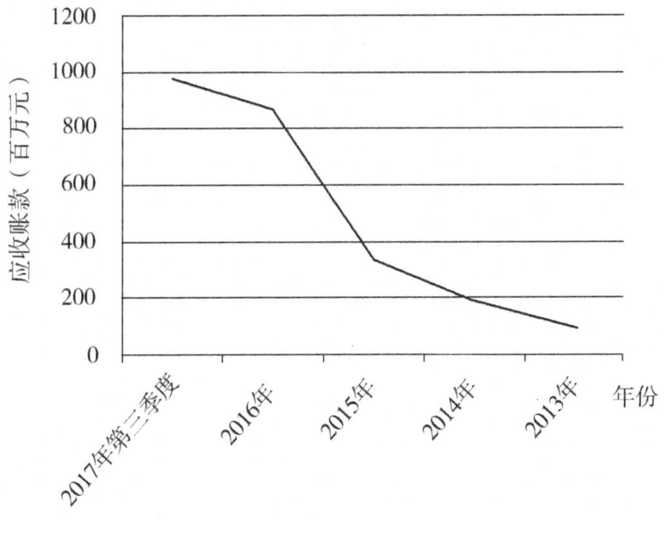


图 7 –2　2013—2017 年第三季度乐视应收账款

综上可见，乐视的融资已然无法满足它的大笔“剁手”以及各种硬件补贴带来的亏损。从图 7 –4 和表 7 –6 可以看到，乐视到 2017 年第三季度的营业成本已经超出它的营业收入了，而且从 2016 年开始，公司的净利润已为负数，亏损已经非常严重，且近两年的流动负债率很高，现金比率已不能满足偿还负债，资金流已然紧张，而“烧钱”活动却愈演愈烈，导致了乐视网最后的资金链断裂，被迫停牌。

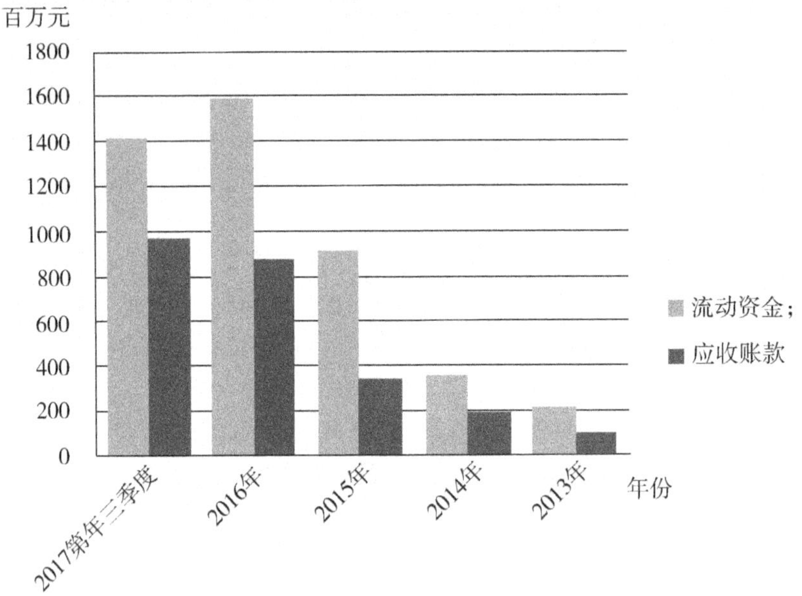


图 7-3　应收账款与流动资金占比分析

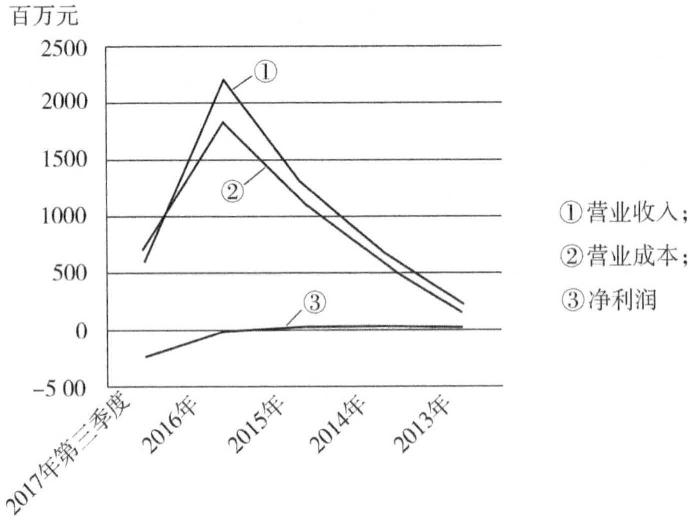


图 7-4　乐视 2013—2017 年第三季度利润表分析

**表 7-6　乐视 2015—2017 年第三季度财务指标分析**

| | 2017 年第三季度 | 2017 年第二季度 | 2017 年第一季度 | 2016 年 | 2015 年 |
|---|---|---|---|---|---|
| 资产负债率（%） | 53.93 | 54.14 | 55.94 | 67.48 | 77.53 |
| 现金比率 | 0.07 | 0.24 | 0.33 | 0.29 | 0.49 |
| 净利润（万元） | -228229.17 | -22189.26 | 21711.68 | — | — |

### （二）重重危机

1. 监管风波波及乐视

2016年6月，互联网电视行业的监管单位——国家新闻出版广电总局连发禁令，不断规范行业行为。过去行事最为高调的乐视首当其冲，乐视盒子因此停售，至今未能恢复。

盒子是作为攻占电视存量市场的有效手段，成本低廉，使用灵活，与乐视靠内容收费的理念十分契合。被下架意味着乐视的商业模式失去了大量的潜在用户群体，其前景必然因此大受影响。盒子之外，乐视的电视业务目前还没有得到相同待遇，但并不意味着广电总局在盒子和电视两个终端产品上会采取两套监管标准。未来完全有可能将监管范围扩大到电视上，届时乐视将不得不进行大量整改工作，其硬件免费内容付费的商业模式究竟能在多大程度上落地，还有待观察。

2. 信任危机接踵而至

乐视网的市盈率曾经一度高达100倍之多。市盈率代表着投资者对其未来的看好。版权、内容是乐视网的过去，互联网电视业务是乐视网的未来，其推进得顺利与否，事关成败。而现在的状况是，乐视已经经不起政策的丝毫折腾，一旦利空来袭，很可能功亏一篑。

此前，《财经》、澎湃等媒体的报道梳理了贾跃亭和令完成、汇金立方的交错关系。根据公开报道，除了在乐视网的发展过程中有灰色操作的嫌疑之外，贾跃亭还有可能是汇金立方的早期合伙人之一。汇金立方的早期投资者北京杰威森科技有限公司的股权挂靠在贾跃亭的高中同学贾云龙名下。不过，在最近接受媒体采访时，贾云龙声称自己对此并不知情，并表示曾经把身份证借给过贾跃亭；如果代持身份成立，贾跃亭就与令完成产生千丝万缕的牵连。未来一旦有“坏消息”传出，乐视的管理层和投资者恐怕会陷入慌乱之中。

3. 资金危机迫在眉睫

乐视自身“造血”和盈利能力不足，资本层面的危机迫在眉睫且非常棘手。一是乐视向供应商提出了用股份抵欠款的提议，遭到了代工厂的坚决拒绝。而其他手机厂商出于预警和防范的考虑，也开始调研供应商，避免乐视手机风险波及自身。二是在梳理乐视融资的过程中不难发现，乐视的关联方——它的子公司大部分处于亏损状态，贾跃亭和乐视网为子公司融资贷款做的担保中，不少担保即将到期，大部分都在2017年上半年要偿还完毕，少数也要在2017年年底偿还完毕。据不完全统计，这部分资金总量也有数亿元。

## 四、结语

月满则亏，水满则溢。乐视的悲情或许并非偶然，它是不断地膨胀的一个过程。最近其也被国内某企业家描述成靠概念圈钱，令股民的血汗钱都赔了进去。从表面看来它是因为走上了急速扩张的道路，现在看来其深层思路就特别值得怀疑，IPO造假、连续不断的融资故事、内部资金的流向不知何处，严重缺乏资金运营思维，以至于企业最后深陷资金链断裂的困境，业内神话也随着神殿的坍塌而消失。乐视资金运营的失败，带给我们了思考。资金运营模式的适配性如何界定？如何对资金进行有效管理才能带给企业强大的“造血”能力？我们也从乐视悲情折射的教训中，得到一些启发。

## 五、参考资料

1. 相关准则
[1] 财政部:《企业会计准则——基本准则》, 2014 年.
[2] 财政部:《企业会计准则第 30 号——财务报表列报》, 2014 年.
[3] 财政部:《企业会计准则第 31 号——现金流量表》, 2014 年.
[4] 财政部:《企业会计准则第 33 号——合并财务报表》, 2014 年.
2. 相关理论文献
[1] 杨昆:"财务视角下的乐视生态系统研究",《会计之友》, 2017 年第 14 期.
[2] 秦志敏, 赵治业, 靳琳:"成长型企业资金链断裂风险管理调研及启示",《财经问题研究》, 2011 年第 11 期.
[3] 杨安妮:"控股股东股权质押行为和资金流向以及对公司业绩的影响——基于对乐视网的案例分析",《时代金融》, 2017 年第 9 期.
[4] 胡琳曼:"乐视网全产业链运作模式研究",《湖南师范大学:新闻与传播》, 2015 年.
[5] 高风:"乐视融资文件曝光:贾跃亭用了大量担保和质押",《股市动态分析》, 2016 年.
[6] 梁艺:从现金流角度看乐视《合作经济与科技》, 2015 年.
[7] 任明杰:"乐视现金流危机提前引爆",《中国证券报》, 2016 年.
3. 相关公告
[1] 乐视网:《乐视网信息技术(北京)股份有限公司董事会关于 2017 年半年度募集资金存放与使用情况的专项报告》.
[2] 乐视网:《乐视网信息技术(北京)股份有限公司 2016 年度控股股东及其他关联方资金占用情况的专项说明》.
[3] 乐视网:《乐视网信息技术(北京)股份有限公司使用闲置募集资金暂时补充流动资金的公告》.
[4] 乐视网:《乐视网信息技术(北京)股份有限公司董事会关于 2016 年度募集资金存放与使用情况的专项报告》.
[5] 乐视网:《乐视网信息技术(北京)股份有限公司募集资金运营制度(2016 年 8 月)》.
[6] 乐视网:《乐视网信息技术(北京)股份有限公司 2010 年年度报告》.
[7] 乐视网:《乐视网信息技术(北京)股份有限公司 2011 年年度报告》.
[8] 乐视网:《乐视网信息技术(北京)股份有限公司 2012 年年度报告》.
[9] 乐视网:《乐视网信息技术(北京)股份有限公司 2013 年年度报告》.
[10] 乐视网:《乐视网信息技术(北京)股份有限公司 2014 年年度报告》.
[11] 乐视网:《乐视网信息技术(北京)股份有限公司 2015 年年度报告》.
[12] 乐视网:《乐视网信息技术(北京)股份有限公司 2016 年年度报告(更新后)》.
[13] 乐视网:《乐视网信息技术(北京)股份有限公司 2017 年半年度报告》.
[14] 乐视网:《乐视网信息技术(北京)股份有限公司重大资产重组停牌期间进展公

告》.
[15] 乐视网:《乐视网信息技术（北京）股份有限公司关于控股股东部分股份被冻结的公告》.
[16] 乐视网:《乐视网信息技术（北京）股份有限公司关于公司5%以上股东所持公司股份质押的公告》.
[17] 乐视网:《乐视网信息技术（北京）股份有限公司关于向贾跃亭先生、贾跃芳女士发送函件的公告》.

## 六、讨论题目

以下问题作为课堂讨论时引导学员思考的问题，也可以布置给学员在课外准备案例时的思考，对下面这些问题的分析可以帮助学员了解我国上市公司应如何进行资金运营，进一步引发学员思考如何做到企业资源的合理配置。

1. 什么是资金运营？资金运营的重要性是什么？
2. 资金运营和项目计划之间有什么联系？请结合以上讨论，分析案例中乐视为何出现资金运营和项目计划不匹配的情况？
3. 哪些财务指标能反映企业资金运营的状况？请结合本案例，分析乐视网的财务指标发生了哪些变化，以及发生这些变化的原因是什么。
4. 对于乐视，资金运营和项目计划不匹配的状态应如何逆转？乐视目前面临的资金链断裂问题是否能够得到解决？

## 七、附录

附录如表7－7～表7－12，图7－5所示。

**表7－7　融资渠道**

| | | | |
|---|---|---|---|
| 直接融资 | | | |
| IPO募资 | | 7.3亿元 | |
| 三次定向增发募资 | | 60.28亿元 | |
| 5次发行债券 | | 25.3亿元 | |
| 间接融资 | | | |
| 上市公司体系 | 乐视视频 | | |
| | 乐视致新 | 获得创新工场A轮投资数千万元 | 2012年 |
| | | 获得3.37亿元融资，富士康旗下子公司对乐视致新增加融资1.3亿元，并持股20% | 2013年 |
| | | 乐视网向乐视致新增资4.05亿元 | 2014年 |
| | 乐视云 | 获得A轮10亿元融资 | 2016年2月 |
| 间接融资 | | | |

续表 7－7

| | | | |
|---|---|---|---|
| 非上市公司体系 | 乐视移动 | 乐视手机完成首轮融资 5.3 亿美元 | 2015 年 11 月 |
| | | 宣布完成 8 亿元的 A 及 A＋轮融资 | 2015 年 5 月 |
| | 乐视体育 | 宣布获 80 亿元 B 轮融资 | 2016 年 4 月 |
| | 乐视影业 | 获深创投 2 亿元 A 轮投资 | 2013 年 8 月 |
| | 乐视金融 | 获恒泰资本 3.4 亿元 B 轮投资 | 2014 年 9 月 |
| | 乐视汽车 | 获得深创投、联想控股、泛海系、新华联、宏兆集团首轮投资 10.8 亿美元（约合 72 亿元人民币） | 2016 年 8 月 |
| | | 获得贾跃亭的“中国好同学”6 亿美元（约合 41 亿元人民币）投资 | 2016 年 11 月 15 日 |
| 2017 年 1 月份，乐视获得 168 亿元战略投资款，其中的 150 亿元来自于目前乐视网二股东融创中国 | | | |

**表 7－8　资金流向**

| | | | |
|---|---|---|---|
| 大举收购 | 2013 年 10 月 | 全资收购花儿影视 | 15.98 亿元 |
| | 2015 年 6 月 | 入股酷派，占股 18% | 27.3 亿港元 |
| | 2016 年 6 月 | 增持酷派，股权增至 28.90% | 10.47 亿港元 |
| | 2015 年 7 月 | 收购北青传媒 35.58% 股权 | 9590.7 万港元 |
| | 2015 年 10 月 | 易到用车 70% 股权 | 7 亿美元 |
| | 2016 年 1 月 | 收购体育视频直播平台章鱼 TV | 3 亿元 |
| | | 收购搜达足球 56% 股权 | 3920 万元 |
| | 2016 年 5 月 | 认购 TCL 多媒体新股，达 20% | 18.75 亿元 |
| | 2016 年 7 月 | 收购美国电视厂商 VIZIO | 20 亿美元 |
| 媒体版权情况 | 2014 年 7 月 | F1 赛车 2014 年至 2017 年赛季新媒体独家版权 | 0.12 亿美元 |
| | 2015 年 7 月 | 英超 2015 年与 2016 年赛季内地新媒体非独家版权 | 0.18 亿美元 |
| | | 意甲 2015 年至 2018 年赛季内地新媒体独家版权 | |
| | 2016 年 5 年 9 月 | 英超 2016 年至 2019 年赛季香港地区独家版权 | 2 亿美元 |
| | 2015 年 10 月 | 亚足联 2017 年至 2020 年全媒体独家版权 | 1.1 亿美元 |

续表 7－8

| | | | |
|---|---|---|---|
| 媒体版权情况 | 2015 年 12 月 | ATP 网球巡回赛 2016 至 2020 年独家新媒体版权 | 1 亿美元 |
| | 2016 年 2 月 | 中超 2016 年至 2017 年赛季新媒体独家版权 | 3.9 亿美元 |
| | 2016 年 7 月 | 英超 2016 年至 2017 年赛季内地新媒体非独家版权 | 0.38 亿元 |
| | 2016 年 9 月 | NBA 2016 年至 2021 年赛季香港地区独家版权 | 超过 1 亿美元 |
| | 2015 年 12 月 | 五棵松体育馆的冠名权 | 每年 3000 万元左右 |
| | 2016 年 1 月 | 冠名北京国安 | 1 亿元 |
| 硬件补贴 | 2016 年 | 低价赔本卖乐视手机 | 亏损至少 34 亿元 |
| | 2016 年 | 智能终端产品亏损 | 38.41 亿元 |
| | 2015 年 | 智能终端产品亏损 | 20.97 亿元 |
| 硬件补贴 | 2016 年 | 低价赔本卖乐视手机 | 亏损至少 34 亿元 |
| | 2016 年 | 智能终端产品亏损 | 38.41 亿元 |
| | 2015 年 | 智能终端产品亏损 | 20.97 亿元 |
| 圈地买楼 | 2013 年 3 月 | 在上海虹桥商务核心区购置办公用地 | 2.73 亿元 |
| | 2015 年 11 月 | 在重庆龙兴等地拿下近 40 万平方米的商业和住宅用地 | 4.21 亿元 |
| | 2016 年 3 月 | 在江北嘴建设酒店、公寓综合体项目 | 30 亿元 |
| | 2016 年 5 月 | 北京繁华地段三里屯商圈的世茂工三项目 | 29.72 亿元 |
| | 2016 年 6 月 | 收购雅虎在美国的 19.7 万平方米土地 | 2.5 亿美元 |
| | 2015 年 9 月 | 乐视超级生态城 | 400 亿元 |
| | 乐视以产业基地，生态城，生态产业园等多种方式，拿下了超 25000 亩土地。 | | |
| 痴迷造车 | | 新能源汽车公司法拉第未来 | 10 亿美元 |
| | 2016 年 6 月 | 与广汽集团、众诚保险共同成立汽车电商大圣科技 | 8000 万元 |
| | 2016 年 9 月 | 建设生态汽车超级工厂和汽车生态小镇 | 200 亿元 |
| | 2016 年 11 月 | 乐视汽车业务板块里，贾跃亭个人已投入了 100 多亿元 | 尚需 200 多亿元 |

表 7-9 乐视后续进展

| 时间 | 事 件 | 具体内容 | 影 响 |
|---|---|---|---|
| 2017.1 | 引入 168 亿元战略投资 | 根据乐视网发布公告，乐视在乐视网、乐视影业、乐视致新获得 168 亿元投资，其中上市 3 公司及其控股子公司合计将获得资金约 71 亿元，并约定在相关协议签署后 5 个工作日内支付总交易价款中的 60.41 亿元 | 乐视资金大为好转 |
| 2017.2 | 乐视的体育版权出现危机 | 由于乐视无法按期向亚足联支付版权费用，因此乐视体育丧失亚冠的独播权益 | |
| 2017.3 | 乐视电子商务退出上市公司体系 | 乐视网发布公告称，放弃子公司乐视电视商务（北京）有限公司的控制权。2016 年 12 月底 起乐视电子商务将不再纳入乐视网合并报表范围 | |
| 2017.4 | 负面消息接踵而来 | “乐视挪用易到资金 13 亿元”的新闻表示易到用车存在的资金问题与乐视存在莫大的关系，虽然随后易到和乐视控股也发布声明表示这是恶意诽谤，并不存在挪用资金的问题 | |
| 2017.5 | 贾跃亭辞去总经理职务 | 乐视网发布第三届董事会第四十次会议决议公告，贾跃亭辞去公司总经理职务，专任公司董事长一职。同时，聘请梁军担任乐视网总经理，向董事长及董事会汇报公司经营状况。这是乐视网成立以来，第一次有了专职总经理 | |
| 2017.6 | 资金被冻结 | 招行上海川北支行申请财产保全，请求冻结被申请人乐风移动香港有限公司、乐视移动智能信息技术（北京）有限公司、乐视控股（北京）有限公司、贾跃亭、甘薇名下银行存款共计 12.36 亿元 | 乐视和贾跃亭再受重创 |
| 2017.7 | 贾跃亭辞去董事长职务 | 贾跃亭将辞去乐视网董事长一职，并退出董事会，辞职后将不再在乐视网担任任何职务 | |
| 2017.8 | 资金再次被冻结 | 建设银行北京光华支行向法院申请了财产保护，请求查封、扣押或者冻结乐视网、贾跃亭、乐视控股、贾跃民共计 2.5 亿元的资产 | 乐视和贾跃亭再遭重创 |

**表 7－10　乐视 2015—2017 年第三季度资产负债表主要财务数据**　　单位：元

| 年　度 | 2017 年第三季度 | 2016 年 | 2015 年 | 2014 年 | 2013 年 |
|---|---|---|---|---|---|
| 应收账款 | 9 739 917 280 | 8 685 855 148 | 3 359 683 070 | 1892606343 | 950248021. 1 |
| 流动资产 | 14105 436 139 | 15 869 166 368 | 9 111 796 208 | 3 584 878 401 | 2086347085 |
| 资产合计 | 32 288 062 482 | 32 233 826 009 | 16 982 154 559 | 8 851 023 247 | 5 020 324 966 |
| 流动负债 | 12 652 160 573 | 12 483 269 997 | 7 452 518 624 | 4 403 875 427 | 2 506 601 478 |
| 负债合计 | 17 412 419 886 | 21 752 073 270 | 13 167 020 279 | 5 507 549 851 | 2 940 799 216 |

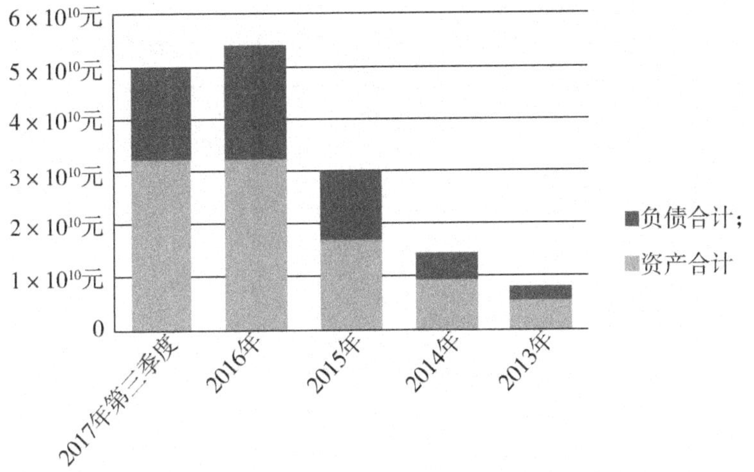


图 7－5　乐视 2013—2017 年第三季度资产负债表结构分析

**表 7－11　乐视 2015—2017 年第三季度利润表主要财务数据**　　单位：元

| 年　度 | 2017 年第三季度 | 2016 年 | 2015 年 | 2014 年 | 2013 年 |
|---|---|---|---|---|---|
| 营业收入 | 6 094 642 044 | 21 950 951 410 | 13 016 725 124 | 6 818 938 622 | 2 361 244 731 |
| 营业成本 | 7 081 314 648 | 18 229 220 565 | 11 112 009 124 | 5 828 133 468 | 1 668 684 007 |
| 净利润 | －228 229 173 3 | －221 892 631. 7 | 217 116 825. 6 | 128 796 560. 9 | 232 380 750. 5 |

**表 7－12　乐视 2015—2017 年第三季度现金流量表主要财务数据**　　单位：元

| 年　度 | 2017 年第三季度 | 2016 年 | 2015 年 | 2014 年 | 2013 年 |
|---|---|---|---|---|---|
| 经营活动现金流入小计 | 5 399 875 745 | 15 777 018 768 | 10 159 157 158 | 5 968 398 196 | 1 609 336 963 |
| 经营活动现金流出小计 | 8 214 526 257 | 16 845 079 537 | 9 283 455 281 | 5 734 215 462 | 1 433 485 567 |

续表 7 - 12

| 年　度 | 2017 年<br>第三季度 | 2016 年 | 2015 年 | 2014 年 | 2013 年 |
|---|---|---|---|---|---|
| 投资活动现金流入小计 | 693 875 613 | 122 100 000 | 0 | 0 | 0 |
| 投资活动现金流出小计 | 2 615 707 689 | 9 798 602 374 | 3 041 311 028 | 1 602 584 606 | 907 684 536. 1 |
| 筹资活动现金流入小计 | 10 092 533 958 | 17 706 533 278 | 11 390 678 615 | 3 080 997 522 | 2 101 478 023 |
| 筹资活动现金流出小计 | 6 068 229 091 | 8 229 033 504 | 7 025 329 508 | 1 927 730 507 | 986 818 036. 9 |

# [案例说明书]

## 一、本案例要解决的关键问题

资金运营，总的来说，就是对企业资金的来源和资金的使用进行计划、控制、监督、考核。它在一个企业的日常运营中起着极为重要的作用。本案例可以作为对“资金运营”等有关知识点拓展性学习，应用域较广，故事性较强，可深度挖掘知识点并增强学生兴趣。通过本案例的分析，一方面，引导学员思考资金运营的定义和重要性，了解上市企业的资金运营；另一方面，使学员充分了解各类财务指标，学会通过财务指标的变化来分析公司资金运营存在的问题，衡量公司的发展水平，从而进一步思考企业发展的不同阶段资金运营应更好地和企业的项目计划进行匹配，做到资金充分且合理地利用。

## 二、案例讨论的准备工作

为了有效实现本案例的目标，学员应该具备下列相关知识背景。

### （一）理论背景

资金运营的概念、意义及注意事项；资金运营在现代企业所处的位置；财务指标的概念、分类和运用；“现金为王”理论；资源配置理论等。

### （二）行业背景

伴随着 WEB2.0 时代的到来，在线网络视频服务已经逐渐成为网络信息传播的主要途径之一。2014 年我国网络视频用户已超过 4.8 亿，占网民总数的 70% 以上。而在 2014 年 5 月，独立数据调研机构艾瑞咨询公布的数据显示，网络视频已经超越搜索引擎，成为在网民中渗透率最高的网络服务。网络媒体现已经成为传统媒体的重要补充媒介，成为网络广告投放媒介组合的重要选择。随着网络媒体应用的大众化、移动互联网的进一步普及与网络资费的进一步下调，网民对网络媒体的忠诚度及依赖度继续稳步提升。此后，网络视频行业取得了突飞猛进的发展，截至 2016 年底，中国有效视频付费用户规模已突破 7500 万，较 2014 年增长 24%。

从模仿国外的 Youtube 及 Hulu 模式开始，我国的网络媒体经历了一系列的行业洗牌，由最初的多方混战逐渐形成兼并合作、强强联手的新格局。然而在国外网络媒体蓬勃开展的同时，国内网络媒体的运营商们却面临着付费用户占比少、用户忠诚度偏低、网站营运成本过高等严峻考验，也逐渐暴露出诸多问题：资金短缺，内容同质化严重，内容侵权行为，盈利模式单一且长期处于亏损状态。

懂得在视频网站发展前期大量购买低价的电影电视剧版权的乐视网信息技术（北京）股份有限公司（以下简称“乐视”）2004 年 11 月在北京成立，创始人为贾跃亭。乐视于 2010 年 8 月在中国创业板上市，成为行业内全球首家 IPO 上市公司，成为中国 A 股最早上市的视频公司。经过十多年的发展，乐视的规模越来越大，目前其旗下公司包括乐视网、乐视致新、乐视移动、乐视影业、乐视体育、网酒网和乐视控股等。

依靠“平台+内容+终端+应用”的生态模式，乐视目前已涵盖互联网视频、影视制作与发行、智能终端、应用市场、电子商务、互联网智能电动汽车等行业。日均用户超过5000万，月均超过3.5亿，乐视网曾是中国最具活力和影响力的科技与文化融合的创新型企业，依托科技和文化两轮驱动乐视生态持续发展、不断壮大。

### （三）制度背景

1999年3月15日通过、1999年10月1日起施行的《中华人民共和国合同法》；2017年11月4日，第十二届全国人民代表大会常务委员会第三十次会议修改的《中华人民共和国会计法》；2014年3月1日起施行的《中华人民共和国公司法》；中国证监会2003年发布的《关于规范上市公司与关联方资金往来及上市公司对外担保若干问题的通知》以及2015年发布的《上市公司监管指引第2号——上市公司募集资金管理和使用的监管要求》等。

## 三、案例分析要点

### （一）需要学生识别的关键问题

（1）资金运营，是对企业资金的来源和资金的使用进行计划、控制、监督、考核。资金运营是企业运营连续的链条，是企业持续经营的保障，常常被比作企业的“血液”。

（2）财务指标，是指企业总结和评价财务状况和经营成果的相对指标，选择合适的财务指标，通过对企业财务状况和经营成果进行解剖和分析，能够对企业经济效益的优劣作出准确的评价与判断。

### （二）解决问题可供选择的方案及其评价

1. 上市企业为什么如此重视资金运营

【理论依据】

资金运营称资金活动，是企业筹资、投资和资金营运等活动的总称。资金运营是企业运营连续的链条，是企业持续经营的保障，常常被比作企业的“血液”。只有实行有效的资金运营模式才能提高资金的使用效率。我国的企业发展越来越快，企业的生产技术越来越先进，生产出的产品销量不断增加，但是在销量增加的同时，某些企业的利润却没有因此而增加，企业的盈利性越来越差；还有些企业虽然利润增加了，但是企业的资金流动性却比较差，资金短缺的现象比较严重。这些都严重阻碍了企业的发展，其深层原因是企业资金运营模式存在很大的问题。

企业的资金运营关系着企业的生成与发展，可谓至关重要。企业要保证资金运营的顺利，至少应该注意以下风险：①筹资决策不当，会引发资本结构不合理或无效融资，可能导致企业筹资成本过高或债务危机。②投资决策失误，会引发盲目扩张或丧失发展机遇，可能导致资金链断裂或资金使用效益低下。③资金调度不合理、营运不畅，可能导致企业陷入财务困境或资金冗余。④资金活动管控不严，可能导致资金被挪用、侵占、抽逃或遭受欺诈。

【案例分析】

乐视大胆进行模式创新，提出了“平台 + 内容 + 终端 + 应用”的生态产业链模式，并在模式创新的基础上进行多元化以及规模的扩张。但在整个多元化的过程中，股权质押是贾跃亭进行资金周转的重要方式之一，融资渠道单一；过度的盲目扩张，导致核心产品收入完全无法满足其他亏损的子公司发展的需要；子生态的造血功能不足导致整体现金流不稳定，最后造成资金链断裂。因此说，保证资金运营顺利对一个企业正常运行具有尤其重要的作用。

2. “现金为王”的含义与其运营思维模式

【理论依据】

所谓“现金为王”，一方面是指企业应有尽可能多的资金存量，以确保企业正常周转；另一方面是指企业应尽可能管理好现金流，以实现企业现金净流量最大化。两者都是为了使企业始终处于现金流充裕的良性状态。它不仅仅是一个理念或口号，现金监控及有效管理体现了企业运营管理的精髓，是运营管理结果的综合反映，贯穿于企业管理的各个链条中。一个企业要生存、发展，没有现金或现金流，就犹如一个人没有血或者血液停止流动一样，必然会逐步衰弱直至死亡。

以“现金为王”的会计思维，强调收支平衡，所谓“有借必有贷，借贷必相等”“资产 = 权益”，这一平衡关系贯穿于会计核算的始终，最终通过资产负债表反映出来。会计思维是对过去会计工作的总结，其得出的会计数据资料可为企业现在及未来生产经营以及持续发展提供决策依据。而任何一个企业要想生存和发展，都不可能只面向过去，更重要的是要着眼于未来，对瞬息万变的竞争环境做准确的判断，要以动态的财务思维管理控制企业生产经营活动的每一个环节。

“现金为王”不等于一直持有现金。没有生产，空持有一堆现金，即使现金再多也是没用的。任何企业，从经营活动所需的配套资金来看，现金流量与企业的发展阶段、营销策略相匹配，也就是说不同时期，企业对现金流量有不同的要求。但是，体现本企业发展战略的现金流在其流转过程之中，不能伴随明显的不良融资。也就是说，如果企业为追求现金流量，进行非战略所需的所谓的融资，那么所得现金毫无意义。

发展速度和增长速度都是用来反映企业经营活动现金净流量的发展变化趋势的动态相对数指标，两个指标都可以进行定基、环比分析。定基对比是经营活动现金净流量某一阶段成长、提升的总速度，环比对比表现出经营活动现金净流量比前一期的提升程度。增长速度指标出现正数，说明企业主业的经营活动现金净流量持续增长；增长速度指标呈现出负数时，则说明企业主业的经营活动现金净流量持续下滑。与此同时，该项指标也可以对企业经营活动中的现金净流量的近几年趋势进行分析。财务思维是对趋势性指标分析的重要基础性思维，因会计账面以及会计报表资料对于企业历史信息的反馈往往是滞后的。因此，应当结合企业当前的生产经营情况，对企业过去的信息进行适当的调整。如果在分析考核时期内，企业生产经营活动或者企业所处市场发生重大变动时，更应结合其他渠道获得的信息对会计账面以及会计报表数据进行调整，从而准确分析各项指标，最终达到管理控制经营活动现金流量的目的。

经营活动是企业经济活动的根基，是企业得以生存与持续发展的造血系统。通常，只有基于企业经营活动产生的现金净流量为正数，同时可以有效满足企业再生产的情况下，才有可能进行投资活动，且投资规模取决于企业经营活动中获取现金净流量的能力。如果经营活动现金流量相对不足而企业又必须进行投资时，企业投资的资金来源就只能是筹资。经营活动现金流量充足并相对稳定，不仅是企业再生产资金的有利保证，也有利于企业进一步的投资活动和成功的筹资活动。

【案例分析】

乐视的盲目扩张打造的生态圈，具有以下的风险和潜在危机：①子生态从建立到成熟有一段的时间周期，需要大量的资金投入，但是带给企业的利润较少。也就是说，乐视的产品的回报周期较长，造成投资需求和现金流增长的速度不匹配，而导致资金链断裂。②根据近几年乐视的年度报表分析可知，乐视的应收账款呈现上升的趋势，然而现金比率却不能满足偿还负债，体现了资金方面的压力。由此可知，乐视的经营活动产生的现金净流量不能有效满足企业的再生产，扭转企业资金运营和项目计划不匹配的局面成为当务之急。

3. 什么是企业资源配置？如何进行合适的企业资源配置

【理论依据】

企业资源配置就是在坚持上述新的资源观的指导下，对企业过去和目前资源、技能配置的水平和模式。企业资源配置的好坏会极大地影响企业实现自己目标的程度，所以企业资源配置又被称为企业的特殊能力。虽然企业的资源尤其是珍贵的、稀有的、不可模仿、不可替代的资源是企业保持持续竞争优势的源泉，但是孤立的资源是没有什么价值的，只有把它们结合起来，才有利于企业竞争行动的选择和战略竞争力的获得。这就是资源的有效配置。企业的好坏不是以其拥有资源的数量或规模评价的，而是以其对现有资源的利用效率来衡量的。

基于资源的理论认为，企业是一组资源的集合体，企业之间的竞争围绕着资源的争夺与利用来展开。一个企业的市场地位，不仅取决于其所拥有资源的数量与质量，而且取决于其对资源的利用效率。前者是企业生产经营的必要条件，但它与企业的市场地位不成正比，否则就不会出现以少搏多、以弱胜强的现象；而后者才是维持企业持久竞争优势的关键，是以弱胜强的法宝，也是企业家管理效率的集中体现。

目前与研究企业资源配置问题密切相关的方法主要有三种分析矩阵，分别是波士顿矩阵、通用矩阵、产品－市场演变矩阵。

（1）波士顿矩阵

波士顿矩阵（图7－6）由美国著名的管理学家、波士顿咨询公司创始人布鲁斯·亨德森于1970年首创。

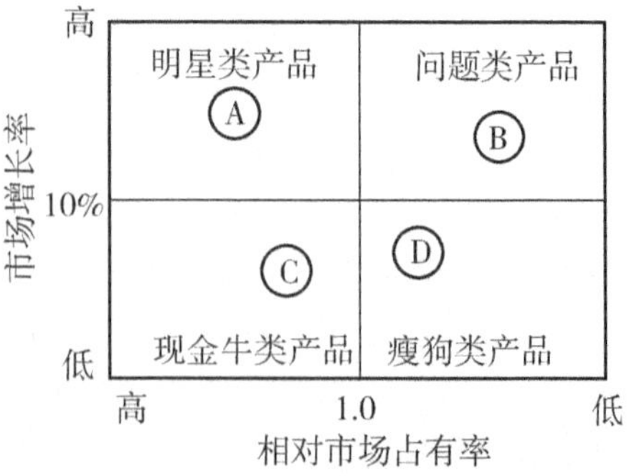

图7－6　波士顿矩阵

波士顿矩阵认为一般决定产品结构的基本因素有两个：即市场引力与企业实力。市场引力包括企业销售量（额）增长率 、竞争对手强弱及利润高低等。其中最主要的是反映市场引力的综合指标——销售增长率，这是决定企业产品结构是否合理的外在因素。

企业实力包括市场占有率，技术、设备、资金利用能力等，其中市场占有率是决定企业产品结构的内在要素，它直接显示出企业竞争实力。销售增长率与市场占有率既相互影响，又互为条件：市场引力大，市场占有高，可以显示产品发展的良好前景，企业也具备相应的适应能力，实力较强；如果仅有市场引力大，而没有相应的高市场占有率，则说明企业尚无足够实力，该种产品也无法顺利发展。相反，企业实力强，而市场引力小的产品也预示了该产品的市场前景不佳。

通过以上两个因素相互作用，会出现四种不同性质的产品类型，形成不同的产品发展前景：①销售增长率和市场占有率“双高”的产品群（明星类产品）；②销售增长率和市场占有率“双低”的产品群（瘦狗类产品）；③销售增长率高、市场占有率低的产品群（问题类产品）；④销售增长率低、市场占有率高的产品群（现金牛类产品）。

（2）通用矩阵

通用矩阵（图 7－7）又称行业吸引力矩阵、九象限评价法，是美国通用电气公司设计的一种投资组合分析方法。相对于 BCG 法，GE 法有较大的改进，在两个坐标轴上增加了中间等级，增加了分析考虑因素。它运用加权评分方法分别对企业各种产品的行业引力（包括市场增长率、市场容量、市场价格、利润率、竞争强度等因素）和企业实力（包括生产能力、技术能力、管理能力、产品差别化、竞争能力等因素）进行评价，按加权平均的总分划分为大（强）、中、小（弱），从而形成 9 种组合方格以及 3 个区域。

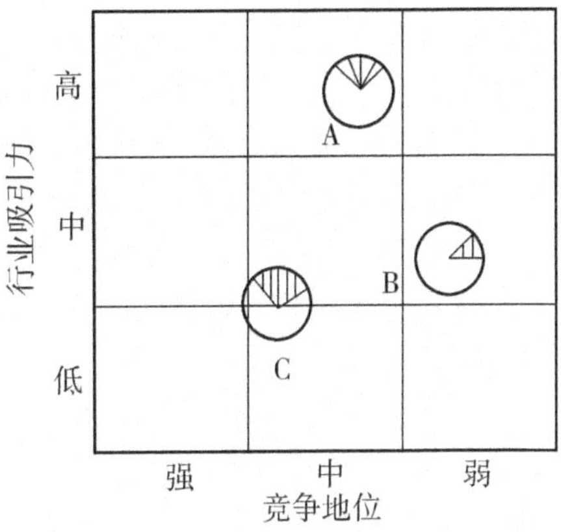


图 7－7　通用矩阵

（3）产品－市场演变矩阵

产品－市场演变矩阵是由美国的查尔斯霍弗（C. W. Hofer）教授首先提出的。他扩展了波士顿矩阵和通用矩阵两种战略选择方法，将业务增长率和行业吸引力因素转换成产品－市场发展阶段，从而得出 15 个方格的矩阵。矩阵模型如图 7－8 所示。

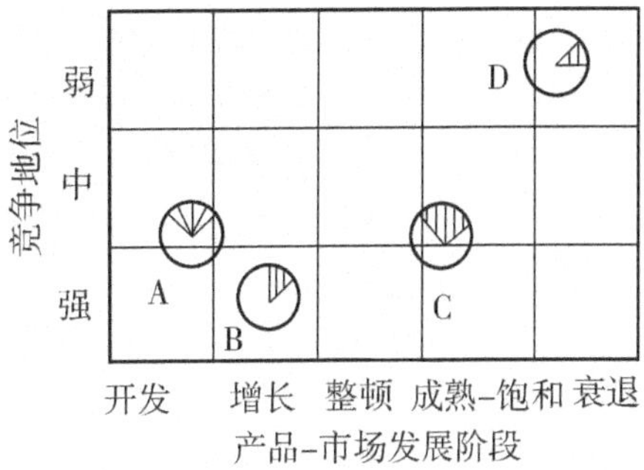


图 7－8　产品－市场演变矩阵

霍夫矩阵是从所经营产品的市场发育阶段（生命周期状态）和企业竞争地位来分析企业各项经营精力的战略位置。该方法用纵横坐标分别表示产品－市场发展阶段和企业竞争地位，产品－市场发展阶段按产品的生命周期分为五个阶段，分别是：开发、增长、整顿、成熟、衰退。企业竞争地位与 GE 矩阵一样分为强、中、弱三个档次，这样霍夫矩阵由 15 个象限构成圆圈表示行业规模或产品/细分市场。圆圈内扇形阴影部分表示企业各项经营业务的市场占有率。

【案例分析】

乐视 2010 年 8 月 12 日成功在中国创业板上市，是唯一一家在境内上市的视频网站，也是全球第一家 IPO 上市的视频网站，但从乐视模式创新以来，根据报表统计分析可知，乐视的销售净利率和资产利润率是逐年下降的，体现出乐视产品的市场占有情况并不理想；同时又由于产品过于多元化，扩张太快，造成资源不能聚焦，核心产品的竞争力丧失，无法带来理想中的利润；乐视的子生态处于初步发展阶段，因此需要大量的资金投入，市场竞争力也还需要不断开发。项目的开发和成熟过程中需要经历一定的投入时期，而企业资源的合理配置就成为了其中重要的一环，案例中的乐视在面对资金问题的情况下，除了争取资金以外，乐视高管团队在战略调整中需要尽快完成的就是资源的整合，这样才能将有限的资产发挥最大的价值。

### （三）推荐解决问题的方案

本部分从案例说明书拟出的三个思考题进行分析，授课教师可参考以下分析思路与学员进行互动，也可以根据学员的专业知识储备和理论基础进行适当的调整。提出思考题的重点不是要求学生给出一个肯定、明确的答案，而是希望老师在课堂教学时启发学员主动去思考，提高学员自身分析问题和解决问题的能力。

1. 什么是资金运营，资金运营的重要性是什么？资金运营和项目计划之间有什么联系？请结合以上讨论，分析案例中乐视为何出现资金运营和项目计划不匹配的情况。

本道题涉及的知识点是资金运营的定义、意义以及与项目计划的关系，设计本道题的主要目的是让学员明确资金运营的概念和模式，教师在课堂上可以根据引导让学生从以下方面进行讨论：

（1）企业资金运营的重要性是什么？

教师可以通过简单的提问进行引导，比如“近年资金链出现问题的企业有哪些?”“资金对于企业意味着什么?”“资金和项目是否需要匹配?”等。学员从案例阅读中可能给出以下答案：

①从案例的资金链断裂联想到共享单车（共享经济热点）、辉山乳业（2017 年上半年陷入资金链断裂危机）、东芝（2017 年下半年经营不善被海信收购）。

②有资金才能开展项目，企业才能经营。

③资金要与项目相匹配，合理运营才能得到更好的发展。

在学员回答完上述问题之后，老师进行总结并进一步提出问题：企业合理运营需要注意什么问题？

（2）乐视为何出现资金运营和项目计划不匹配的情况？

在上述问题的启发下，老师还可以提出以下问题引导学生思考：资金运营要素有哪些？乐视是在哪一点出现了问题？……。同时可以为学生介绍乐视的扩张进程，让学生发现乐视存在盲目扩张的现象，并对该问题总结如下：

①乐视“讲故事”吸引投资者为其“输血”；

②乐视扩张的野心很大，大量“放血”；

③乐视低估了项目“造血”能力低存在的隐患。

老师可以形象地讲清楚“输血”“放血”“造血”在资金运营中代表着什么，让学生理解乐视资金运营和项目计划不匹配就是“输血”“造血”功能不及“放血”需要所导致的。

2. 哪些财务指标能反映企业资金运营的状况？请结合本案例，分析乐视网财务指标发生了什么变化，以及发生这些变化的原因是什么？

设计本道题的目的是让学生了解财务指标的重要性，学习如何通过财务指标分析企业的运营状况。具体可以从以下三个小问题来进行讨论。

（1）哪些财务指标能反映企业资金运营的状况？

教师可以先引导学生回顾财务指标的分类，接着让学员思考：各类财务指标反映的企业运营状况是什么？在学员回答后，教师可以做出总结：

①偿债能力：企业偿还各种到期债务的能力；

②营运能力：企业资金周转状况；

③盈利能力：企业获取利润的能力；

④发展能力：企业在经营活动中所表现出的增长能力。

（2）乐视网的财务指标发生了什么变化？

教师可以让学员阅读案例中乐视财务指标的数据，研究数值的大小及变化，从而通过财务指标对乐视网运营状况进行分析。最终结论可以参考以下几点：

①偿债：乐视的三大反映偿债能力的指标成波浪式变动；

②营运：数值比较平稳；

③盈利：销售净利率和资产利润率逐年下降；

④发展：近几年乐视的发展势头迅猛。

（3）乐视网财务指标发生变化的原因是什么？

教师可以在学生了解乐视扩张进程的基础上，让学生结合各项融资资金的使用，分析乐视网财务指标发生变化的原因。从而进一步佐证前述乐视资金运营存在的问题。例如：

①乐视资产负债率高而现金比率低；

②乐视经营利润转负，亏本经营。

3. 对于乐视，如何扭转资金运营和项目计划不匹配的状态？乐视目前面临的资金链断裂问题是否能够得到解决？

（1）如何扭转资金运营和项目计划不匹配的状态？

本道题设计的目的是让学员在综合以上理论知识和案例分析的基础上，结合课程专业知识进行系统的讨论，形成解决问题的思维导图，为资金运营和项目计划不匹配的现状提供解决方案，教师在教学过程中可以通过情境性问题引导学生进行资金投放率和回收率的思考。会有以下的情况：

①资金投放率高，回收率高；

②资金投放率低，回收率低；

③资金投放率高，回收率低；

④资金投放率低，回收率高；

⑤资金投放率和回收率适中。

在思考以上问题以后可以提出：乐视拥有一笔资金，如何让生态链有效运转？答案分为以下几种情况：

①培养子生态优质业务，提高子生态的自身造血功能；

②将资金投放到亏损的子生态上，实现扭亏为盈；

③将资金投放到盈利的子生态上，实现更高的利润；

④利用销售百分比法进行资金需求预测和分析。

（2）乐视目前面临的资金链断裂问题是否能够得到解决？

在思考以上问题以后，教师还可以进一步通过模拟情境性问题引导学员思考，为乐视目前资金链断裂问题提出建设性建议。可以设立问题：目前乐视需要一笔资金，如何获得？可以有以下角度的思考：

①继续使用以往的融资方式迅速筹集资金；

②变换融资渠道，实现更多融资；

③加速产品销售，实现账款回收；

④向熟悉的老朋友老同学借钱；

⑤通过变卖子生态，以获得资金。

在学员进行了以上的总结以后，由老师进行详细的总结：越吹越大的乐视“泡泡”使得乐视的资金危机深藏不露却又来得猝不及防，资金运营不合理成为危机的重要因子，因此，首先乐视需要在融资方式上进行转变，拓宽国际金融市场和众筹融资策略，其次要完善小生态的造血功能，以实现稳定的现金流。

## 四、教学组织方式

### （一）问题清单及提问顺序、资料发放顺序

本案例讨论的题目依次为：

1. 什么是资金运营？资金运营的重要性是什么？

2. 资金运营和项目计划之间有什么联系？请结合以上讨论，分析案例中乐视为何出现资金运营和项目计划不匹配的情况？

3. 哪些财务指标能反映企业资金运营的状况？请结合本案例，分析乐视网的财务指标发生了什么变化？以及发生这些变化的原因是什么？

4. 对于乐视，资金运营和项目计划不匹配的状态应如何逆转？乐视目前面临的资金链断裂问题是否能够得到解决？

本案例的参考资料及其索引，在讲授有关知识点后一次性布置给学员。

### （二）课时分配

1. 课前计划：提前一周将授课学生进行分组，明确各组的成员分工，课前自行阅读相关材料并对案例进行不同角度的探索。提出启发思考题，请学员在课前仔细阅读并形成初步的思路，通过线上线下途径了解相关资讯，提前熟悉案例框架，有助于课堂讨论。

2. 课堂计划：首先是教师进行引导性发言，阐述本次课程的目的、要求等。本次课程以学生发言讨论为主、老师引导为辅的方式，抓住重点，激励学生从不同角度思考。（10 分钟）

（1）分组讨论：各组成员根据自己的观点进行讨论（60 分钟）；

（2）上台发言：各组派代表上台发言（30 分钟）；

（3）集体讨论：根据代表发言，其他小组成员可以进行补充或提出问题（15 分钟）；

（4）教师总结：教师对课程和所有问题进行总结。（30 分钟）

3. 课后计划：根据案例所提及的资金运营，让学员选择一个企业，撰写一份案例分

析分析报告。

### （三）讨论方式

本案例建议采用小组讨论方式，各组分别阐述对问题的看法，提供理论、相关政策依据以及解决方案。

### （四）课堂讨论总结

课堂讨论问题的关键是：归纳发言者的主要观点；重申重点及亮点；提醒大家对焦点问题或有争议观点做进一步思考；建议大家对案例进行扩展研究和深入分析。

# 案例 8

# 项庄舞剑，意在沛公：通化金马财报分析*

* 1. 本案例由广东工业大学管理学院的张军波、程予柳、黄子廉、张文泽、李滢、陈忆平、黄江峡陶璐雅等共同撰写，作者拥有著作权中的署名权、修改权、改编权。

2. 将本案例授权予广东工业大学产教融合 MPAcc 教学智库实验平台使用，广东工业大学产教融合 MPAcc 教学智库实验平台享有复制权、修改权、发表权、发行权、信息网络传播权、改编权、汇编权和翻译权。

3. 由于企业保密的要求，在本案例中对有关名称、数据等做了必要的掩饰性处理。

4. 本案例只供课堂讨论之用，并无意暗示或说明某种管理行为是否有效。

## [案例封面]

**专业领域：** 财务管理

**适用课程：**《财务管理理论与实务》

**选用课程：**《财务报表分析》

**编写目的：** 众所周知，持续增长的净利润是吸引众多投资者的原因之一，上市公司利润表中平稳增长的利润往往传递了未来盈利的信息。财务报表是投资者了解企业内部经营情况的主要途径，表现出企业良好发展势头的财务报表真的代表着企业本身的真实情况吗？本案例探究在投资者眼中有着“良好发展潜力”的通化金马财务报表数据是否反映了业绩“真面目”，曾经沉寂一时的通化金马是否能实现“枯木逢春”。

**知 识 点：** 审计轮换制；利润均衡化；债务转移；收益质量

**关 键 词：** 核心竞争力；应收账款抵债；收益质量

**中文摘要：** 优秀的股票行情能传递一家公司经营状况良好这一信息。然而，对股票行情提供的信息，则不能过于关注表面，需要进行深入分析。本案例以通化金马上市公司为分析对象，探究它的核心竞争力或业绩是否能支撑起它的股价。整个分析过程是一次有趣的探索，将经营状况与股票行情紧密结合起来；同时，可以激发学员的各种想法，对蓝筹股的判断会有更深的理解和认识。

# [案例正文]

## 一、引言：是什么支撑了通化金马的股价

通化金马 2010—2016 年 9 月的股市行情走势如图 8 - 1 所示。由图可以看到从 2012 年开始通化金马的股价一直在上涨，从 2012 年 9 月的 4.03 元涨至 2016 年 7 月的 24.99 元，涨幅达 520%，由此形成资本公积的迅速增长，同时伴随着增发股票所带来的股本增加，融资数额超出 27 亿元人民币，如图 8 - 2 所示。那么，如此“牛股”，究竟是什么撑起了它的股价呢？

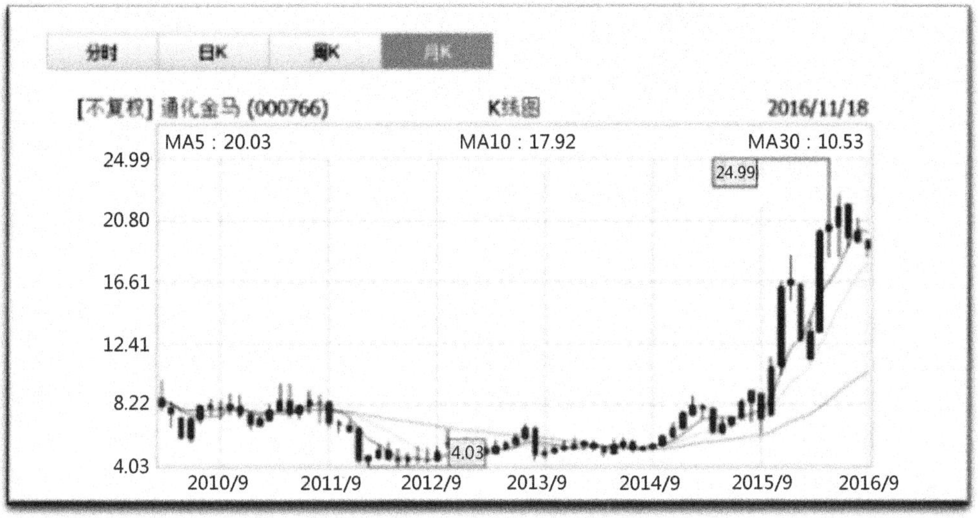


图 8 - 1　通化金马 2011—2016 年股票走势图①

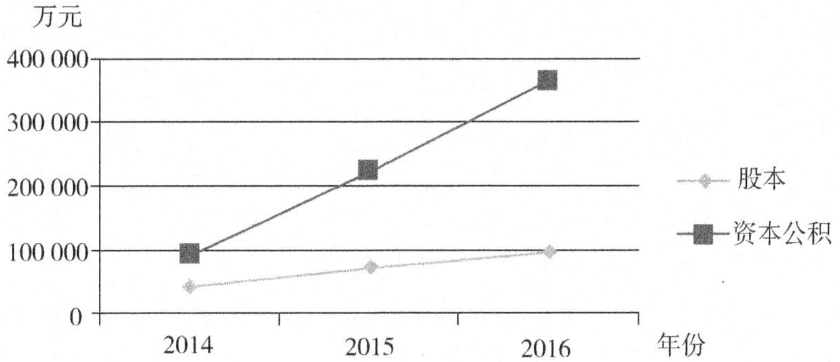


图 8 - 2　通化金马近三年股本和资本公积的增长情况②

通化金马药业集团股份有限公司是以医药为主导，多元化发展的现代企业集团。通化金马公司简介如表 8 - 1 所示。

① 图 8 - 1 数据来源：网易财经网站 http://quotes.money.163.com/

② 图 8 - 2 数据来源：网易财经网站 http://quotes.money.163.com/

表 8－1 通化金马公司简介[①]

| | | | |
|---|---|---|---|
| 公司名称 | 通化金马药业集团股份有限公司 | 总部地点 | 吉林省通化市江南路 100－1 号 |
| 外文名称 | Tonghua Golden-Horse pharmaceutical industry Co.，Ltd. | | |
| 成立时间 | 1993 年 | 经营范围 | 药品生产与销售 |
| 公司性质 | 股份制公司 | 公司口号 | 致力于国药产业腾飞，服务于人类健康事业 |
| 上市交易所 | 深圳证券交易所 | 上市时间 | 1997 年 |
| 证券代码 | 000766 | 注册资金 | 44 901.63 万元 |
| 总股本 | 126 280 000 股 | 发行价格 | 7.23 元 |
| 董事长 | 李建国 | 总经理 | 姬彦锋 |
| 董事会秘书长 | 贾伟林 | 审计事务所 | 中准会计师事务所 |

## 二、通化金马近五年重大事项[②]

1. 公司所属权更替

2012 年 9 月通化市永信投资有限责任公司通过公开征集方式协议转让持有本公司的 8 000万股份，2013 年 5 月 15 日，通化市永信投资有限责任公司将持有的本公司的 8 000 万股股份过户给北京常青藤联创投资管理有限公司。北京常青藤联创投资管理有限公司持有本公司 8 000 万股，占总股本的 17.82%，成为公司第一大股东。

2. 公司的融资

2013 年 9 月，北京晋商启动针对该公司的非公开发行股票事项。2015 年 3 月 20 日非公开获准发行 124 472 573 新股上市。

3. 公司常年的债务往来

2013 年，公司为参与长春农村商业银行股份有限公司增资扩股，向公司第一大股东北京常青藤联创投资管理有限公司借款人民币 6 000 万元，借款期限为一年。

2014 年，公司及下属子公司神源药业应收账款原值作价 128 747 589 元抵偿所欠永信公司债务 128 747 589 元。公司向通化市永信投资有限责任公司借款总金额 250 000 000 元，截至报告期，该合同下累计产生利息支出 6 653 550 元。

公司于 2013 年 8 月 15 日向北京常青藤联创投资管理有限公司的借款 6 000 万元，因借款期限已到，经双方协商，将借款期限延长一年。

2015 年，近三年来公司未分配利润为负数，所实现利润全部用于弥补历年亏损。

2015 年公司重大资产重组作出业绩补偿承诺，补偿责任人为北京晋商，补偿方式为如果圣泰生物在盈利承诺期内实际净利润总额未达到预期，则北京晋商应向上市公司进行补偿，承担圣泰生物 36.36% 股权所对应的补偿责任。

---

① 表 8－1 资料来源：百度百科 http：//baike.baidu.com/

② 资料来源：通化金马 2011—2015 年度报告

4. 公司的扩张政策

2015 年公司发行股份及支付现金购买资产已于 2015 年 12 月 31 日完成过户，圣泰生物成为公司控股 100% 的子公司，圣泰生物年末资产负债表纳入合并范围。

## 三、通化金马的指标分析及行业对比

1. 通化金马的经营范围

通化金马主要经营合剂、颗粒剂、硬胶囊剂、片剂、小容量注射剂、口服溶液剂、糖浆剂、栓剂、丸剂（浓缩丸、糊丸），以及中药材的种植、研究，中药饮片、药品、保健品的研发、销售；医疗器械的研究、开发和医疗项目投资。所以通化金马属于医药制造行业的范畴。

2. 通化金马的行业地位

医药制造行业有 183 家上市公司，通化金马各指标与行业平均值的数据及排名情况如表 8－2 所示。

**表 8－2　通化金马与行业平均水平的比较①**

| 指　标 | 主营收入（万元） | 净利润（万元） | 总资产（万元） | 每股收益（元/股） | 资产负债率（%） | 股价一年涨跌（%） |
|---|---|---|---|---|---|---|
| 通化金马 | 19756 | 686 | 519364 | 0.14 | 21.41 | 28.76 |
| 行业平均 | 259518 | 32569 | 541523 | 0.27 | 51.47 | 2.87 |
| 行业排名 | 175 | — | — | 137 | — | — |

从表中可以发现，通化金马的营业收入在行业中的排名基本是垫底的，无论是净利润还是总资产、每股收益均大大低于行业的平均值，可以初步判断出通化金马在医药制造业的发展情况不容乐观，但是如表 8－2 最后一列数据比较，通化金马股价一年涨了 28.76%，而行业平均只上涨了 2.87%，这个比较引发了人们思考，究竟是什么支撑着通化金马股价的上升？

## 四、通化金马财务指标分析及与同资产水平公司的比较

为了更深入地了解通化金马这家企业的实际能力，我们通过分析它的各项指标以及与同资产水平公司之间的比较，来看看这家公司的核心竞争力能不能为它带来与之相配的股票行情。

我们选用了总资产与通化金马非常接近的千金药业、京新药业、西藏药业这三家公司作为比较的对象。

1. 收益质量分析及行业对比

收益质量在于反映企业收入所带来的真正效益。收益质量越高，说明企业的营业收入

① 表 8－2 资料来源：网易财经网站 http：//quotes. money. 163. com/

所带来的价值越大；收益质量越低，说明企业的营业收入所带来的价值越小。其中经营活动净收益/利润总额和扣除非经常损益后的净利润/净利润是反映收益质量的重要指标。前者反映的是企业利润总额中经营活动净收益的比重，后者在于体现净利润中扣除非经常损益后的净利润所占的份额。

（1）经营活动净收益/利润总额

表8－3、图8－3展示了通化金马以及与其资产总额相近的几个代表企业的收益质量指标——经营活动净收益/利润总额的平均值，相比来看，通化金马在该指标上呈现较为稳定的上升趋势。

**表8－3　通化金马经营活动净收益/利润总额与同资产水平公司的比较①**

| 年　份 | 2011 | 2012 | 2013 | 2014 | 2015 |
|---|---|---|---|---|---|
| 经营活动净收益/利润总额（%） | 68.6 | 76.8 | 130.0 | 113.3 | 129.0 |
| 同资产水平均值（%） | 113.8 | 102.1 | 97.5 | 79.9 | 81.9 |

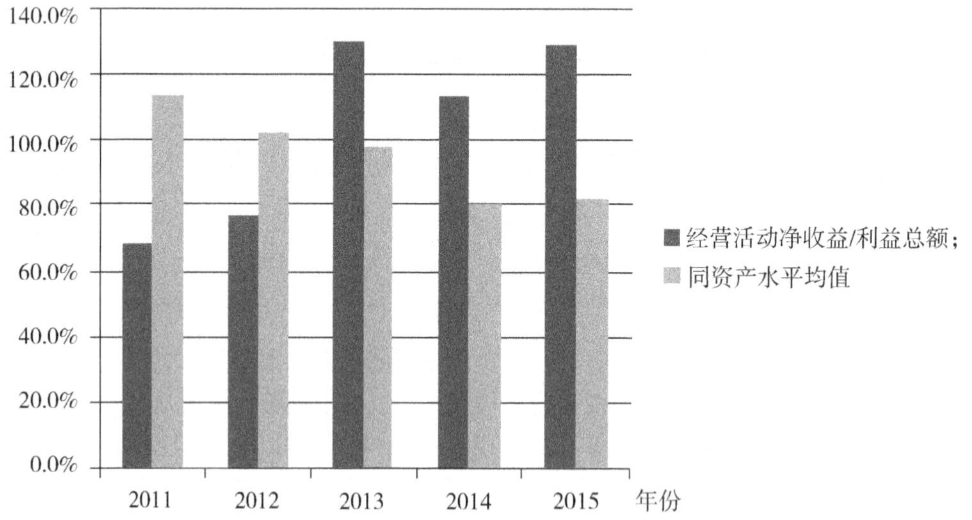


图8－3　通化金马经营活动/利润总额与同资产水平均值的柱状图

（2）扣除非经常损益后的净利润/净利润

如表8－4、图8－4所示，对比资产总额相近的几个企业的平均值，通化金马在该指标上，呈现较大的不稳定，相比平均值，波动性较大。

**表8－4　通化金马扣除非经常性损益后的净利润/净利润与同资产水平公司的比较②**

| 年　　份 | 2011 | 2012 | 2013 | 2014 | 2015 |
|---|---|---|---|---|---|
| 扣除非经常损益后的净利润/净利润（%） | 66.3 | 139.1 | 56.0 | 243.1 | 93.6 |
| 同资产水平均值（%） | 93.6 | 86.6 | 87.2 | 91.6 | 79.9 |

① 表8－3数据来源：网易财经网站 http：//quotes. money. 163. com/

② 表8－4数据来源：网易财经网站 http：//quotes. money. 163. com/

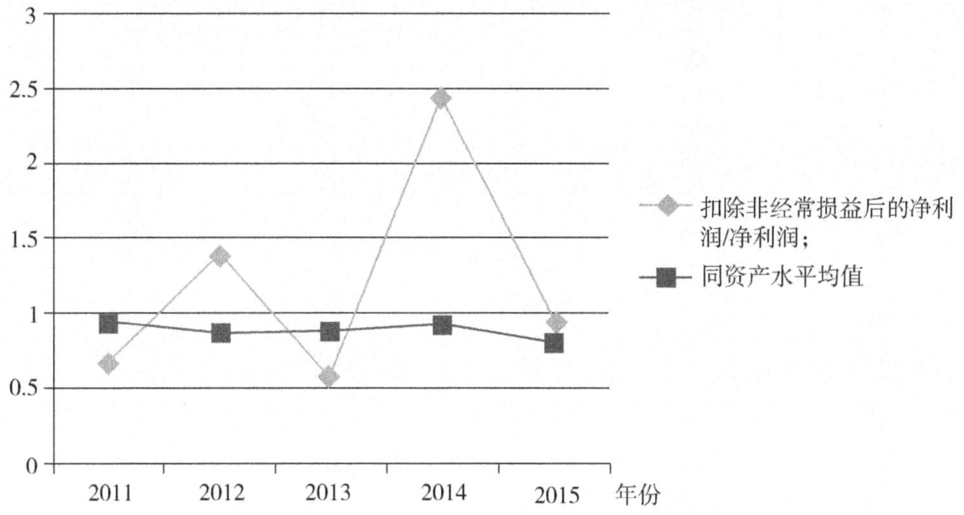


图 8-4 通化金马扣除非经常性损益后的净利润/净利润与同资产水平均值的折线图

从总体来看，通化金马的收益质量不够稳定；但收益质量呈现一定的上升趋势。

2. 盈利能力分析及行业对比

盈利能力通常是指企业在一定时期内获取利润的能力。企业经营业绩的好坏最终可以通过企业的盈利能力来反映。息税前利润（EBIT），是企业在扣除每年的利息和税务之前的利润，是衡量企业获取利润能力的重要指标。核心利润是衡量主营业务盈利能力的一个重要指标。

我们选取了 EBIT 和 EBIT/营业收入两个核心利润指标分析公司的盈利能力。

由表 8-5 可知，EBIT 对营业收入的占比，除 2015 年外，基本达到了同资产公司的平均值，说明近五年通化金马的盈利能力达到了行业平均水平。

**表 8-5 EBIT/营业收入①**

| 年 份 | 2011 | 2012 | 2013 | 2014 | 2015 |
|---|---|---|---|---|---|
| EBIT（万元） | 1642 | 512 | 787 | 1343 | 626 |
| EBIT/营业收入（%） | 9.0 | 4.0 | 5.3 | 6.4 | 3.2 |
| 同资产水平平均值（%） | 7.1 | 5.7 | 6.2 | 6.2 | 7.2 |

2011 年 EBIT 达到峰值之后，2012 年骤降，随后的数值保持稳定。由此可知通化金马的盈利能力并没有得到很大的增强。

由表 8-6 可以看出，五年来，核心利润比起营业收入只有很小的占比，作为制造业公司，通化金马的盈利能力远远不足维持企业本身的延续与发展。

① 表 8-5 数据来源：网易财经网站 http://quotes.money.163.com/

表8－6　通化金马的核心利润及核心利润率[1]

| 年　　份 | 2011 | 2012 | 2013 | 2014 | 2015 |
|---|---|---|---|---|---|
| 核心利润（万元） | 384 | －508 | －1886 | 67 | －1545 |
| 核心利润率（%） | 2.1 | －4.0 | －12.8 | 0.3 | －7.8 |

3. 偿债能力分析及行业对比

偿债能力是指企业用其资产偿还长期债务与短期债务的能力，是企业偿还到期债务的承受能力或保证程度，反映的是企业财务状况和经营能力。通过对偿债能力的分析，可以考察企业持续经营的能力和风险，有助于对企业未来收益进行预测。其中经营活动产生的现金流量净额/流动负债是企业一定时期的经营现金净流量同流动负债的比率，它可以从现金流量角度来反映企业当期偿付短期负债的能力。还有负债权益比率，反映所有者权益对债权人权益的保障程度，反映企业的长期偿债能力。负债权益比反映的是资产负债表中的资本结构，显示财务杠杆的利用程度。

（1）经营活动产生的现金流量净额/流动负债

如表8－7、图8－5所示，通化金马以及与其资产总额相近的几个代表企业的短期偿债能力指标：经营活动产生的现金流量净额/流动负债的平均值，相比来看，通化金马在该指标上呈现起伏状态，而且低于同行业平均值。

表8－7　通化金马经营活动产生的现金流量净额/流动负债与同资产水平公司的均值比较[2]

| 年　　份 | 2011 | 2012 | 2013 | 2014 | 2015 |
|---|---|---|---|---|---|
| 经营活动产生的现金流量净额/流动负债（%） | －3.1 | －2.5 | 22.2 | 8.7 | －9.6 |
| 同资产水平均值（%） | 10.4 | 20.6 | 28.5 | 11.9 | 34.4 |

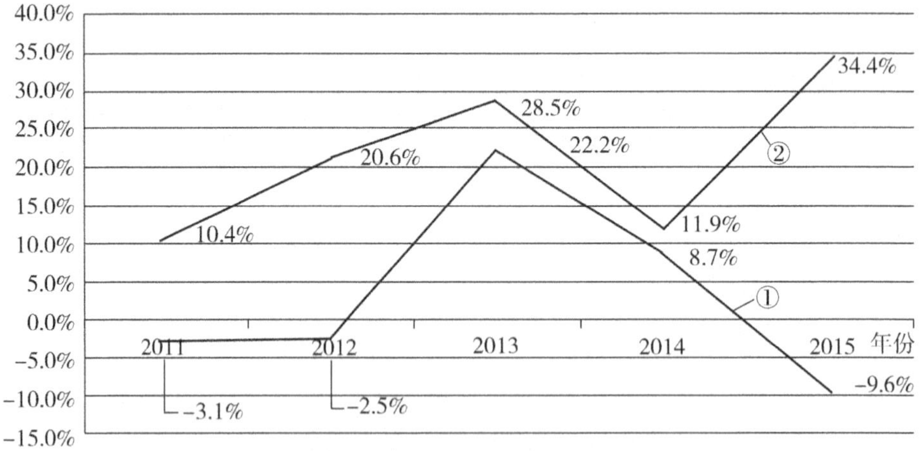


①经营活动产生的现金流量净额/流动负债；②同资产水平均值

图8－5　经营活动产生的现金流量净额/流动负债与同资产水平公司的均值比较

① 表8－6数据来源：网易财经网站 http：//quotes. money. 163. com/

② 表8－7数据来源：网易财经网站 http：//quotes. money. 163. com/

(2) 负债权益比

表8-8、图8-6比较了通化金马以及与其资产总额相近的几个代表企业的长期偿债能力指标：经营活动产生的负债权益比。相比来看，通化金马在该指标呈起伏状态，相比同行业平均值，时高时低。

**表8-8 通化金马负债权益比与同资产水平公司比较①**

| 年　　份 | 2011 | 2012 | 2013 | 2014 | 2015 |
|---|---|---|---|---|---|
| 负债权益比（%） | 44.9 | 44.4 | 80.0 | 94.9 | 85.0 |
| 同资产水平均值（%） | 68.9 | 80.8 | 101.2 | 87.0 | 38.4 |

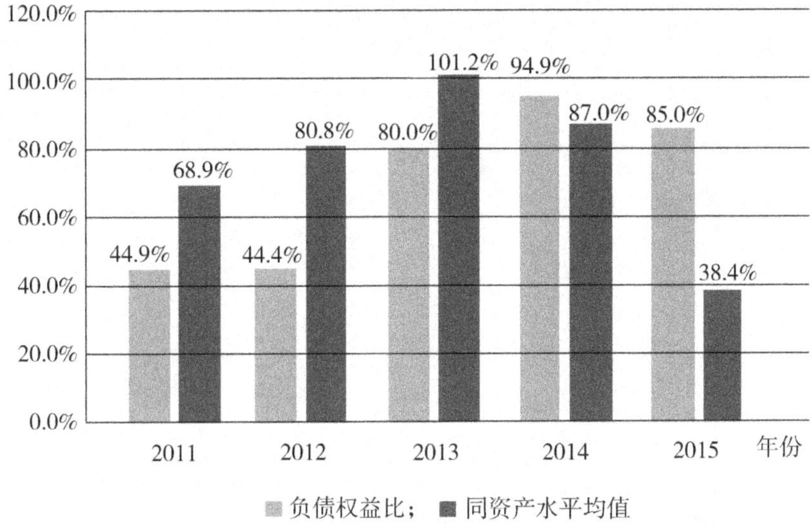


图8-6 通化金马负债权益比与同资产水平公司比较柱形图

4. 成长能力分析及行业对比

企业成长能力是指企业未来的发展趋势与发展速度，包括企业规模的扩大，利润和所有者权益的增加。企业成长能力是随着市场环境的变化，企业资产规模、盈利能力、市场占有率持续增长的能力，反映了企业未来的发展前景。

反映一家公司成长能力的指标有营业收入增长率、市盈率、每股净资产、资本积累率等。结合通化金马公司的自身情况以及指标之间的比较，我们选取了营业收入增长率和每股净资产来分析这家公司的成长能力。营业收入增长率是指企业本年营业收入总额同上年营业收入总额差值与上年度营业收入总额的比率，是最直观地反映一家公司的经营状况，评价一家公司的生产创造能力的重要指标；而每股净资产是指股东权益与股本总额的比率，这一指标反映每股股票所拥有的资产现值。每股净资产越高，股东拥有的资产现值越多；每股净资产越少，股东拥有的资产现值越少。

营业收入增长率：表8-9、图8-7列出了通化金马这几年的营业收入增长率以及与通化金马资产相近的几家公司近几年营业收入增长率的均值，通过图8-7可以直观地看

① 表8-8数据来源：网易财经网站 http://quotes.money.163.com/

出除了2014年，通化金马的营业收入增长率都低于同资产公司的平均水平，并且在2012年和2015年都为负值，这表明通化金马的经营状况并不理想，成长（发展）能力也并乐观。

**表8－9　通化金马营业收入增长率与同资产水平公司均值的比较①**

| 年　　份 | 2010 | 2011 | 2012 | 2013 | 2014 | 2015 |
|---|---|---|---|---|---|---|
| 营业收入增长率（%） | — | 7.01 | －29.66 | 15.77 | 41.03 | －5.21 |
| 同资产水平均值（%） | — | 12.64 | 20.01 | 17.68 | 18.99 | 3.00 |

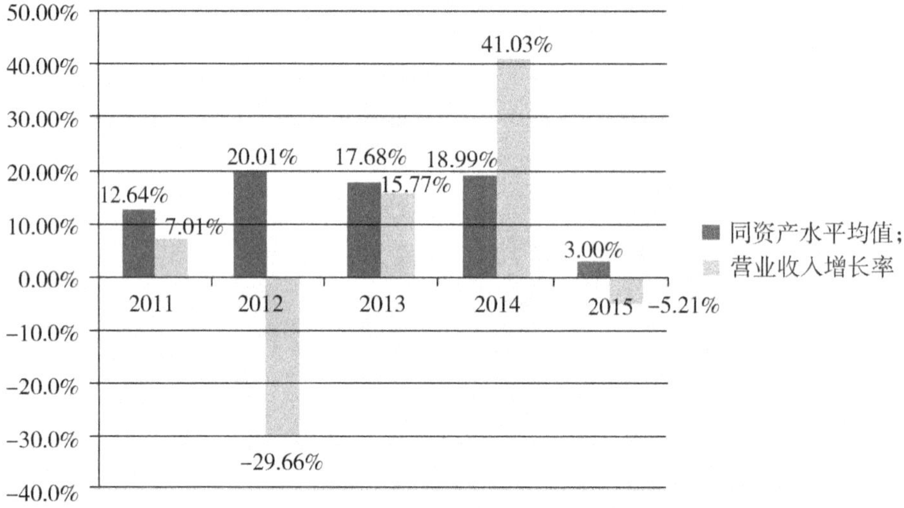


图8－7　通化金马营业收入增长率与同资产水平公司均值的柱形图

5. 每股净资产

由表8－10、图8－8看出，2011—2015年通化金马的每股净资产均低于同资产公司的平均水平，且差距较大。

**表8－10　通化金马每股净资产与同资产水平公司的比较②**

| 年　　份 | 2011 | 2012 | 2013 | 2014 | 2015 |
|---|---|---|---|---|---|
| 每股净资产（元/股） | 1.35 | 1.38 | 1.37 | 1.47 | 3.10 |
| 同资产水平均值（元/股） | 3.92 | 4.08 | 3.31 | 4.09 | 5.35 |

从表8－9、表8－10，我们发现通化金马的发展能力不强。

到底是什么让它的股价一步步攀升呢？

① 表8－9数据来源：网易财经网站 http：//quotes.money.163.com/

② 表8－10数据来源：网易财经网站 http：//quotes.money.163.com/

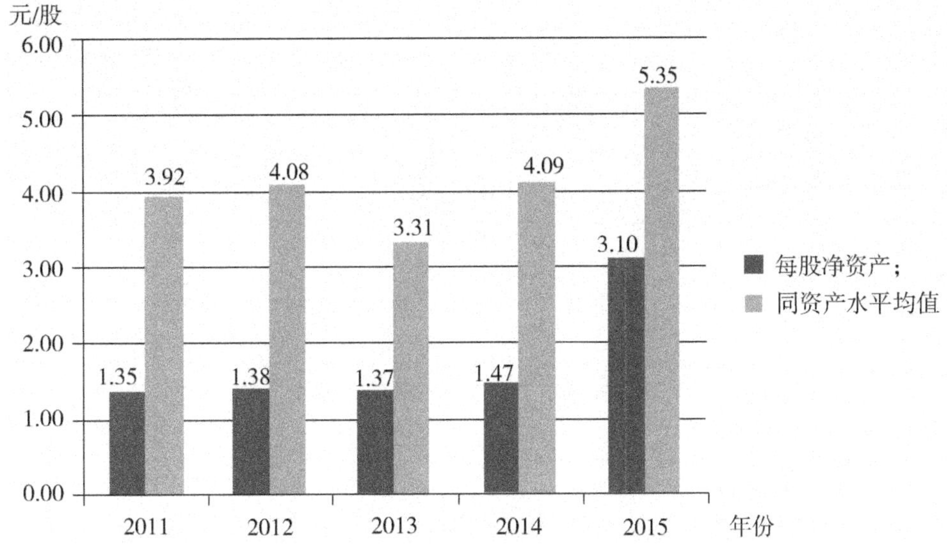


图 8－8 通化金马每股净资产与同资产水平公司均值的柱形图

## 五、通化金马虚有其“表”

通化金马股份有限公司早在 2000—2002 年期间，股权的频繁转让和“奇圣胶囊”的收购和注销，使公司“元气大伤”。如图 8－9 所示，通化金马在经营方面一直处于低迷状态，还从曾经股票市场上的“香饽饽”沦为长达三年时间的 ST 股。但是在最近几年和 2015 年新董事长李建国的上台，通化金马又燃起复活之火，报表上又呈现出怎样的通化金马呢？

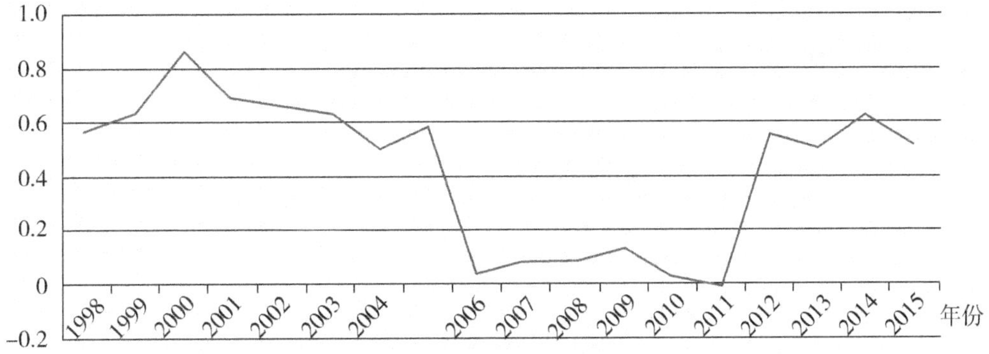


图 8－9 通化金马历年毛利率变化折线图①

1. 上升的毛利率从何而来？

通化金马 2011—2015 年的毛利润能处于一个稳定的增长状态，但是，事实上通化金马多年来主打产品一直没有变化，主要是治糜灵栓、壮骨伸筋胶囊、脑心舒等产品，在开发新药和拓展市场方面并没有大力投入资金，它的产品在市场上竞争力不足。但是明显上

① 图 8－9 数据来源：网易财经网站 http：//quotes. money. 163. com/

升的毛利率又是怎么一回事呢？其实这是归益于它强大的投资收益。投资收益是对外投资所取得的利润、股利和债券利息等收入减去投资损失后的净收益。对于非专业投资公司而言，投资收益一般不超过企业自身经营所获得的利润。从表8－11和图8－10可知，通化金马投资收益占净利润100%以上，最高达到了700.2%。

表8－11　通化金马近五年的投资收益与净利润之比

| 年　　份 | 2011 | 2012 | 2013 | 2014 | 2015 |
|---|---|---|---|---|---|
| 投资收益/净利润（%） | 113.0 | 501.0 | 700.2 | 443.7 | 376.4 |

数据来源：网易财经网站 http：//quotes. money. 163. com/

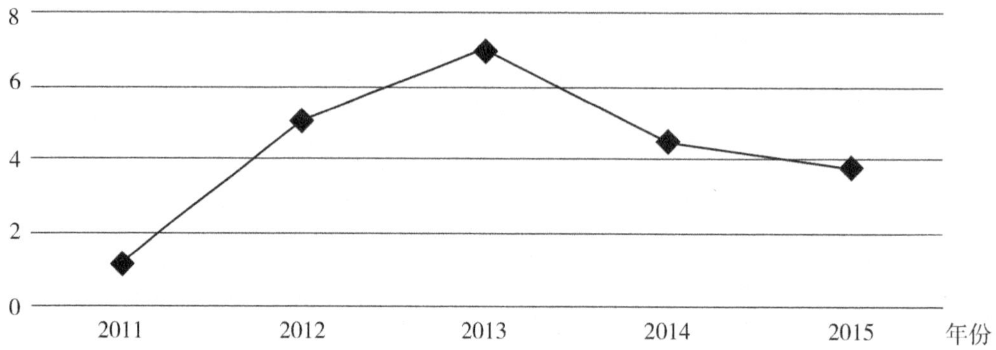


图8－10　近五年投资收益与净利润之比的折线图

2. 巧妙的利润均衡化

通化金马2014—2015年净利润及非经常性损益如表8－12所示。

表8－12　通化金马净利润及非经常性损益情况

| 年　　份 | 2014 | 2015 |
|---|---|---|
| 净利润（万元） | 517 | 686 |
| 净利润扣除非经常性损益后（万元） | 1257 | 642 |
| 非经常性损益合计（万元） | －740 | 44 |
| 非经常性损益/净利润（%） | －143.1 | 6.4 |

数据来源：网易财经网站 http：//quotes. money. 163. com/

2014年的非经常性损益为“－740万元”，这对于通化金马来说是一笔是不小的支出，直接导致了净利润的骤降。而2015年，非经常性损益却提高为“44万元”，使得净利润相对于2014年提高了30%。而且在2014年，通化金马的营业利润是一笔不小的数值，为1601.90万元，而营业外支出却高达803.90万元，达到了当年净利润（686万元）的16.7%。

3. “剑舞”何时结束

通过以上的分析，可以得知通化金马“诱人”的股价增长，极高的投资收益，巧妙地利用利润均衡化，营造了一个“健康向上”的通化金马形象。这样的“景象”究竟能持续多久呢？让我们拭目以待。

# [案例说明书]

## 一、本案例要解决的关键问题

本案例旨在进一步引导学员关注公司财务报表分析的方法。通过本案例的讨论学习，学员要讨论解决以下问题：①用什么指标去评判一个公司的核心竞争力；②一个公司通过什么方法对股价造成影响；③财务报表美化的方法有哪些？④造就“低业绩，高股价”局面的因素有哪些？

## 二、案例讨论准备的工作

1. 市场背景

在市场经济的环境下，企业间竞争十分激烈。对于上市公司来说，获取股票市场上的融资无疑是它获取资金最便捷的方式，而且再融资的获得也是上市企业崛起的第一步。吸引再融资的途径一般都是以企业本身强大的硬件实力来吸引投资者投资，这样的企业一般有两种：一种是高股利、风险较低的企业；一种是有着良好发展趋势的明星企业。然而并不是所有的企业都拥有这样的实力，而且相对于其他获取资金的途径，股票市场上的融资对于该企业来说势在必行。因此企业往往会运用一定的手段使财务报表数据表现出企业良好的发展趋势，以便在资本市场上进行融资。

2. 理论背景

一家公司的核心竞争力可以通过分析收益质量、盈利能力、偿债能力、成长能力来衡量。收益质量可以通过“经营活动净收益/利润总额”“扣除非经常性损益后的净利润/净利润”两个指标来衡量；盈利能力可以通过“EBIT/营业收入”和核心利润来衡量；偿债能力可以通过“经营活动产生的现金流量净额/流动负债”以及“负债权益比”来衡量；成长能力可以通过“营业收入增长率”和“每股净资产”来衡量。

## 三、案例分析思路

案例分析思路见图 8 - 11。

## 四、教学组织计划

1. 问题清单及提问顺序、资料发放顺序

本案例讨论题目依次为：

（1）企业融资的常见手段有哪些？为何要进行融资？

（2）体现企业核心竞争力的指标有哪些？

（3）什么是债务转移，如何进行债务转移？

（4）影响企业股价的因素有哪些？

（5）“低业绩，高股价”的通化金马给我们带来什么启示？

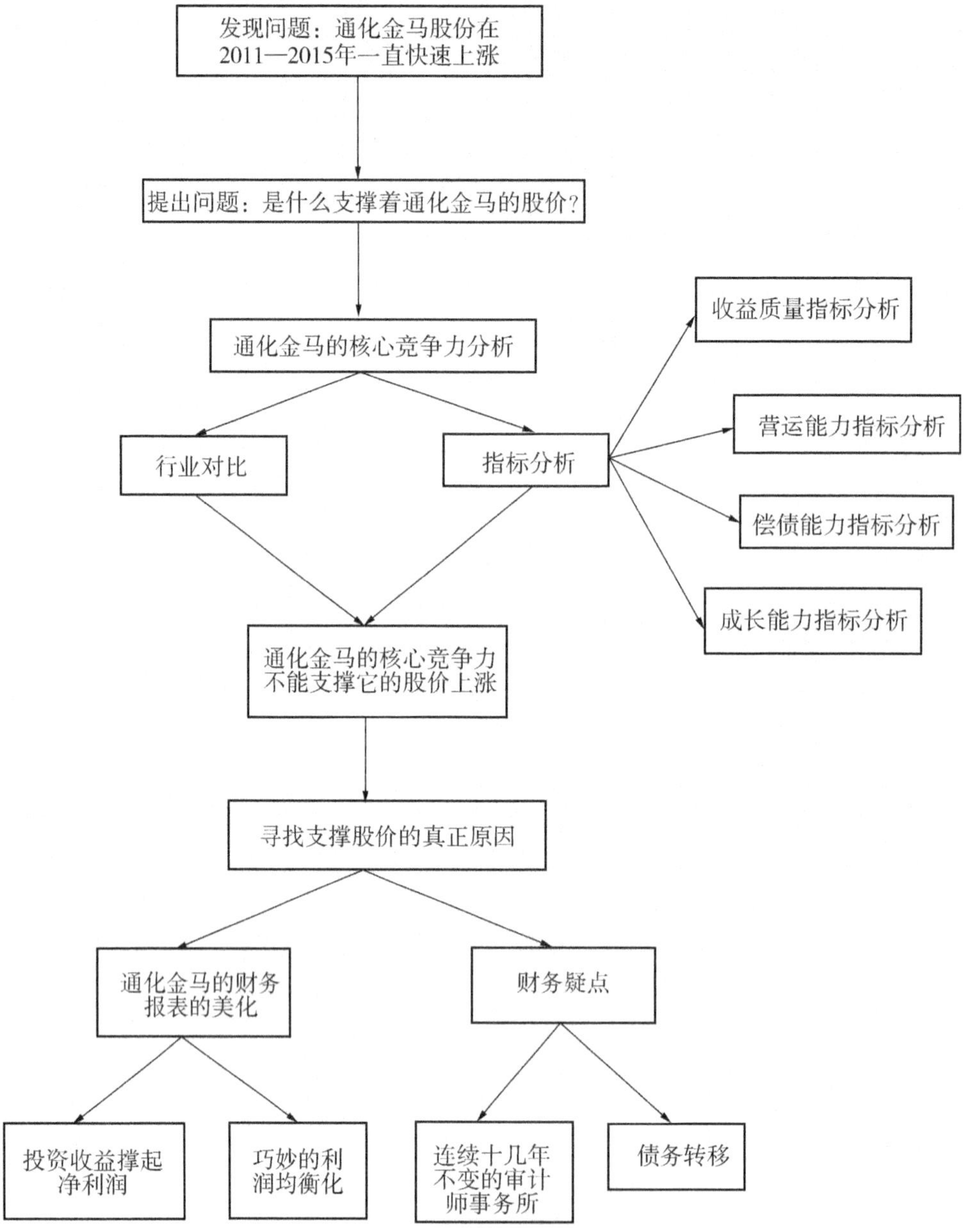


图 8－11　案例分析思路

案例的参考资料及其索引，在讲授有关知识点之后一次性布置给学员。

2. 课时分配

（1）根据思考题阅读相关教材和参考书并搜集相关资料，课后自行阅读资料：约 2 小时；

（2）小组讨论并提交分析报告提纲：1 小时；

（3）课堂小组代表发言、老师提问：0.8 小时；

（4）课堂讨论总结：0.2 小时。

3. 讨论方式

本案例可以采用小组方式讨论。

4. 课堂讨论总结

课堂讨论总结的关键是：归纳发言者的主要观点；重申其重点及亮点；提醒大家对焦点问题或有争议观点做进一步思考；建议大家对案例素材进行扩展研究和深入分析。

# 案例 9

# 资本市场的极限跳跃：“九鼎投资”负债融资风险研究*

---

* 1. 本案例由广东工业大学管理学院的许慧、杨恩珂、徐利可、田博超、李文杰、李敏等共同撰写，作者拥有著作权中的署名权、修改权、改编权。

2. 将本案例授权予广东工业大学产教融合 MPAcc 教学智库实验平台使用，广东工业大学产教融合 MPAcc 教学智库实验平台享有复制权、修改权、发表权、发行权、信息网络传播权、改编权、汇编权和翻译权。

3. 由于企业保密的要求，在本案例中对有关名称、数据等做了必要的掩饰性处理。

4. 本案例只供课堂讨论之用，并无意暗示或说明某种管理行为是否有效。

## [案例封面]

**专业领域：** 财务管理

**适用课程：**《财务管理理论与实务》

**选用课程：**《财务管理理论与实务》

**编写目的：** 本案例旨在引导学员进一步掌握企业并购的基本理论与方法，使学员能够结合所学专业知识以及其他有关知识，运用企业并购的基本理论与操作方法解决企业战略管理的实际问题，培养学员分析企业并购问题的综合能力。学员通过本案例的具体分析，掌握我国企业并购方式、政策以及具体操作程序。

**知 识 点：** 财务杠杆；负债融资；风险管理

**关 键 词：** 融资；收购；风险；管理

**中文摘要：** 九鼎集团从 2010 年 1000 万元注册的投资公司，到 2015 年市值过千亿的新三板“巨无霸”，在短短五年内创造了令人咋舌的“造富神话”。九鼎利用上市公司平台为企业股权投资提供估值和流动性的同时，以不断叠加的融资杠杆及资产收购估值，覆盖前期负债与亏损。登陆新三板以来，其负债已经增加了近百倍，从 5.83 亿元升至现在的 572.27 亿元。究其原因，是由于九鼎近几年来大规模的投资并购、扩张金融版图所造成。如此不断增加杠杆的背后隐藏着高风险，所以，研究此案例是通过分析高负债融资的风险，从中得到启示。

# [案例正文]

九鼎投资为了构建“金控平台”而不断并购，根据年报显示，仅 2016 年就进行了 15 笔并购，其中最大的一笔是收购富通亚洲控股有限公司，交易价格约合人民币 88.24 亿元。九鼎因频繁收购需要不断向银行等机构借款。巨大的借款数额伴随而来的是需支付庞大的利息，仅在 2016 年上半年，九鼎集团的利息支出就达到 2.5 亿元，这个数字超过绝大多数新三板企业 2016 年全年的净利润，甚至超过绝大多数新三板企业 2016 年的收入。九鼎集团如此频繁地进行收购，无形中为自己埋下了隐患。投资者们不得不为公司的高风险投资行为捏一把汗。

## 一、背景简介

### (一) 宏观背景

在资本市场，项目投资者有四种，按照投资额度从小到大排序，他们分别是：天使投资，风险投资，私募基金，投资银行。

天使投资（Angel Investment）：大多数时候，天使投资选择的企业都会是一些初创企业。经过一段时间的运营，使公司具有了可观的价值之后，出卖手中的股份获取利益。此外，部分天使投资会给企业提供一些指导和帮助，甚至会给予一定人脉上的支持。

风险投资（Venture Capital）和私募基金（Private Equity）：这两种投资者都是在企业发展到一定阶段，投资机构用 LP 的资金进行投资，来赚取管理费用，作为其盈利途径之一。

投资银行（Investment Bank）：一般投资银行负责的都是帮助企业上市，从上市融资后获得的金钱中收取手续费。

九鼎投资是私募股权机构。私募股权投资行业在中国市场已经走过了 20 余年的发展历程。自 20 世纪 90 年代，国外私募股权投资基金开始进入中国市场，我国私募股权投资行业经历了起起伏伏，也创造了一波波的热潮。

根据清科集团旗下私募通统计，2005 年中国活跃的股权投资机构仅 500 家左右，而截至 2014 年底，中国股权投资市场活跃的投资机构已经超过 8 000 家，管理资本量超过 4 万亿元，市场规模在这 10 年间实现跨越式发展。2004 年中小板启幕，2009 年创业板推出，2014 年新三板全面扩容，近十年的时间，中国私募股权投资行业受益于资本市场放开，正逐渐走向成熟。目前，随着国内资本市场的日益成熟、行业监管政策落定和逐渐完善，中国市场已逐步迈入“股权投资时代”。

PE 从一开始就是跨着金融和产业诞生的。从 PE 这个词 Private Equity，Private 就是以私募的方式融资，融了以后怎么应用呢？投到股权，而不是股票；Equity 是股权，尚未上市的企业的股权。很显然，PE 必须深度地跟实体经济联系在一起。

### (二) 融资需求

金融机构通常是高杠杆运行，而且人才流动性大、营运成本高，宏观经济和股票市场都会左右被投资企业的运营情况和估值。前期挂牌较早并完成增发和资本布局的公司，他们利用定增募集的资金进行布局，已经完成金控集团的初期布局，让后来者面临更高的行业壁垒。

九鼎2014年挂牌新三板以前，注册资本1250万元。截至2015年11月，通过定增募集资金160.767亿元。

2015年12月，股转系统限制类金融企业在新三板的融资，100亿元融资成为九鼎集团最后一笔股权融资。在股权融资走不通的情况下，九鼎集团大量举借负债，根据2016年中报，九鼎集团负债325亿元，这个数字是2013年年报的56倍。2016年中报显示，九鼎集团的短期借款61亿元，长期借款100亿元。这些借款的利率并不低，中报显示公司向中信证券借款17亿元，借款年利率6.5%；向重庆信托借款10亿元，年利率7.9%。

另外，九鼎在资本市场上多次出击，收购其他公司，从2014年7月开始，九鼎投资新设立了不下10家公司，通过这些公司，九鼎投资进行了以旗下公司为主体的资本运作。

## 二、案例概况

### （一）造富神话

1. 地下室创业传奇

2002年，两个热血方刚的年轻人黄晓捷和吴刚相识在北京，每人一年工资五六万，生活十分艰辛。2006年底，中国股市爆发的前夕，吴刚看到了原始股的潜力。黄晓捷刚从香港做访问学者回来，吴刚找到黄晓捷，在北京西四环世纪金源大饭店咖啡厅坐下，告诉黄晓捷，PE能快速赚大钱："你换个办法赚钱，去买原始股。"于是，2007年，两位"五无"青年（无钱、无个人品牌、无背景、无海归光环、无成功历史）借了200万元，凑了250万元，租了五道口一间地下室，撼动未来投资界的九鼎投资就在这里诞生。

吴黄二人开始四处寻找各地的民营企业老板募资，但募资过程十分艰辛。在创业之初这一年，为募资，吴黄二人去了绍兴，待了两天，费尽口舌也没有募到一分钱。他们正准备回上海，黄晓捷的一个朋友找车送他们去，三个小时的车程，黄晓捷和吴刚在车上商量如何做PE这一行。刚到上海，司机居然给吴黄二人投了750万元，成为最大自然人股东。

2. 董事长秘书放弃金饭碗

蔡蕾本来是中铁信托的董事长秘书，当时由于九鼎整个团队都偏年轻化，彼此都不到30岁，于是请来四川中铁信托的副总裁来做总经理。这位副总裁把公司的董事长秘书蔡蕾也捎来了。

两三周后，热度褪去，副总裁和蔡蕾都回去了。但是蔡蕾的严谨、细致、认真、负责给年轻的九鼎团队留下了深刻的印象。在反复几次前往成都商谈后，蔡蕾放弃了百万年薪，正式加盟九鼎。在他到九鼎的前三年里，他一直拿着税前两万月薪，这就是俗话说的放弃了"金饭碗"。

3. 广撒网重点捞鱼

有了蔡蕾的加入，九鼎如虎添翼，凭借蔡蕾在中铁信托的人脉，九鼎又投资了金亚科技，这是创业板第一批上市企业中，九鼎所投的两家企业之一，另外一家就是被称为创业板第一股的吉峰农机。吉峰农机为九鼎带来了丰厚的利润，随后九鼎名声鹊起。尝到甜头的九鼎开始广泛撒网，重点捞鱼。

标准化和专业分工本是制造行业的专利，九鼎学习生产汽车的福特公司的经营模式，在 PE 行业引入了流水线模式：在各个省、区域找到合适的人员驻扎当地，负责联络和发现当地企业，跟当地政府、银行和券商等中介机构加强沟通。同时在北京建立了一个庞大的研究所，对行业中的优质企业进行纵向筛选，以纵横交错两种方法“扫荡”全国的投资目标。在这张精密的大网之下，很少有漏网之鱼。

就这样带着草根气息的九鼎以一股狠劲闯入 PE 行业，日后成长起来格外“招人恨”。刚刚诞生的九鼎已经展现了强烈的风格：剽悍果敢、勇于创新、决策灵活、极度勤奋，这是中国成功的民营企业创业者的共同特征。

4. 野心勃勃

得益于资本运作的良性循环，九鼎控股初期依靠新三板良好的融资能力，后来将 PE 业务送上主板，凭借上市公司的能力进行一系列融资动作。靠着不断融资得到的资本进行金控集团的布局，做大自身市值，再通过自身做大做强的实力做进一步的投融资计划（见图 9－1）。

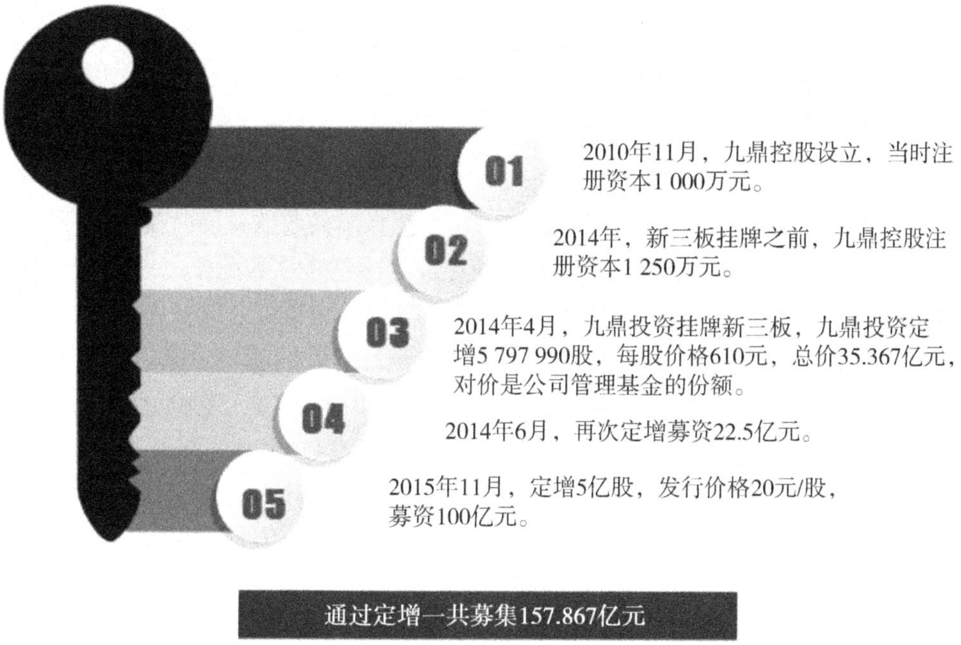


图 9－1　九鼎募集资金过程

现在该公司已经建立起自有资金＋客户资金、运营型投资＋财务性投资为核心模式的综合性资产管理机构的平台与架构。目前，公司累计投资项目共 241 个，已完成退出项目 42 个，已上市企业及挂牌“新三板”企业共 70 家。

2015 年 5 月，九鼎收购 A 股上市公司中江地产之母公司中江集团，开创新三板挂牌公司并购 A 股上市公司的先河。

九鼎集团的目的在于构建一个金控集团，然而，庞大的金控帝国需要巨额资金的支持。九鼎集团挂牌以来共进行过三次大规模融资。2014 年 4 月完成了 35.367 亿元增资；同年 6 月融资 22.50 亿元；2015 年 11 月完成 100 亿元定增，累计募集资金 157.867 亿元。

但近年来，九鼎融资却屡次受阻。2015 年 11 月 13 日，九鼎拟定增 55 亿元，遭遇股转公司对类金融公司的严监管，定增随之夭折。2016 年 9 月，九鼎投资百亿融资缩水，募资规模从不超过 120 亿元巨幅缩至不超过 15 亿元。同时，九信资产 300 亿元重大资产重组宣告失败。九州证券 300 亿～500 亿元的增资扩股方案到 2017 年 2 月才有进展。九鼎 2014 年挂牌新三板以前，注册资本 1 250 万元。

九鼎 2016 年年报中提及的“由于业务增长对外融资需求增加从而引起借款额度增加”，从 10 次延期复牌的公告中看出，统一指向一个公司“富通亚洲控股有限公司”。而这也恰是迄今为止九鼎集团最大的一桩收购案。九鼎集团在 2016 年的中报中也承认，收购香港富通保险使用了银行贷款，导致负债增加。

九鼎在 2015 年提出重点发展保险业务，在 2016 年半年报的商业模式中，直接把保险业务放于第一个报告的对象，足以看出九鼎对保险业的重视度。收购香港富通保险，无疑是九鼎投资正在构建的保险产业链中的关键一环。

香港富通保险的业务涉及终身寿险、养老保险、投资型保险、定期寿险和意外、医疗及伤残保险等，领域宽、保险体系完善。其保险业务收入 2013 年为 245.4 亿元，2014 年为 257.9 亿元，2015 年仅 1—6 月就有 128.9 亿元。九鼎每年可以在香港富通保险利用 200 亿元现金来投资。

此外，2015 年九鼎出资 5 000 万元完成了对中捷保险的收购，同时旗下全资子公司昆吾九鼎设立了众惠联合保险，初步打开了公司在保险行业的发展领域。

2015 年 5 月，九鼎以 41.5 亿元收购中江集团 100% 的股权，通过中江集团，九鼎得以间接持有 A 股上市公司中江地产（600053.SH）72.37% 的股权。算上中江集团 10.83 亿元的负债以附加认购条款，九鼎最终承担的对价是 52.46 亿元。在这之后，九鼎将昆吾九鼎资产注入中江地产。中江地产复牌后连拉 14 个涨停板，九鼎的浮盈惊人地达到 104.33 亿元。由于中江地产控制权发生变更后，累计向九鼎投资及其关联方购买的资产总额占中江地产资产总额的 55.36%，未达到 100%，因此，不构成借壳上市。

*5. 精心布局*

对于整个 PE 行业来说，未来的行业趋势应该为全产业链 - 平台化的金融资本。

募资结构改变：高净值客户和机构并重，乃至在资本市场直接融资。

退出方式改变：告别单一的以 IPO 为主的方式，不再仅仅赚取一、二级市场差价。

投资能力和投后管理能力的重要性上升，回归 PE 的行业本质，同时加快运营型投资和另类投资，不仅仅是一级与二级市场股权投资。

九鼎集团坚持运营型投资和财务型投资两手抓。运营型投资方面，主要投资金融类企业；财务型投资方面，主要投资私募股权。2014—2015 年九鼎的业务扩张见图 9 - 2。

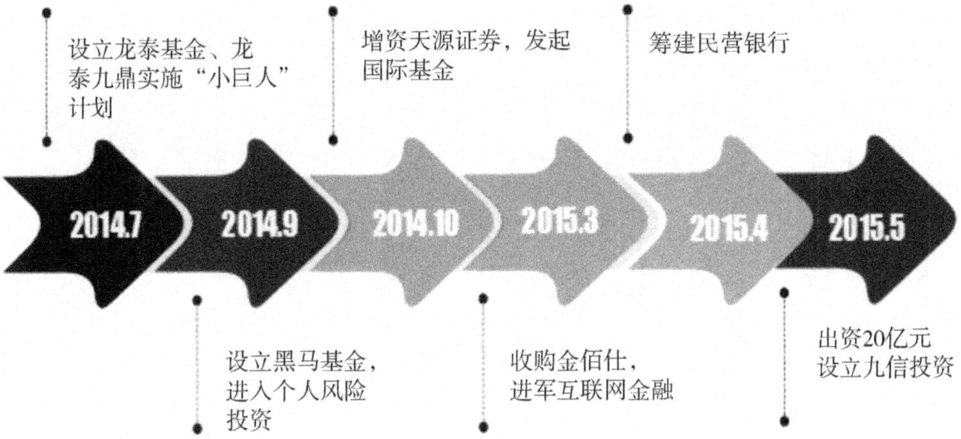


图 9－2　九鼎的业务扩张

规模不断扩张的需求受到了资金的限制。是什么因素导致九鼎在登陆新三板之后不断通过定增等手段进行融资？因为九鼎要打造的是类似中国平安模式的综合性金融集团。中国平安是依靠保险起家，九鼎投资是依靠 PE 起家，实质上是分别适应了国内不同发展阶段下国民资产配置的需求，从不同的大类资产端切入了综合金融模式，殊途同归。

值得一提的是，九州证券出现之前，所有模式都是机构与机构间的交易，脱离不开“退出利益、机构间的博弈、机构间对同一项目的不同看法”这几个核心问题。

九州证券出现之后，一家机构就可以完成从创投到 PE 到 Pre-IPO 再到 IPO，上市之后还能做再融资。退出利益、博弈都转为内部消化，既提高了效率又增加了项目成功率。企业融资只需要一个九鼎＋九州就能完成一系列过程。目前九鼎的布局如图 9－3 所示。

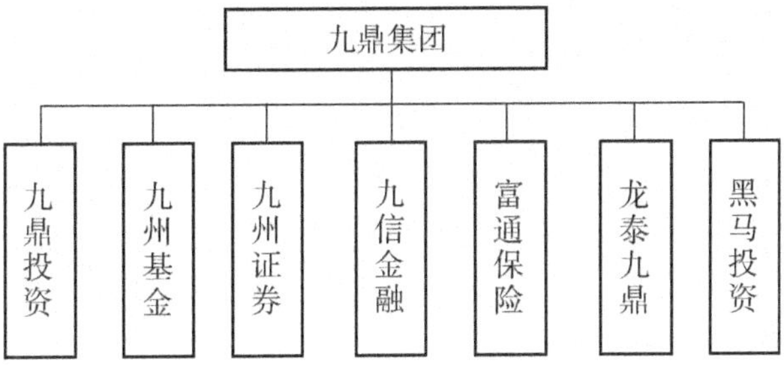


图 9－3　九鼎的布局

能完整做完这个链条的机构对于九鼎投资来说，一方面不用再担心自己的项目没有券商参与，另一方面不用担心资金兑付问题。这就解决了 PE 的两大难问题。九州证券加入九鼎集团前后的 PE 模式变化如图 9－4 所示。

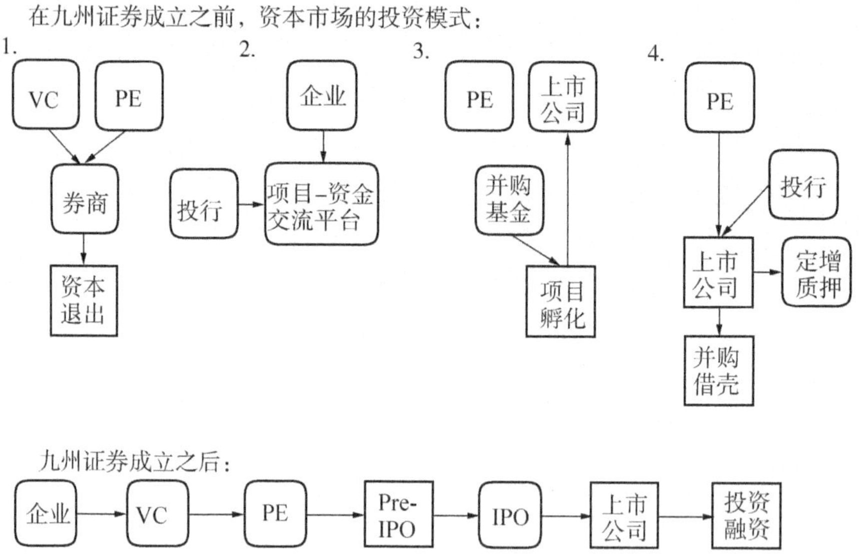


图 9－4　PE 模式变化

### （二）资金担忧

根据公司年报显示，九鼎集团 2016 年，进行了 15 笔投资并购，最大的一笔就是收购富通亚洲控股有限公司，交易价格约为 99 亿元。而九鼎集团因频繁收购，需要向银行、资管公司还款 41.1 亿元，除去公司目前自有的 41 亿元，公司仍有 80 多亿元的净负债需要进一步融资来应对。

巨大的借款数额伴随而来的是需支付庞大的利息数额，仅在 2016 年上半年，九鼎集团的利息支出就达到 2.5 亿元，这个数字超过绝大多数新三板企业 2016 年全年的净利润，甚至超过绝大多数新三板企业 2016 年的收入。

九鼎集团将募集资金剩余的 73 亿元存在银行，即便是按照一年期定款存的利率，九鼎集团仅长短期借款高达 160 亿元，借款利息普遍在 3% 以上，最高达到 8.5%。存款和贷款之间存在巨大的错配，假设九鼎集团存贷款利息差在 1%，那么每年能剩下 7 300 万元。如果利息差 2%，每年能省到 1.46 亿元的利息，这是一个不小的数字。所以股权募集所剩的 73 亿元九鼎集团用来偿还借款。

九鼎集团一系列眼花缭乱的融资手段使得公司的市值有了几何式的爆发，但是如此高的市值是否存在水分，估值方式是否合理，的确是值得深思的问题。

私募股权投资机构的主要盈利方式是管理费和业绩表现费，管理费每年 1%～1.5%；业绩表现费，一般能分到投资收益的 20%，除去运营费用、员工薪酬和奖金，剩下的就是利润。

所以一般以市值/资产管理规模来描述资管机构的估值水平，这个数字越大则估值越高。

从表 9－1 不难发现，管理 2 万亿元资产的黑石市值 1 000 亿元，而管理 200 亿元市值的九鼎投资市值也有 1 000 亿元。这是否是新三板、港股、美股的估值体系差距所导致的？

表 9－1　市值对比

| | 中科招商 | 九鼎投资 | 同创伟业 | 惠理 | 黑石 | 凯雷 |
|---|---|---|---|---|---|---|
| 净利润 | 3.5 亿元 | 1.8 亿元 | 0.59 亿元 | 4.4 亿港元 | 7.6 亿美元 | 4.5 亿港元 |
| 净资产 | 131 亿元 | 220 亿元 | 6 亿元 | 39.7 亿港元 | 64 亿美元 | 23 亿美元 |
| 资产管理规模 | 274 亿元 | 214 亿元 | 81 亿元 | 1380 亿港元 | 3327 亿美元 | 1928 亿美元 |
| 市值 | 289 亿元 | 1025 亿元 | 114 亿元 | 160 亿港元 | 185 亿美元 | 51 亿美元 |
| 市盈率 | 41.29 倍 | 284.72 倍 | 96.61 倍 | 18.18 倍 | 12.17 | 5.67 倍 |
| 市值/资产管理规模 | 1.05 | 4.79 | 1.41 | 0.12 | 0.06 | 0.03 |
| 市场 | 新三板 | 新三板 | 新三板 | 港交所 | 纽交所 | 纳斯达克 |

市值远远超过了其管理资产的规模，作为投资者，投资其公司本身明显不如投资其管理下的产品。如果按照这个逻辑，那么九鼎集团不断的定增融资对于投资者来说是否合理?

根据价值投资理论，市值/资产管理规模的值应该在 0.1 左右，显然这有些极端，但对于一般私募投资而言，0.35～0.4 明显是一个合适的值，而九鼎投资远远超过了这个值。那么按照这个估值我们是不是可以得出这样一个结论，如果看好九鼎投资，为什么不去买他本身的产品，产品盈利还有 8 成的利润。直接投资九鼎投资本身，所得到的利润又有多少?

### （三）面临摘牌

从表 9－2 年报来看，2016 年九鼎集团实现超 38 亿的投资收益；购入富通保险，已赚保费收入近 33 亿元。这二项收入合计 71 亿元，占九鼎集团全年营收的 69.43%。

营业收入 14.32 亿元，占总营收的 13.90%；手续费及佣金净收入为 3.47 亿元，占比 3.37%；投资管理业务收入 14.65 亿元，占比 14.21%。

表 9－2　九鼎业务收入

| 项目/类别 | 本期收入金额（元） | 占营收比例（%） | 上期收入金额（元） | 占营业收入比例（%） |
|---|---|---|---|---|
| 营业收入 | 1 432 485 980.72 | 13.9 | 903 825 252.33 | 35.79 |
| 手续费及佣金净收入 | 347 100 126.5 | 3.37 | 115 493 534.36 | 4.57 |
| 投资管理业务收入 | 1 464 642 867.13 | 14.21 | 639 268 573.45 | 25.31 |
| 利息净收入 | －79 232 111.43 | －0.77 | 36 408 616.56 | 1.44 |
| 已赚保费 | 3 299 198 256.75 | 32 | — | 0 |
| 公允价值变动损益 | －10 988 373.89 | －0.11 | 25 345 273.78 | 1.00 |
| 投资收益 | 3 858 811 334.71 | 37.43 | 805 153 680.48 | 31.88 |
| 汇兑收益 | －3 039 895.85 | －0.03 | 52 903.3 | 0 |

其中，投资管理业务收入主要由基金管理费收入 1.9 亿元、项目管理报酬 10.5 亿元、投资顾问费 6 177 万元、公募基金管理费收入 9 275 万元等项目构成。

而根据 2016 年 5 月 27 日，股转系统发布的《关于金融类企业挂牌融资有关事项的通知》，私募机构要挂牌新三板，必须满足“管理费收入与业绩报酬之和须占收入来源的80%以上”等条件。且该通知还要求，已挂牌私募进行自查，并在1年内进行整改，未按期整改的或整改后仍不符合要求的，将予以摘牌。

尽管九鼎集团投资管理业务收入较上年增长了129.11%，但仍未达到通知的要求，因此面临被摘牌的风险。

### （四）以“史”为鉴

1. 做第一个吃螃蟹的人

九鼎控股通过创业板的押注和新三板的融资进行了庞大的金控布局，并且抓住了机会将子公司送上主板。随着新三板金融类挂牌被暂停以及A股市场不允许PE创投机构直接IPO，后来者的行业壁垒越来越高，所谓一步慢则步步慢。先来者依靠一、二级市场强大的吸金能力瓜分完市场，后来者是否还能有所突破？

2. 顺应趋势者得天下

新三板金融巨头以PE创投类机构为主，这些机构也许很长一段时间也无法直接登录A股市场，也没有办法再次通过借壳的形式上市，那么大金控集团的模式会成为一种趋势。依靠这种趋势可以不断地做大市值，在做大市值的同时能吸引更优质的项目，形成良性循环。

3. 重视融资的资金成本

企业在不断扩张的时候要考虑所筹集的资金成本，有时候高额的利息差会严重阻碍企业的脚步。长期银行借款是企业获取长期资金的重要方式之一。它的特点是偿还期长，利率在债券期限内不变，利息费用作为费用于税前列支，因而，利息可产生节税效应。对于无抵押借款来说，不存在筹资费用或筹资费用较小，可不予考虑；对于抵押借款则有筹资费用，还要考虑抵押及担保资产的机会成本。高额的借款会使企业的财务杠杆过高导致财务风险，一旦资不抵债，企业就将面临破产的危险，可谓“一失足成千古恨”。企业要懂得在向前瞻望的同时兼顾脚下的路。

## 三、参考资料

本案例的关注重点在并购契机和并购方式上，与此相关的参考资料除了前面案例正文中提供的背景资料以外，还包括有关企业会计准则、公司法等有关法规以及相关行业资料。如果需要进行中交股份的扩展研究，可资参考的其他有关主要资料目录如下：


[1] 应凌峰．企业实务中杠杆原理的具体应用探析［J］．现代商业，2017（33）：143－144.

[2] 周洪全．中小企业财务风险分析及评价［J］．现代经济信息，2017（20）：218.

[3] 赵文佳．九鼎插足保险业［J］．英才，2015（10）：62.

[4] 张远辉．九鼎投资并购中江地产案例分析［D］．深圳：深圳大学，2017.

[5] 沈伟民．负翁，九鼎集团［J］．经理人，2017（5）：45－48.

[6] 路春芳．金融控股集团资本金重复计算问题的数学分析［J］．华北金融，2009（8）：15－17.

[7] 路春芳．试析金融控股集团财务风险传导的阶段特征 [J]．财会月刊，2009 (36)：74 - 75.
[8] 黄利鑫．浅析负债融资的财务效应 [J]．中国乡镇企业会计，2017 (11)：38 - 39.
[9] 汪静．负债融资的财务效应研究 [J]．中外企业家，2014 (4)：124.

## 四、讨论题目

九鼎从地下室起家，不到十年间市值过百亿带给人们太多的启示，引发人们太多的思考。本案例的侧重点仅在于：九鼎高杠杆运作的风险，重点思考如下问题：

(1) 做 PE 如何抓住时代契机?

(2) 怎样选择正确的并购目标企业?

(3) PE 行业在中国与美国有何不同?

(4) 如何更好地选择适当的融资渠道?

(5) 高杠杆运作下如何控制风险?

# [案例说明书]

## 一、本案例要解决的关键问题

本案例要实现的教学目标在于：引导学员了解企业在新三板上市和美国纳斯达克上市所需条件的不同。学员通过本案例的具体分析，掌握我国企业并购方式、政策以及具体操作程序。

## 二、案例讨论的准备工作

为了有效实现本案例目标，学员应该具备下列相关知识背景。

### （一）理论背景

新三板上市利弊；企业合并的分类与企业合并方式的界定；企业的融资渠道及其优劣势；财务杠杆收益与风险。

### （二）行业背景

2015 年 12 月，股转系统限制类金融企业在新三板的融资。100 亿融资成为九鼎集团最后一笔股权融资。而金融机构通常是高杠杆运行，而且人才流动性大、成本高，宏观经济和股票市场都会影响被投资企业的运营情况和估值，需要不断进行融资。他们通过定增募集的资金及利用这些资金进行的布局，已经完成金控集团的初期布局，让后来者面临更高的行业壁垒。因此，在股权融资走不通的情况下，九鼎集团大量负债，频繁收购。九鼎集团如此频繁地进行杠杆收购，无形中为自己埋下了隐患。根据公司公开信息，公司需要在两年内偿还 36.4 亿元，已经接近其自有资金上限，剩余 80 多亿元的缺口不知道公司会用何种方式补上。鉴于近期市场不断出现公司的负面消息以及其主办券商多次发布风险提示公告，我们不得不为公司近期的高风险投资行为捏一把汗。

### （三）制度背景

全国 MPAcc 教学案例库示范案例，企业会计准则关于企业合并及其会计处理方法的现行规范；公司法等有关法规对企业合并的相关规定。

## 三、案例分析要点

### （一）需要学员识别的关键问题

本案例需要学员识别的主要知识点包括：企业融资渠道，如何选择适合的融资方式，PE 行业运作模式，财务杠杆，企业合并的研究现状及动态。

### （二）解决问题可供选择的方案及其评价

1. 企业融资渠道

融资渠道，指企业经营发展的资金来源，主要包括内源融资和外源融资两个渠道。其中，内源融资主要是指企业的自有资金和在生产经营过程中的资金积累部分；外源融资即企业的外部资金来源，主要包括直接融资和间接融资两种方式。直接融资与间接融资的区别主要在于是否存在融资中介。间接融资是指企业的融资是通过银行或非银行金融机构渠道获取。而直接融资即企业直接从市场或投资方获取资金。

随着技术的进步和生产规模的扩大，单纯依靠内源融资已经很难满足企业的资金需求。外源融资成为企业获取资金的重要方式。

2. 企业如何选择适合的融资方式

随着我国市场经济和金融市场的快速发展，企业作为市场经济的主体，置身于动态的市场环境之中，单一的债务融资方式已经无法满足当今企业发展过程中的资金需求，低效率的融资方式同样制约着企业的发展。由于市场经济的不断完善，融资方式日益多样化，融资渠道愈发纷繁复杂。对于企业而言，做出正确的融资决策，是促进企业自然生长的首要条件。

那么如何才能选择最适合自己的融资渠道呢?

首先，应该确定融资的总收益要大于融资的总成本。企业在融资之前不要被那些令人心动的融资渠道所吸引，更不要草率地做出决策。在融资之前应先明确“我的企业需要融资吗?”“融资后的收益将会如何变化?”这也是基于融资是要付出成本的现实所要考虑的，比如资本的利息，昂贵的融资费用，以及不确定的风险成本。因此，企业在融资之前应该深入分析，确定是否能够利用融来的资金创造利益，而且收益高于融资成本。

其次，在确定融资规模的时候要量力而行，由于企业融资时是需要付出成本的，因此在筹集资金时还要恰当地确定企业的融资规模。融资过多，可能会造成成本增高，资金利用率降低，而且有可能造成企业负债率太高而无法承受，最终导致偿付危机。而如果额度太小，则会影响企业的投融资计划，容易导致资金后续无力，计划无法实施。

最后，在既定的融资需求与决策之后，还要选择最合适的融资机会，选择有利于企业融资的融资环境。要充分考虑这几个层面：一是融资的外部环境是怎样的，虽然企业本身也会对融资活动产生一定的影响，但是与企业的外部环境相比，企业自身对整个融资环境的影响有限。二是企业应针对外部融资环境的复杂多变做出预见性的规划，降低由计划不能如期兑现所造成的负面连锁反应。企业管理者要及时了解国内外的经济金融环境，了解汇率、政策等相关信息，通过综合分析预测影响融资的各种不利条件以及未来趋势，并结合企业自身的实际情况，寻找最佳的融资时机，果断决策。三是企业在分析融资机会时，必须考虑到各种融资方式的优缺点，结合企业自身的现状，适时地制定出合理的投资决策。比如，企业在不同的阶段可能需要不同形式的资金注入，有时候适合通过银行间接融资作为短期周转；某阶段可能发行企业债较好；而要实现融资的同时又兼具股权结构优化、管理优化，最好是引进优质风险投资；当企业发展到一定阶段，要实现跨越式发展，就要选择成为公众企业，择机上市。

3. PE 行业运作模式

私募股权基金运作流程分为五个步骤：一是组建 PE 投资公司“母鸡”资金；二是通过项目筛选确定目标公司；三是进行投资方案设计购买公司股权；四是风险企业培育增值；五是选择适合的渠道实现股份退出获利。其中最后两个环节最为重要，风险企业培育是价值创造的过程，培育不当，价值就难以创造；退出方式是利润的实现方式，选择不当，难以实现利润最大化。目前 PE 的退出方式主要有四种，即公开上市、股权回购、大企业收购或转售、破产清算。

每一种退出方式都有利弊。通常来说，IPO 是最高效的退出方式（平均收益率 610%），但未必适用所有的退出企业。所以说，私募股权基金在选择退出时要根据所投资企业当时的具体情况。总之，只有安全地退出所投资的企业，风险投资才能实现高额的投资报酬（或最小损失）进入下一轮投资计划。所以，一般认为，有效的退出机制是风险投资成功的关键。

4. 有关财务杠杆

财务杠杆的概念：财务杠杆又叫筹资杠杆或融资杠杆，它是指由于固定债务利息和优先股股利的存在而导致普通股每股利润变动幅度大于息税前利润变动幅度的现象。

财务杠杆系数（DFL）=普通股每股收益变动率/息税前利润变动率。无论企业营业利润多少，债务利息和优先股的股利都是固定不变的。当息税前利润增大时，每一元盈余所负担的固定财务费用就会相对减少，这能给普通股股东带来更多的盈余。这种债务对投资者收益的影响，称为财务杠杆，财务杠杆影响的是企业的息税后利润而不是息税前利润。

企业财务杠杆系数的高低可以反映财务风险的大小。这里需要指出，负债中包含有息负债和无息负债，财务杠杆只能反映有息负债给企业带来的财务风险，而没有反映无息负债，如应付账款的影响。通常情况下，无息负债是正常经营过程中因商业信用产生的，而有息负债是由于融资需要借入的，一般金额比较大，所以是产生财务风险的主要因素。如果存在有息负债，财务杠杆系数大于 1，放大了息税前利润的变动对每股盈余的作用。由定义公式可知，财务杠杆系数越大，当息税前利润率上升时，权益资本收益率会以更大的比例上升，若息税前利润率下降，则权益利润率会以更快的速度下降。此时，财务风险较大。相反，财务杠杆系数较小，财务风险也较小。财务风险的实质是将借入资金上的经营风险转移给了权益资本。

## （三）推荐解决问题的方案

1. 关于本案例的 PE 运作模式

本案例中，九州证券出现之前，所有模式都是机构与机构间的交易，脱离不开“退出利益、机构间的博弈、机构间对同一项目的不同看法”这几个核心问题。

九州证券出现之后，一家机构就可以完成从创投到 PE 到 Pre－IPO 再到 IPO，上市之后还能做再融资。退出利益、博弈都转为内部消化，既提高了效率又增加了项目成功率。企业融资不再需要那些花哨的玩法，一个九鼎＋九州就能帮你做足全套服务。

市场意义：能完整做完这个链条的机构，还是“一部举足轻重的印钞机”，更是纵横市场的一台重兵器。

对于九鼎投资来说：不再担心自己的项目没券商收了，也不用担心资金兑付问题了。一下子解决了 PE 人的两个老大难问题。有券商就意味着手里的企业能上市了，上市就意味着退出成功了，上市还意味着可以以大庄家身份进入二级市场了。对同行业来说能够抢到更多更高质量的业务。

对于上市公司来说：对于被投企业，意味着自己今后不会为钱的事情担心，只要认认真真做好自己分内的事就可以了。

2. 九鼎集团资本运作的启示

（1）资本运作要依赖政策、行业的支持

从现实来看，企业的资本运作和战略性整合要获得成功并给企业带来可持续性的效益须与行业支撑和国际政策有紧密的联系。2015 年，股权交易系统限制了类金融企业在新三板的融资，对于这类企业来说犹如“晴天霹雳”，其融资渠道受到了严重的阻碍，只能转向债券融资，将已有的股权、债券等用于抵押，无疑增加了企业的风险。资本运作是微观层面的，不可能摆脱宏观环境独立运行，要想发挥资本运作的效益就要依赖政策和行业支持。

（2）选择正确的并购目标企业

企业在实施并购战略前，要树立正确的发展观念：企业并购是为了更好地发展，并且要做到结合企业自身的实际情况，选择相适应的并购目标。这样才能达到事半功倍的效果，才能实现因开展并购活动而快速发展的目标。每个企业都有自己独特的财务状况、市场地位、管理特点、技术水平、战略目标，企业应结合自身的情况来选择并购目标。例如，本案例中，九鼎通过选择并购中江地产这样相对来说切合自身情况的并购目标作为开阔市场、发展壮大的途径。通过案例分析，我们可以看出九鼎和中江地产在并购后，能够实现资源有效配置，抢占更多的市场份额，做大做强。而对富通保险的并购，虽然很大程度上增加了负债，但是能借此机会插足保险行业，且能每月从它身上“搜刮”三十多亿用于投资。

（3）选择恰当的资本运作时机

选择恰当的资本运作时机不仅能够为企业节约成本，还可以大大增加资本运作成功的概率。以往 20 年中国的 PE 主要经历了以下阶段。

第一阶段，导入期。第一个阶段是典型的中国模式，做成长性企业的参股，是中国 PE 的导入区，主要还是一帮外资机构，也有少量中国的机构。投资模式就是参股，选优秀的快速成长的行业龙头企业，特别是像蒙牛、伊利、双汇等企业，成为他们的股东。

第二阶段，Pre-IPO 期。随着推进，到 2009 年创业板开始以后，PE 的成长性模式需做一些优化，就是 Pre-IPO 期，九鼎也是这个阶段发展起来的。这个阶段中国本土的 PE 发展起来了，包括九鼎在内。

第三阶段，产业整合投资。核心模式是“1 + N”，就是帮助产业龙头整合，通过整合加上 N 的方式，成为一个区域性的龙头——中国龙头甚至变成一个世界龙头，这需内部有一个“建龙计划”来支撑，叫“1 + N”。还有很多行业可以主动去打造这个 N，并通过整合 N 的方式打造 1，这就是中国现在 PE 的主流模式。

第四阶段，杠杆收购。未来的市场，中国也可能逐步走向一个标准的美国模式，就是 A 模式，可能出现杠杆收购。随着中国经济整体增速减缓，中国金融体系进一步成熟，各种金融手段进一步增加，大量的第一代的创业人退休，中国很有可能逐步迎来杠杆收购时代。但是那可能是五年甚至十年以后的事情，现在还不是主流，主流就是产业整合投资的模式，是“1+N”的方式整合产业，打造龙头。

（4）选择适合的融资渠道

企业可以通过选择多种合适的融资渠道来增加企业并购成功的可能性，同时防范财务风险。通过多样的融资方式来使得内部组织交易成本低于外部市场的交易成本，这样才能使得并购的绩效得到提高。九鼎集团要并购其他企业，打造金控集团需要大量的资金，起始主要的融资渠道是定向增发、新三板上市。

2014年，九鼎投资曾增资约60亿元。正是通过这种筹资模式募集资金，九鼎投资实现了庞大扩张，设立了公募基金管理公司九泰基金，控股收购了九州证券，成立了针对大学生的个人风险投资机构晨星成长计划，设立了开展基金投资业务的龙泰九鼎，收购了第三方支付公司金佰仕，设立了开展P2P类互联网金融业务的九信金融。近期，九鼎投资者已牵头发起民营银行的设立，且大手笔收购了上市公司中江地产，并拟将部分资产注入该上市公司。

伴随着九鼎投资的扩张，股价相应上涨，参与九鼎投资前两次增发的投资者也获得了丰厚的回报。2014年4月，九鼎投资在挂牌新三板的同时首轮增资募集资金约35.367亿元，当时的每股价格为610元/股，考虑两次股份转增，按照转增后股本计算每股增资价格为2.64元/股。截至2015年5月19日，全天盘中实际股价约为16.8元/股，历经一年时间实现了1变6.4倍左右。2014年7月，九鼎投资完成约22.5亿元的第二次增资，按照转增后股本计算每股增资价格约3.41元/股，历经9个月时间实现了1变5左右。

（5）注重并购后的整合

资本运作不应是孤立存在的，资本运作只是手段，最终的目的是为战略性整合服务，所以资本运作和战略性整合是互为依存的关系。战略性整合是基础，资本运作要为发展战略性整合服务。通过资本经营，搞好融资、并购和资产重组等活动，增加资本积累，实现资本集中，目的是要扩大生产经营规模，提高技术水平，以便资本增值的目标能实现。从九鼎的战略布局来看，资本运作和战略性整合只是手段，真正强调的是最后在产业经营上的落实。九鼎投资及其并购的企业有大部分都不属同一个行业，虽然差距不算太大，但仍需注重合并后的整合与管理。后期如不能较好整合，会大大影响资本运作的效率。此外，整合涉及面也比较广，涉及财务、人力、文化等各个方面，必须整合好，并购的协调效应才能发挥。

3. 关于九鼎投资打造金控“帝国”的启示

（1）优秀的合作团队

以吴刚、黄晓捷、吴强、蔡蕾、覃正宇为灵魂的公司团队，以自己的理念和实践、执着与追求，为人们勾勒出一幅九鼎“合伙人”的创业图。猛然崛起，更多的是靠物质力量；但想要长盛不衰，还得靠人心汇聚。吴刚、黄晓捷等创始合伙人最大的成功并不是打造出九鼎投资这家国内顶尖PE公司，而是广纳贤才，带领出一支优秀的创业团队——在这里，以德定取舍，以能定职级，以绩定薪酬；管理团队——志存高远、锐意进取、经验丰富、执行力强，在这里，摒弃了传统企业里的层级观念，每一位员工都是铸造九鼎的“合伙人”。

（2）“地毯式”的作战方式

九鼎出奇之处在于对组织架构进行了创造性调整，形成了所谓的“九鼎模式”：拆分投资的每个环节，进行标准化复制，团队和核心成员在各自细分市场上负责自己的区域，亦即“专业分工、精英团队的打法、系统性地做投资”，这在投资权当属首次。九鼎让 PE 从手工作坊变成大规模的工业化生产，以前哪有人敢这么做。现如今的创业环境，大家拼的不是点子，而是执行力，很多行业都是一片红海，然而最后胜出的也只有几家，这就是投资人常常犹豫的“方向是个好方向，但我担心他做不出这个事。”所以，我们常常需要冲破惯例，使出绝招。

（3）对市场环境的深刻理解

九鼎之前是专注于 Pre-IPO 的，他们以中国证监会审委的标准去全国各地筛选企业，他们深谙中国资本市场的规则，只要企业符合上市条件的便投资。吴刚认为，PE 行业在 2010 年之前呈现供不应求的状态，也就是说，需要资金的企业很多，但真正的 PE 机构很少，所以产生了超额资本回报，九鼎也得益于此。

然而，对于投资 Pre-IPO 的 PE 来说，多少有点靠天吃饭的意味。A 股 IPO 一旦暂缓，共同煎熬的是等着排队上市的企业以及背后的 PE。但其凭借敏锐的市场嗅觉，于 2014 年 4 月底挂牌新三板，抓住了新三板短暂的红利期，也成为第一家挂牌投资公司。

（4）适时而变

之前，在短短 3 年内，九鼎集团已建立起了横跨证券、期货、公募基金、第三方支付、互联网金融等诸多行业的庞大金控帝国。然而，九鼎融资却屡次受阻。2015 年 11 月 13 日，九鼎拟定增 55 亿元，遭遇股转公司对类金融公司的严监管，定增随之夭折。2016 年 9 月，九鼎投资百亿融资缩水，募资规模从不超过 120 亿元巨幅缩至不超过 15 亿元。同时，九信资产 300 亿元重大资产重组宣告失败。九州证券 300 亿～500 亿的增资扩股方案到 2017 年 2 月才有进展。

## 四、教学组织方式

### （一）问题清单及提问顺序、资料发放顺序

本案例讨论题目依次为：

1. 九鼎投资为什么需要不断融资？
2. 九鼎为什么能不断融资？
3. 企业的融资渠道有哪些，其优劣势是什么？
4. 中国的 PE 与美国有何不同之处？
5. 什么情况下上市公司会选择私有化？
6. PE 行业未来的发展趋势会怎样？
7. 本案例九鼎集团的资本运作给我们带来哪些启示？
8. 为何九鼎能在短短十年间由百万“变”成上百亿？有何可取之处？在其靓丽的业绩下是否隐藏危机？

本案例的参考资料及其索引，在讲授有关知识点之后一次性布置给学员。

### （二）课时分配

1. 课后自行阅读资料：约 3 小时；
2. 小组讨论并提交分析报告提纲：约 3 小时；
3. 课堂小组代表发言、进一步讨论：约 3 小时；
4. 课堂讨论总结：约 0.5 小时。

### （三）讨论方式

本案例可以采用小组讨论方式。

### （四）课堂讨论总结

课堂讨论总结的关键是：归纳发言者的主要观点；重申其重点及亮点；提醒大家对焦点问题或有争议观点做进一步思考；建议大家对案例素材进行扩展研究和深入分析。